KB252003

화점 정석

3. 한칸 공격

화점 정석 3. 한칸 공격

초판 1쇄 발행   2024년 6월 5일

지은이   이하림
발행인   조상현
마케팅   조정빈
발행처   더디퍼런스

등록번호   제2018-000177호
주소   경기도 고양시 덕양구 큰골길 33-170
문의   02-712-7927
팩스   02-6974-1237
이메일   thedibooks@naver.com
홈페이지   www.thedifference.co.kr

독자여러분의 소중한 원고를 기다리고 있습니다. 많은 투고 부탁드립니다.

ISBN 979-11-6125-483-8 13690

화점 정석

3. 한칸 공격

이하림 지음

더 디퍼런스

●

들어가는 말

"바둑의 신이 있다면 인간의 최고수와 몇 점이면 적당할까?" 오래 전부터 이런 궁금증이 있었습니다. 그동안 인간은 두점 접바둑이면 이긴다고 자신감에 넘치기도 했지만 막상 신급 존재인 인공지능(AI)이 등장하자 넉 점에도 목숨을 걸기 어려운 시대가 되었습니다. AI등장 초기에는 그래도 해볼만하다는 생각이 있었는데 AI가 진화에 진화를 거듭하면서 지금은 바둑의 적수가 아닌 스승으로 받아들이기에 이르렀습니다.

AI시대에는 생각지도 못했던 기술이 창궐합니다. AI가 보여주는 바둑의 세계는 정말 신비롭지요. 상식을 벗어난 수가 신기하게도 힘을 발휘하는 등 상황에 따라 변신하는 둔갑술의 천재입니다. 인간은 보이는 힘만 믿지만 AI는 보이지 않는 힘으로 세밀하게 분석하고 종합적 판단을 내립니다.

특히 바둑의 초반은 감성과 감각이 지배하는 시공간이며 단순 인공지능의 계산으로는 인간지능을 넘을 수 없는 금기의 영역이었는데, 더욱 강력해진 인공지능은 이런 고정관념을 보기 좋게 깨뜨리며 인간의 감성을 압도했습니다. 미지의 세계인 초반에도 신출귀몰한 AI는 거침없이 계산을 하며 이에 따라 정석과 포석에서도 혁명이 일어났습니다.

그동안 인공지능이 차가운 이성으로 인간 바둑의 세계를 파헤쳐왔다면 이제는 인공지능 바둑의 심오한 세계를 인간의 따뜻한 감성으로 분석할

차례입니다. 이 책의 기획 배경은 이처럼 달라진 바둑 수법을 AI의 새로운 시각으로 보여주려는 데 있습니다.

정석 분야에서는 주로 사용하는 화점과 소목이 대상인데, 우선 당면 과제인 화점 정석에서는 핸드북 네 권의 시리즈로 완결할 예정입니다. 그중에서 '화점 정석 1-2'는 가장 많이 접하는 기본적인 정석에 대해, '화점 정석 3-4'는 협공 정석에 대해 다룹니다.

본문은 유형별로 이어지며, 보충 학습을 위해 필요에 따라 유형 말미에 '원포인트 레슨'을 넣었고, 입체적 학습을 위해 각 파트의 말미에 '실전 정석활용'을 실었습니다.

전반적으로 낮은 단계에서 높은 단계까지 두루 독자의 수준에 맞춰 AI 시대를 관통하는 정석의 길잡이로 삼을 수 있도록 체계적이고 실전적이며 흥미롭게 꾸미고자 노력했습니다.

바둑의 신을 상상했던 세계가 현실이 되었습니다. 우리가 AI로부터 배울 점은 종합적 관점에 의한 대세적 안목과 열린 사고에 의한 창의적 발상입니다. 이 책에는 AI로부터 전수받은 다양한 정석과 변화들이 등장하지만 사실 AI는 정석이란 무엇인지도 모릅니다. 어차피 AI는 말이 없습니다. 오직 계산하고 판에다 실천할 뿐입니다. 전체 국면의 일부분인 정석도 인간의 언어인 만큼 어떻게 활용할지는 전국을 바라보는 여러분의 안목에 달렸겠지요.

더불어 AI시대에 바둑을 즐기면서 실력을 늘리는 비결은 모양에 구애받지 않는 자유자재한 인공지능의 냉정한 계산에 모양을 중시하는 인간의 예술적 열정으로 생명을 불어넣는 조화로운 공존 아닐까요.

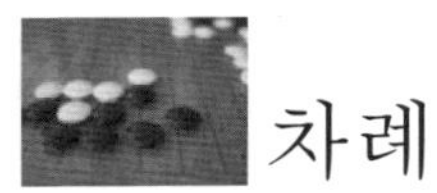

차례

1부 ☞ 3르침입과 붙임

1부
3三침입과 붙임

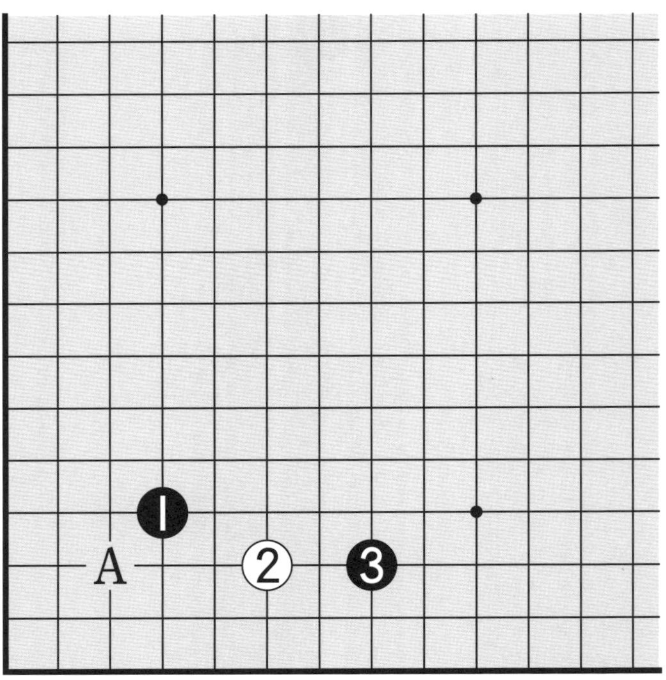

　흑1의 화점에 백2로 걸칠 때 흑3의 한칸협공은 가장 대표적인 공격 수단이다.

　백은 상황에 따라 여러 가지 작전이 가능한데, 여기서는 가장 무난한 A의 3드침입에 대해 알아본다.

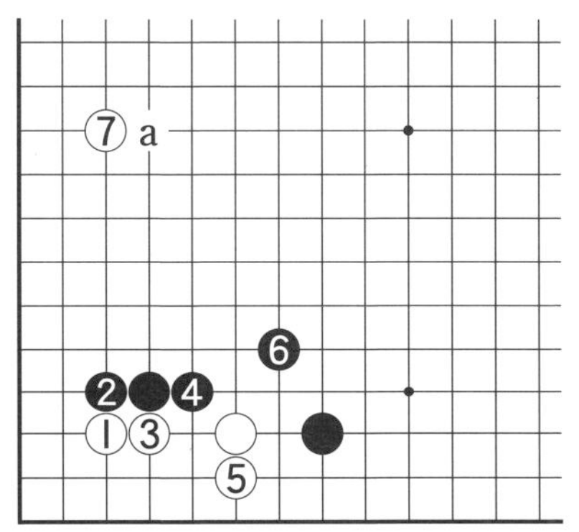

1도(백, 외세 견제)

백1의 침입에 흑2 이하 6까지 처리하는 것은 a 방면에 지원군이 있어 흑이 외세를 구축할 수 있을 때나 효과적이다.

지금은 백7로 먼저 외세를 견제할 수 있으니 흑의 불만이다.

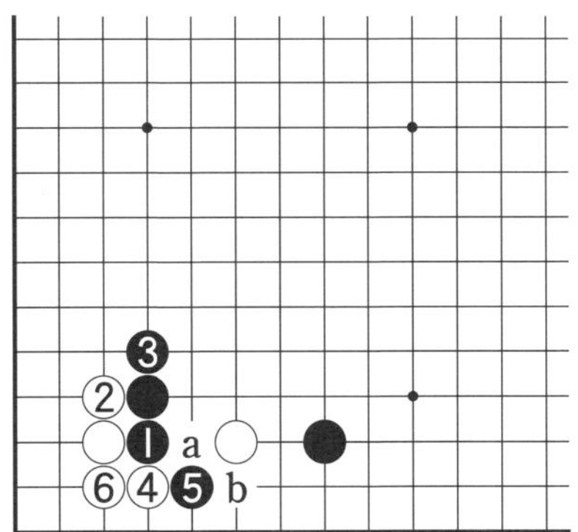

2도(올바른 차단)

보통 흑1로 차단하는 것이 올바른 방향이다.

백2로 민 후 4, 6의 젖혀이음은 상용 수순인데, 흑은 a와 b의 지킴을 두고 선택이 필요하다.

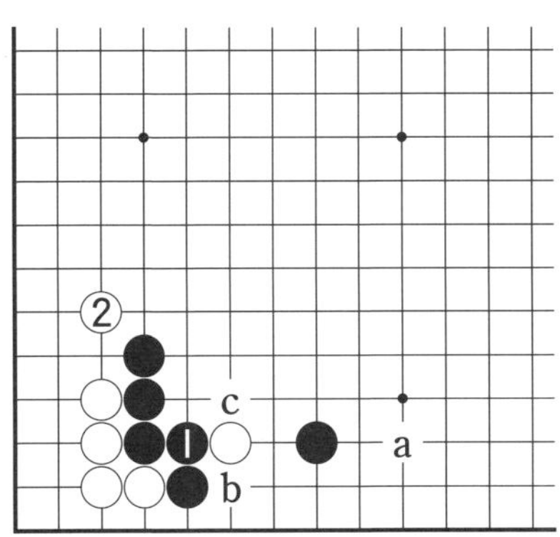

3도(고약한 뒷맛)

흑1의 이음은 그동안 많이 두었던 지킴이다. 백2로 뛰면 일단 타협인데, 나중에 백이 a로 다가서면 b나 c의 뒷맛이 고약해 지금은 거의 두지 않는다.

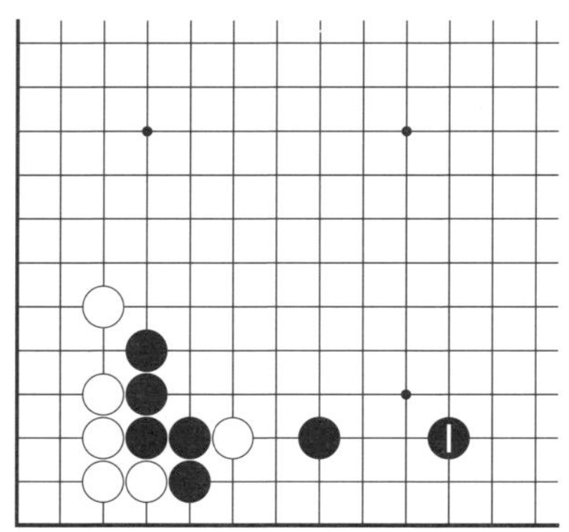

4도(후수 벌림)

예전 정석은 뒷맛으로 인해 흑이 1로 벌려 보강하며 일단락하는 경우가 많았다.

　그러면 흑이 튼튼하긴 해도 후수가 되어 발이 늦다.

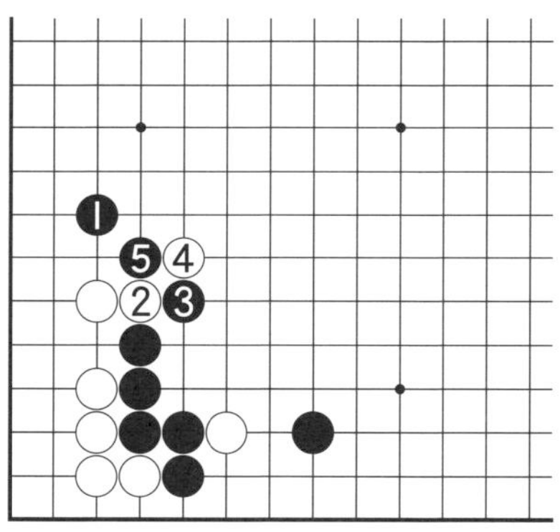

5도(고정관념)

3도 다음 흑1로 압박하는 경우라면, 이 정석이 효율적이라는 고정관념이 있었다.

　백2로 나가면 흑3, 5로 끊어 싸울 수 있다는 자신감인데~

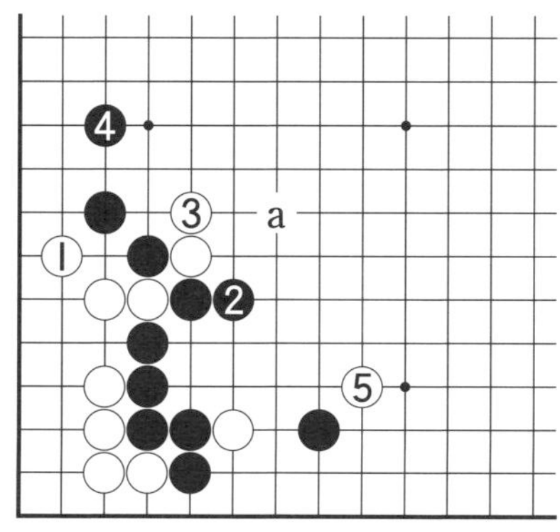

6도(백, 활발)

AI는 백1로 지킨 후 이하 흑4 때 백이 a로 움직여도 좋고, 5로 하변을 활용하면서 두면 백이 더욱 활발한 흐름으로 본다.

　백은 가벼운데, 흑은 좌변이 엷고 하변도 무거운 모양이다.

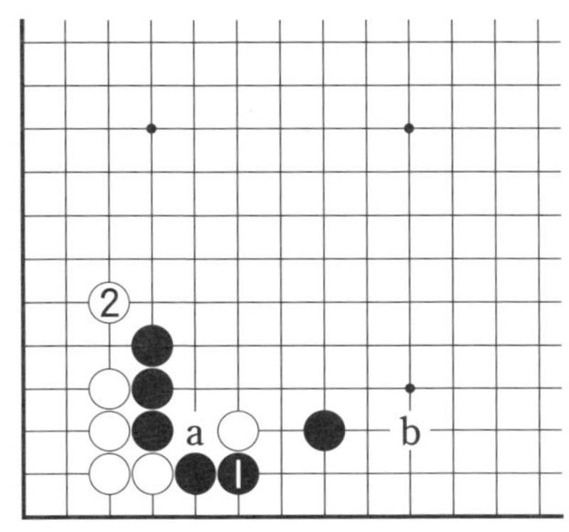

7도(대표적 협공 정석)

AI는 흑1로 밑에서 넘는 것이 효율적 지킴이라고 본다. 백2로 뛰어 일단락인데 a의 단점이 있어도 백이 당장 끊기 어렵고 백b로 다가서도 크게 위협이 되지 않는 것이 흑의 장점이다. AI시대 대표적 협공 정석이다.

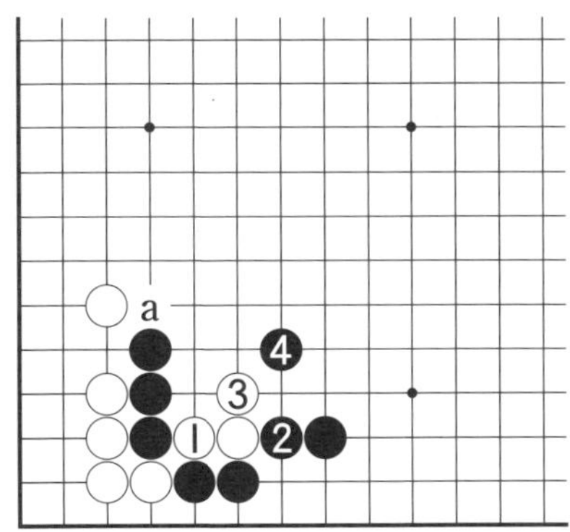

8도(끊는 경우)

이 정석에서 당장 백1로 끊을 수는 없다. 흑a가 선수인 만큼 2, 4로 씌우기만 해도 백이 달아나기 어렵다.

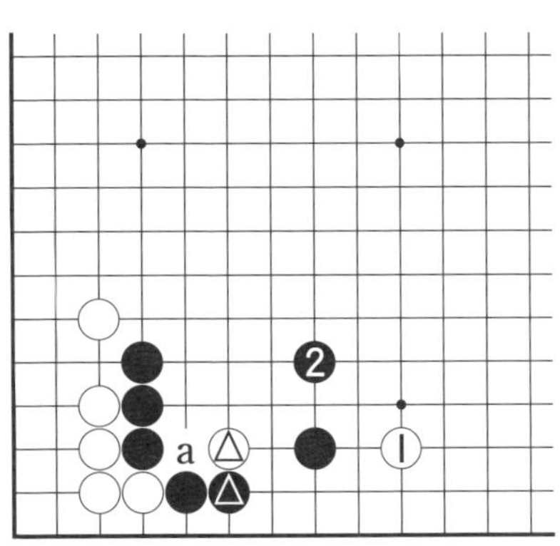

9도(안정적 자세)

정석 이후 백1로 다가오면 흑2로 지키더라도 백△를 잡은 자세가 안정적이다.

   흑⬤가 a에 있다면 비효율적 자세가 되었을 것이다.

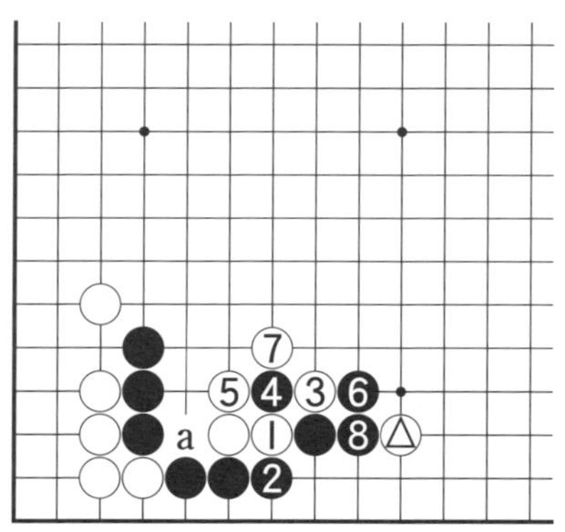

10도(백의 도발)

백△로 다가왔을 때 흑이 손을 빼더라도 크게 두렵지 않다.

백1로 도발하면 흑2로 막고 백3에 흑4로 끊는 것이 맥점이다. 백5에 흑6, 8로 치고 나가면 흑은 a 약점도 있지만 하변을 뚫어 불만 없다.

11도(잇는 것이 후수)

앞 그림 흑4 때 백이 하변을 통제하자면 1로 단수친 후 6까지 두점을 버리고 둘 수 있다.

다만 백a로 잇는 것이 후수이므로 충분하지 않다.

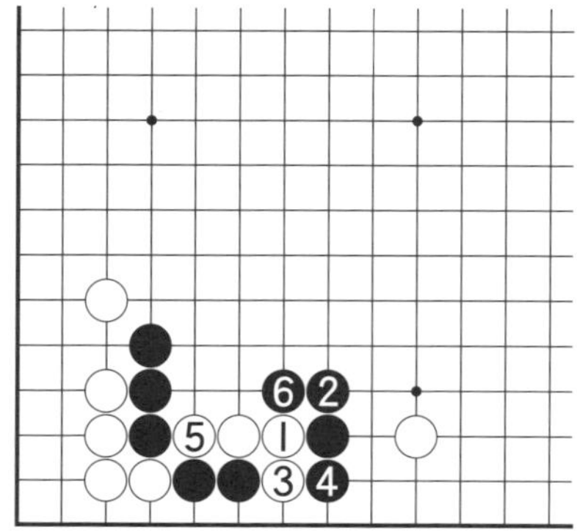

12도(흑이 두텁게 두는 경우)

이번에는 백1에 흑이 두텁게 두자면, 2로 올라선 후 6까지 두점을 버리고 둘 수 있다.

보통은 흑이 후수이므로 충분하지 않다.

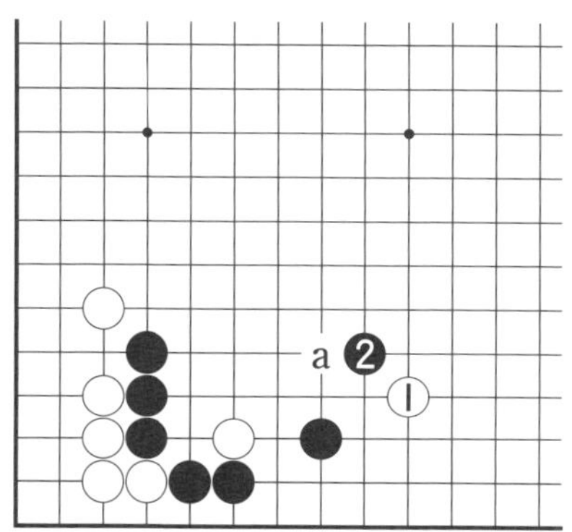

13도(능동적 수비)

백1로 높게 다가서는 경우라면 흑도 받아주는 것이 무난한데, AI는 a보다 2의 날일자 수비가 능동적이라 본다.

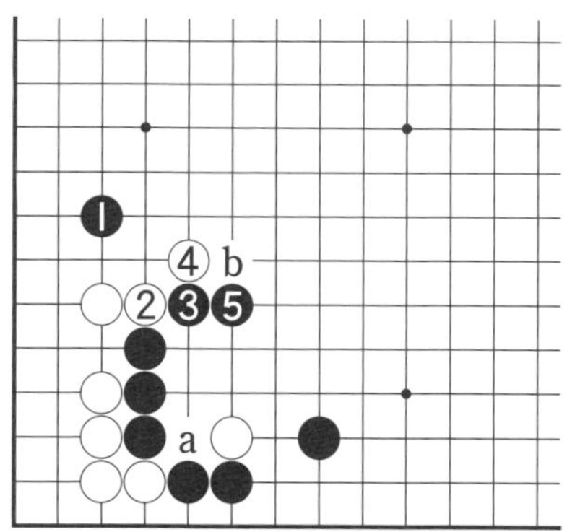

14도(좌변 압박의 경우)

이 정석도 당장 흑1로 좌변에서 압박하는 것은 위력이 없다.

백2, 4로 나가면 a의 약점이 노출되어 흑5로 늘어야 하는데, 다음 백은 손을 빼도 좋고 b로 밀어 싸워도 충분하다.

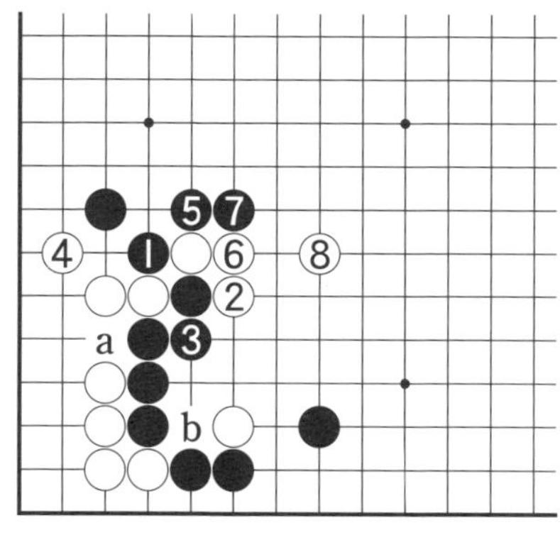

15도(수순의 묘)

앞 그림 백4 때 흑1로 끊으면 백2로 단수치고 4로 지키는 것이 수순의 묘이다. AI는 이하 8까지 변화를 제시하는데, 하변이 엷은 흑이 불리한 흐름으로 본다.

참고로 백2에 흑a의 반격은 b의 약점으로 성립하지 않는다.

16도(날일자 임기응변)

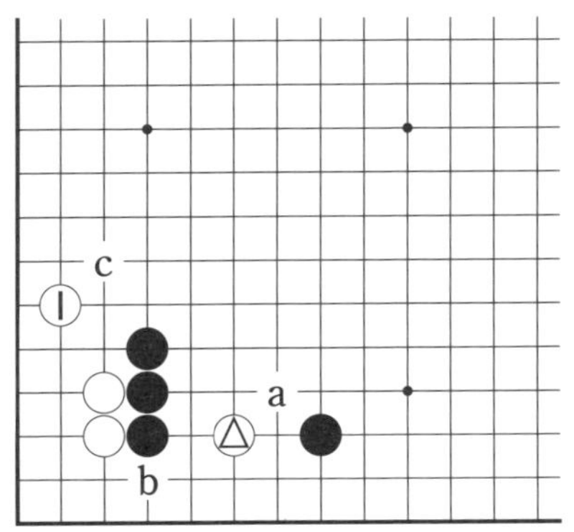

2도 흑3 때 백1의 날일자 진출도 자세는 낮지만 가능한 임기응변이다. 이후 △의 움직이는 맛을 노리는 뜻도 있다. 그렇다고 흑a로 지키는 것은 백b의 젖힘이 선수가 되니 흑 중복이다. 흑도 둔다면 c로 눌러가는 자세가 좋다.

17도(백, 바람직하지 않은 행마)

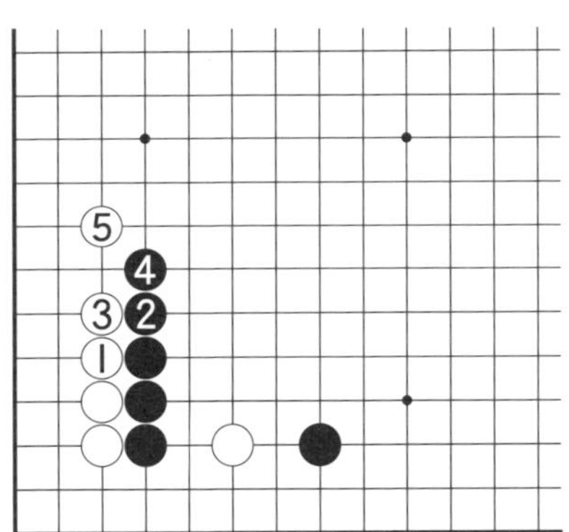

백1, 3으로 밀고 5로 뛰면 당당히 변에 진출하지만, 흑도 세력이 자연스럽게 형성된다. 백이 바람직하지 않은 행마이다.

18도(흑, 불만)

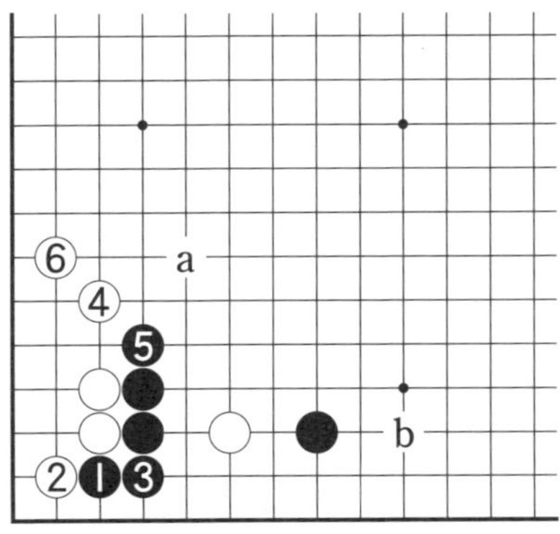

2도 백2 때 흑1, 3으로 먼저 귀에서 젖혀 이으면 백은 4, 6으로 변에 자세를 갖춰 충분하다.

이 모양에서 백은 a와 b 자리가 요소인데, 흑이 양쪽을 모두 제어할 수 없으니 불만이다.

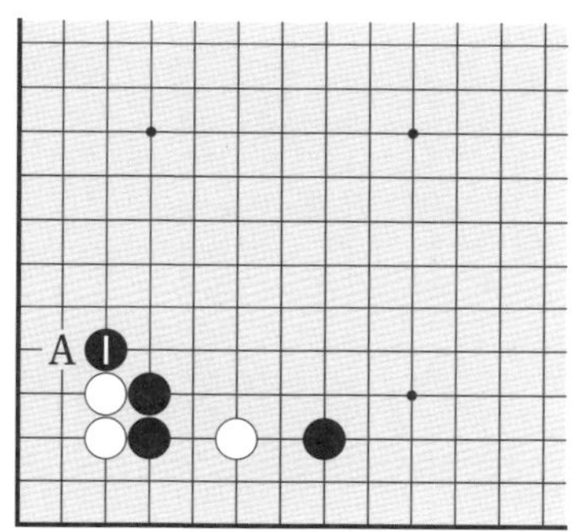

▦ 장면

이 장면에서 흑1로 젖히면 백이 어떻게 대처해야 가장 효과적인지 생각해보자.

우선 백A로 따라서 젖히면 낮은 자세가 되어 흑의 의도가 통하니 검토에서 제외한다.

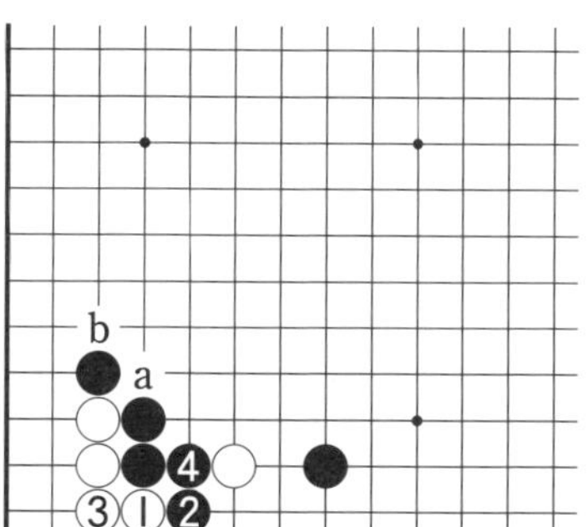

1도(백의 공략 수단)

백1의 젖힘이 여유를 주지 않는 공략 수단이다.

흑2, 4로 이을 때는 백이 축이 유리하면 a로 끊어 대성공이고, 축이 불리해도 b로 껴붙이면 기분 좋은 흐름이 된다.

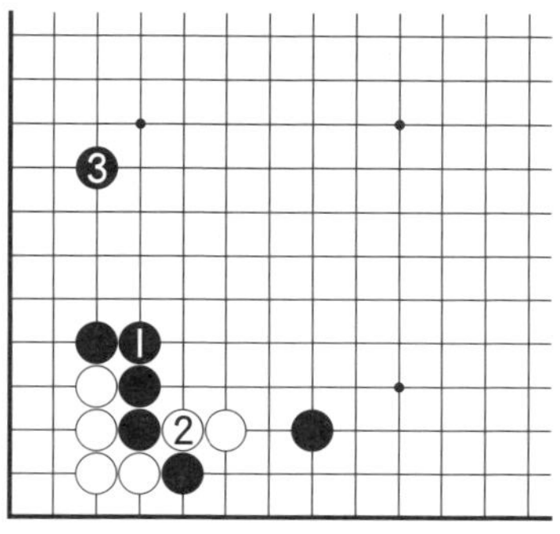

2도(흑, 현명한 후퇴)

앞 그림 백3 때 흑도 1로 잇고 물러서는 것이 현명하다.

백은 2로 끊어 충분한데, 흑도 3에 벌리면 약간 미흡해도 크게 당하지는 않는다.

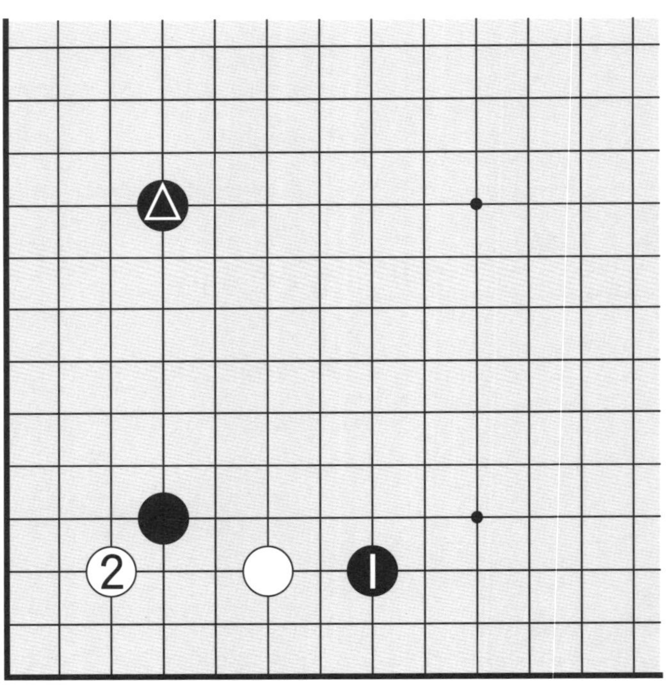

변에 흑▲로 기착점이 있을 경우, 흑1의 협공에 백2
로 3三에 침입하면 흑의 대응도 달라져야 한다.

이후의 변화에서는 AI의 등장으로 그동안의 상식을
탈피하는 수단에 주목해야 한다.

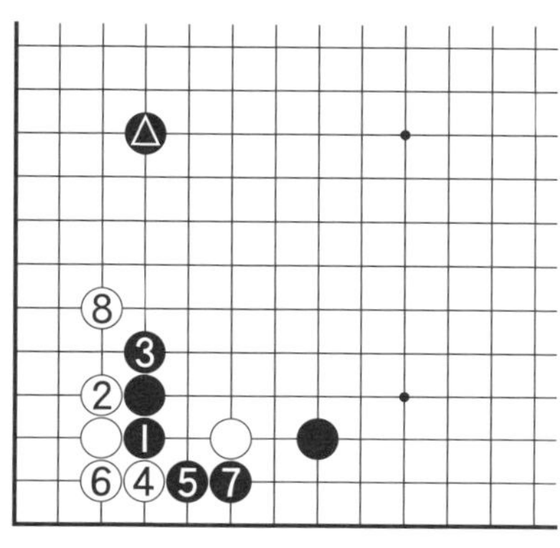

1도(좌변의 가치 상실)

흑이 무조건 1로 차단하는 것은 잘못된 선택이다. 이하 8까지 부분적으로 정석이지만 좌변 흑△의 가치가 상실되어 흑이 바람직하지 않다. 다만 AI는 흑이 하변을 키우는 복안이 있다면 이렇게 둘 수 있다고 본다.

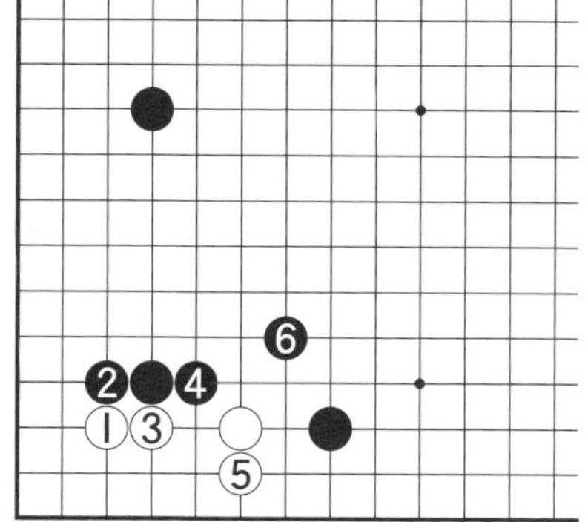

2도(많이 두던 정석)

이 배치에서 백1로 침입하면 흑2쪽에서 막는 것이 보통 좌변을 살리는 효율적 선택이다.

그래야 귀에 실리를 허용한 대신 흑도 세력을 구축할 수 있다. 이하 6까지 그동안 많이 두던 정석이다.

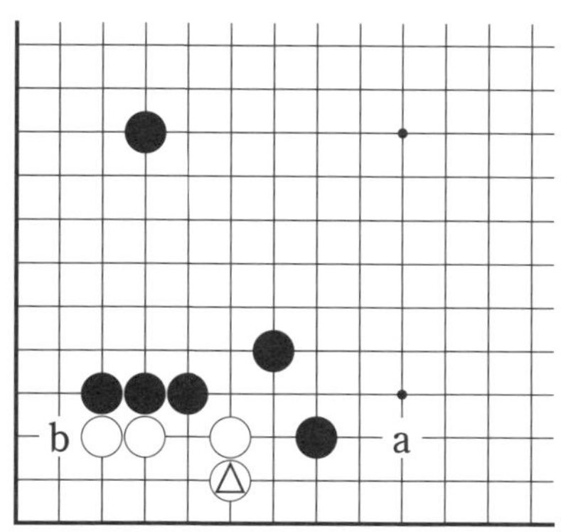

3도(백의 단점)

이 형태에서 백△의 차렷 자세는 백이 a쪽에 다가설 때 도움이 되지만 흑b로 젖힐 때 백진이 엷어지는 단점이 있다.

AI는 백진의 엷음을 우려해서 이 정석을 추천하지 않는다.

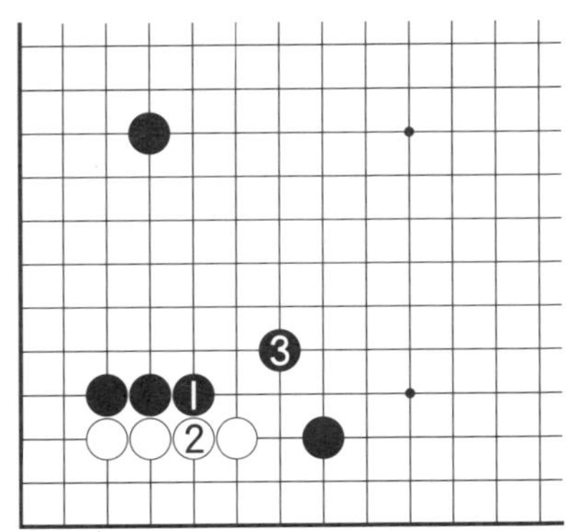

4도(두터운 이음)

차라리 AI는 흑1에 백2로 꽉 잇는 것이 낫다고 본다.

백의 모양이 일직선이라 묘미는 없지만 앞 그림보다 두텁다는 데 비중을 둔다.

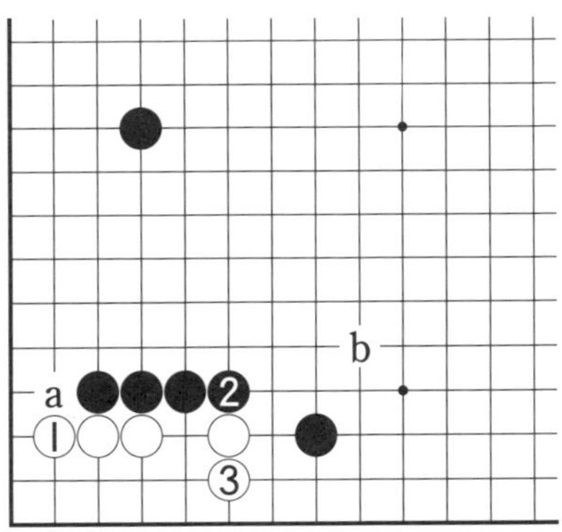

5도(예전 정석)

백1은 좌변에 영향을 주면서 귀를 지키는 수로, AI의 추천 일순위이다. 흑2에 백3의 차렷 자세는 예전 정석인데, AI는 흑이 손을 빼도 충분하다고 본다. 흑이 여기를 보강한다면 좌변 a나 중앙 b 자리를 선택할 수 있다.

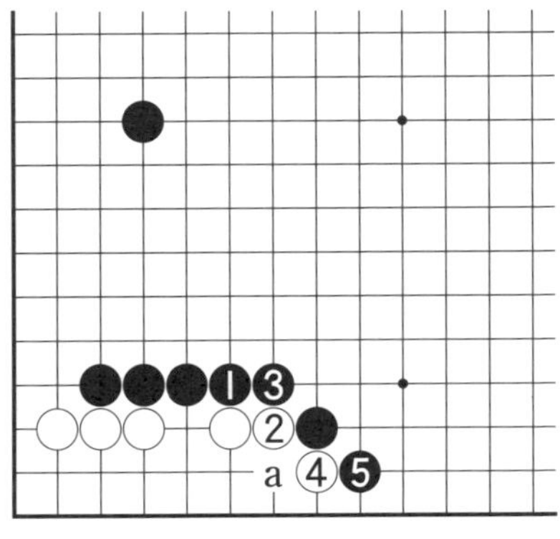

6도(일순위 정석)

흑1 때 백2, 4로 나가는 것은 흑5의 이단젖힘을 얻어맞아 그동안의 상식으로는 둘 수 없었다.

그런데 AI는 백이 당장 a로 잇지 않고 손을 빼면 충분하다고 본다. 이 진행이 AI시대 일순위 정석이라 봐도 좋다.

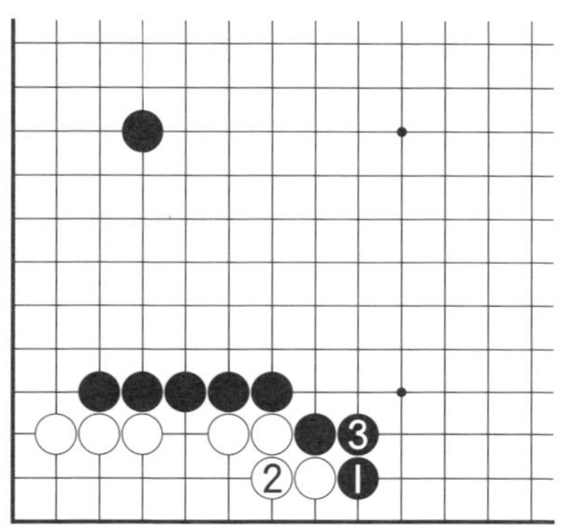

7도(흑, 두터움)

물론 흑1로 젖힐 때 백2와 흑3으로 서로 잇는다면야 그동안의 상식대로 흑도 두터워서 불만 없다.

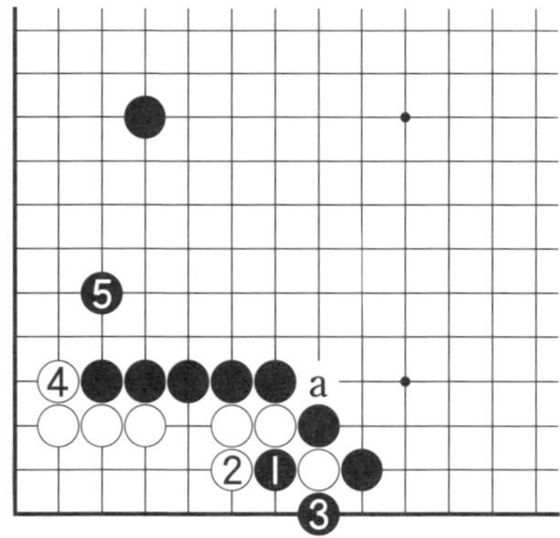

8도(정석의 핵심)

AI가 추천하는 이 정석의 핵심은 백이 하변을 이대로 놔두는 데 있다. 차후 흑1, 3으로 한점을 잡으면 백4로 귀를 보강한다.

흑이 5로 받으면 또 후수가 되며 a의 단점도 남아 초반이라면 크게 한 것이 없다는 판단이다.

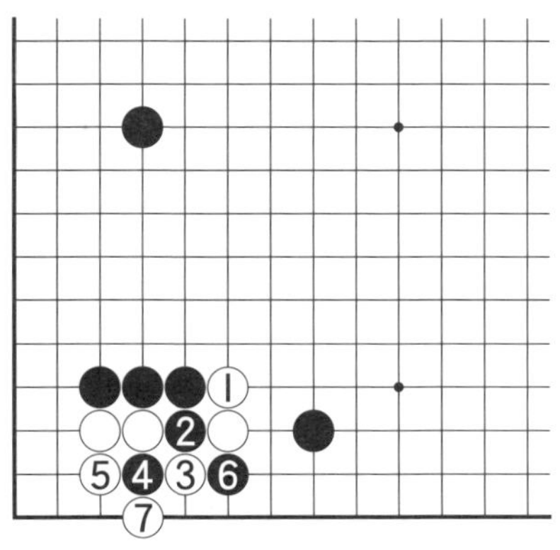

9도(나가는 수단)

거슬러 올라가, 백1로 나가는 수도 AI시대에는 많이 나오는 변화이다. 흑2, 4로 나가끊고 7까지는 필연이다.

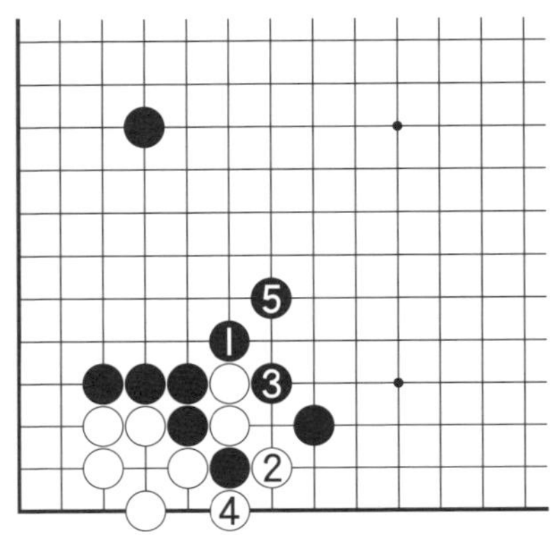

10도(권장하는 정석)

이다음 흑이 중앙 두터움을 중시하면 1의 젖힘은 당연하다. 백2로 한점을 잡을 때 흑3, 5의 지킴이 그동안 많이 두던 정석으로 AI도 권장한다.

백이 단단한 실리를 얻은 대신 흑도 제법 두터운 모양인데~

11도(교묘한 침입)

이 형태에서는 좌변 백1로 침입하는 노림이 있다.

흑2로 공격 태세를 취하면 백3, 5의 끊음이 교묘한 반발수단이다.

12도(흑진 파괴)

이다음 흑1로 몰면 백이 잇지 않고 2의 단수가 약점을 추궁하는 맥점이다. 이하 5까지 백은 패를 무기로 흑진을 파괴할 수 있다.

좌변에는 이런 취약점이 있지만, AI는 초반에 당장 시도하면 흑도 두터워 백의 손해라고 본다.

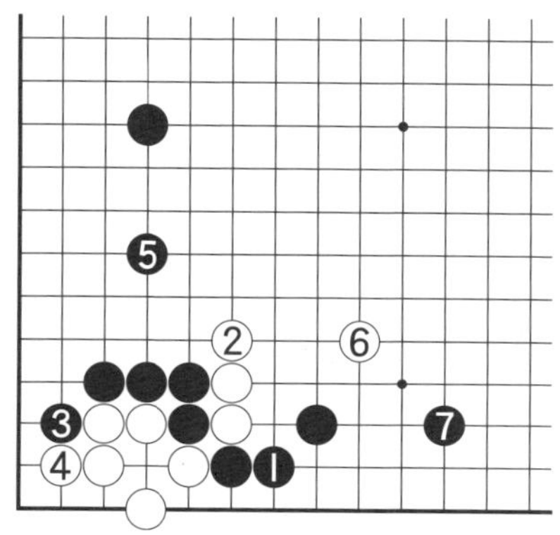

13도(중요한 수순)

9도 다음 흑1로 한점을 살리는 것은 백 두점을 중앙으로 내몰고 싸우겠다는 뜻이다.

　백2로 늘면 흑3, 5의 좌변 지킴이 중요한 수순이다. 다음 백6에 흑7이면 자연스럽게 싸우는 흐름이다.

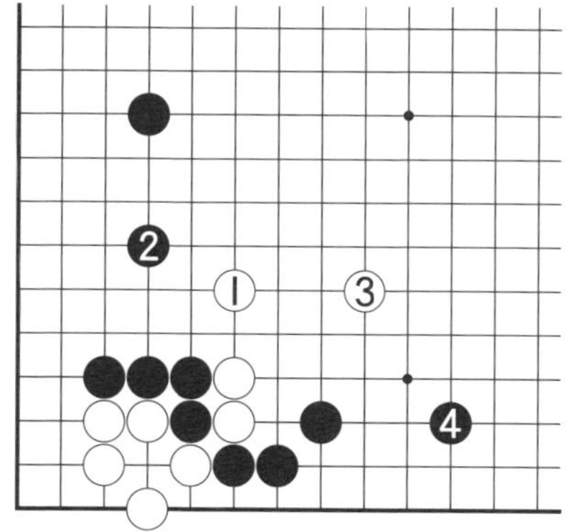

14도(백, 가벼운 행마)

백1의 뜀도 가벼운 행마로 AI가 추천한다. 이때는 흑2로 그냥 지킬 수 있고 백3도 1과 어울리는 중앙 행마이다. 흑4로 벌리면 서로 무난하다.

　백이 강하게 싸우자면 3 대신 4로 협공할 수 있다.

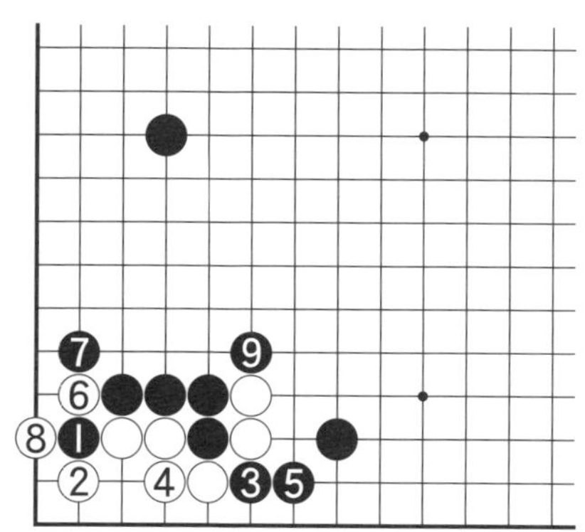

15도(흑, 활발)

9도 백3 때 흑1의 젖힘도 시도할 수 있는 수단이다. 이때 백2로 받으면 흑3에 끊는 것이 통렬하다.

　다음 백4로 잇고 8까지 귀를 살리면, 흑이 9로 중앙 두점을 제압해서 활발하다.

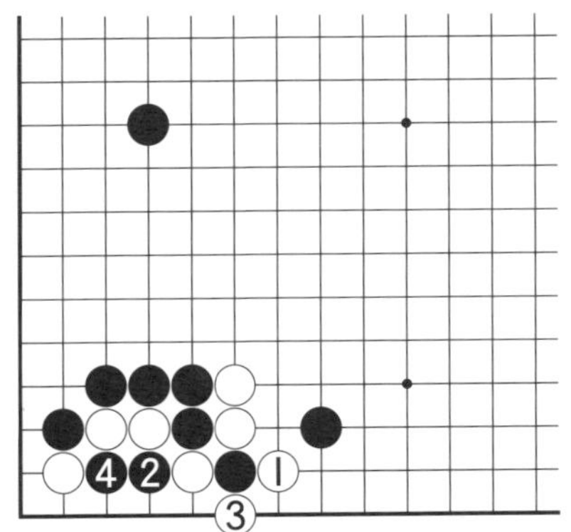

16도(흑, 두점 빵따냄)

그렇다고 백1로 변에서 한점을 잡으면 더욱 상황이 악화된다.

흑이 2, 4로 두점을 빵따낸 모양이 너무 두터워 백이 망했다고 봐도 무방하다.

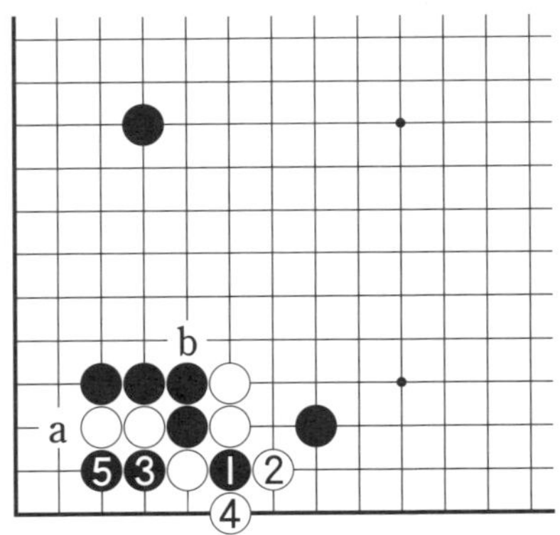

17도(흑, 불만)

이 시점에서 흑1로 끊으면 백2로 잡은 후 5까지 변화가 필연이다.

이 모양에서는 백이 a로 나가는 수가 있어 b의 젖힘이 선수가 되므로 흑의 불만이다. 앞 그림은 이런 활용을 흑이 차단한 모양인데, 이 차이는 천양지차이다.

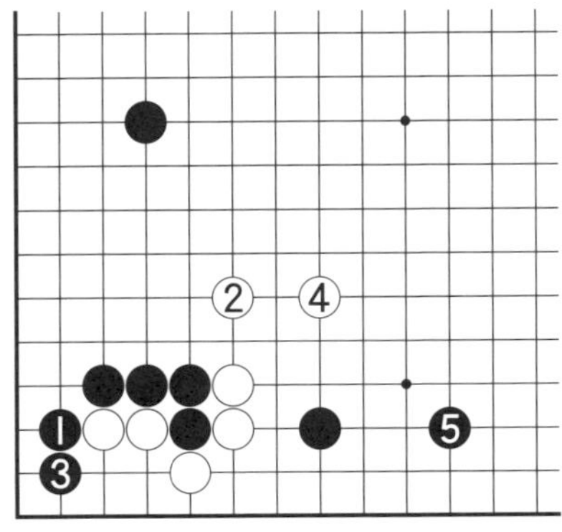

18도(유연한 행마)

흑1의 젖힘에는 백2로 뛰는 것이 유연한 행마이다. 흑3과 백4는 AI가 추천하는 귀와 중앙 요소이다. 흑5로 벌리면 무난하며, 백이 약간 기분 좋은 흐름으로 본다.

수순 중 백4는 상황에 따라 하변 협공도 선택 가능하다.

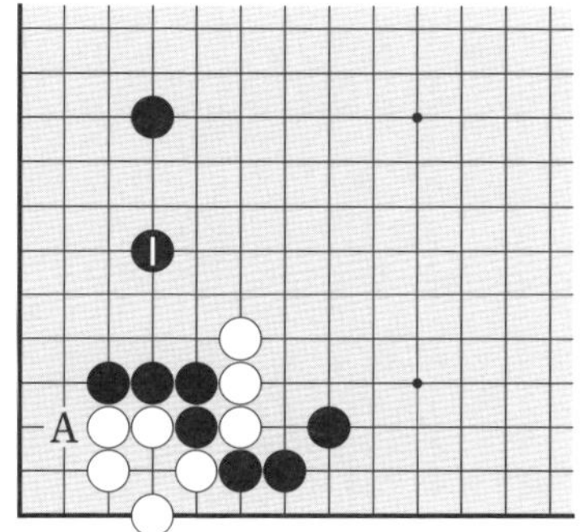

장면

이 장면에서 흑이 A의 수순을 생략하고 1로 그냥 지키면 치명적 약점이 남는데 그 변화를 생각해보자.

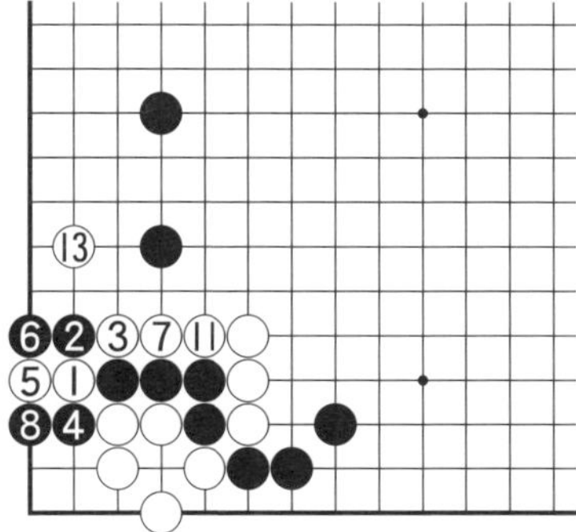

1도(조이는 수순)

백1, 3의 끊음으로 흑진을 추궁하는 수단이 생긴다. 흑4로 한점을 잡으면 백은 5로 키운 후 12까지 조이는 수순이 볼만하다.

다음 백13으로 포위하면 흑 전체가 잡힌 모습이다. ⑨⑫‥① ⑩‥⑤

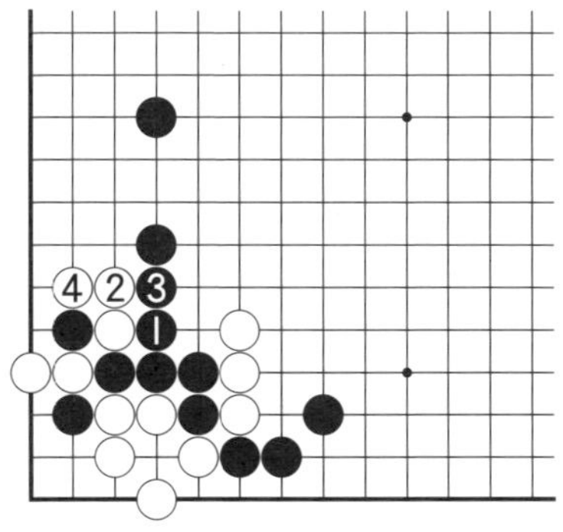

2도(좌변 파괴)

앞 그림 백5 때 흑1, 3으로 물러서야 하지만 백4로 잡으며 좌변이 크게 부서졌다.

장면에서 흑A의 수순 하나가 빠지면 이런 위력적인 수단이 남는다.

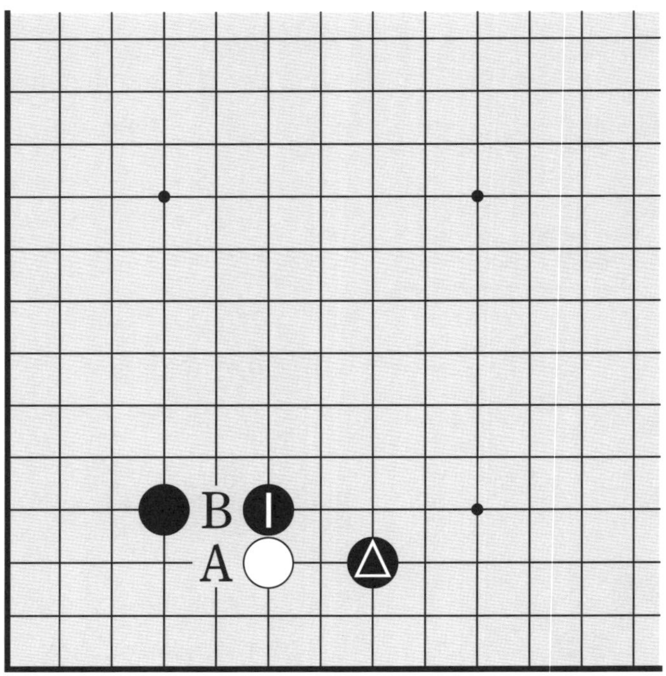

　흑▲로 협공할 때 백이 손을 빼는 경우도 자주 있다. 이때 흑1로 붙여 백 한점을 제압하면 이후 변화가 어떻게 되는지 알아본다.

　우선 백A, 흑B로 되는 것은 흑이 두터워서 백이 선택할 수 없다.

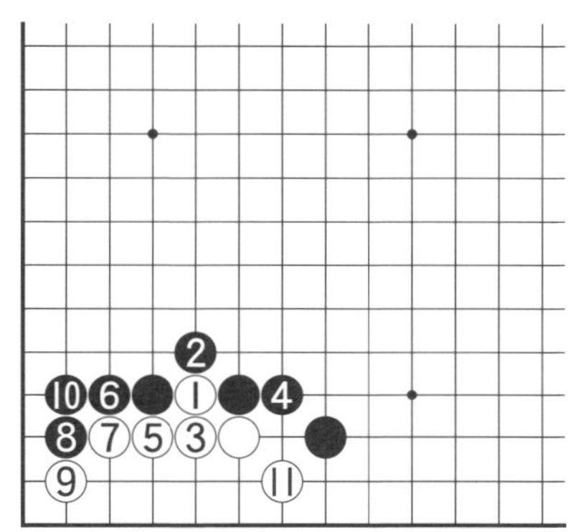

1도(보통의 진행)

백은 축이 유리하면 1로 끼울 수 있다.

흑은 2로 받은 후 두텁게 모양을 정리하고, 백은 11까지 귀에서 사는 것이 보통의 진행이다.

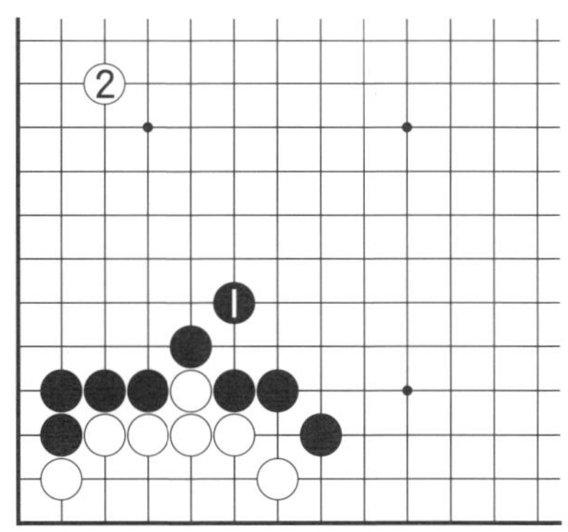

2도(발이 늦다)

이다음 흑1의 호구 지킴이 그동안 많이 두던 수단이지만 AI는 발이 늦다고 본다.

백이 좌변에서 흑 세력을 견제하면 활발하다. 보통 AI는 백2 자리를 추천한다.

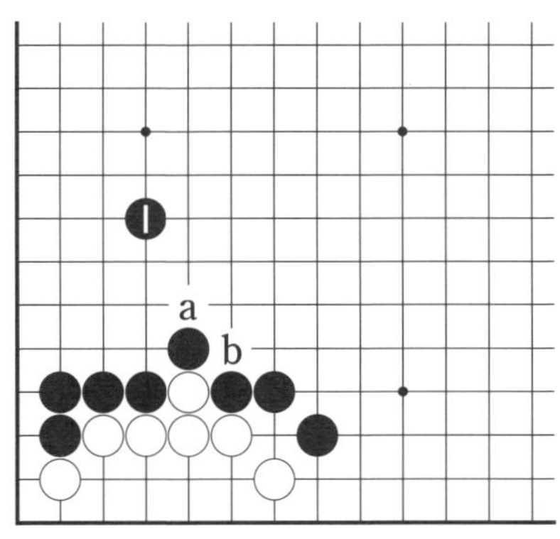

3도(효율적 지킴)

여기는 흑1로 벌리면서 지키는 것이 AI가 추천하는 효율적인 수단이다.

만일 백a로 붙여 도발하면 흑b로 이어 대응하면 된다.

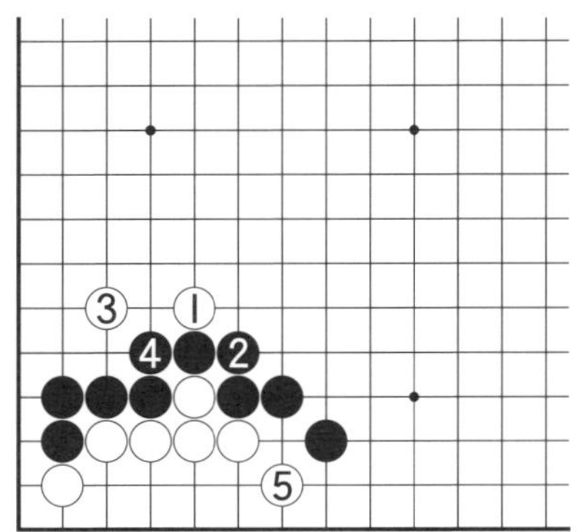

4도(능동적 행마법)

1도 흑10 때, 백이 좌변에서 먼저 1, 3을 활용한 후 5로 귀를 지키는 것도 AI가 추천하는 능동적 행마법이다.

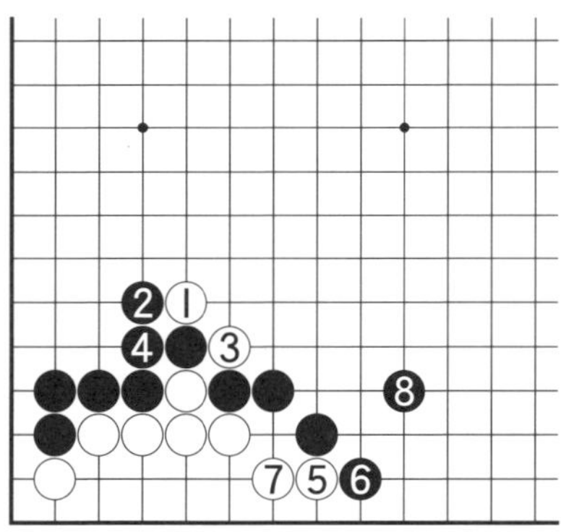

5도(백, 만족)

백1에 흑2로 저항하면 백3의 단수 다음 5의 붙임이 맥이다.

흑6, 8로 정리된다면 선수로 귀를 살린 백의 만족으로 본다.

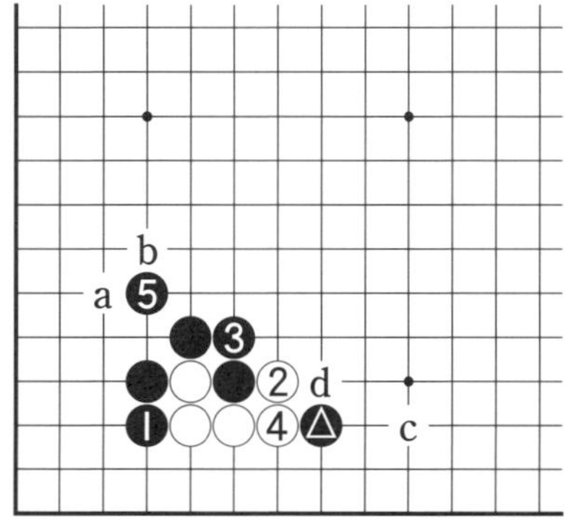

6도(일순위 변화)

1도 백3 때, 정작 AI는 흑1로 막은 후 5(또는 a나 b)까지 변화를 일순위로 추천한다.

백이 c나 d로 움직일 때, 흑은 고립된 ▲를 활용하면서 충분히 싸울 수 있다는 계산이다.

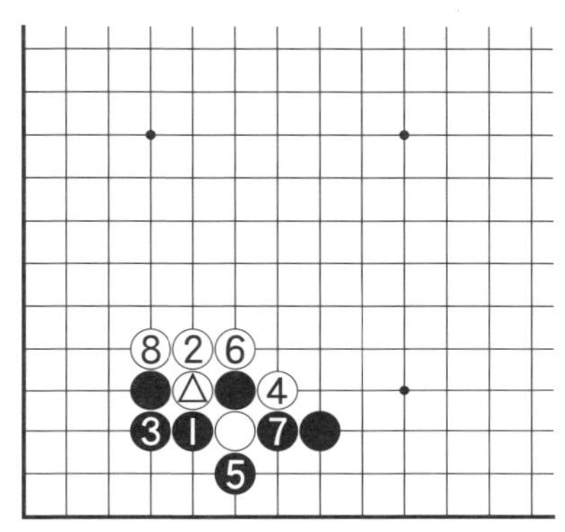

7도(흑, 불리)

백△로 끼울 때 흑이 1, 3으로 귀의 실리를 탐해 백4의 축으로 한 점이 잡히면 흑이 바람직하지 않다. 흑5, 7로 넘어가고 백8로 되면 백이 두터워 흑이 불리한 결과이다.

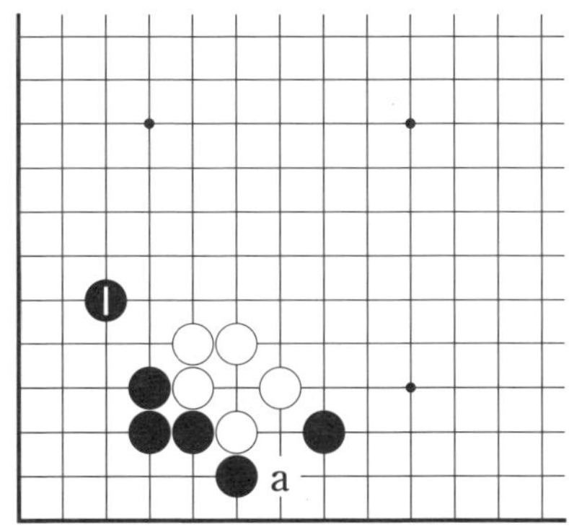

8도(흑, 불안)

앞 그림 백6 때, 이제라도 흑이 넘어가지 않고 1로 진출하는 것이 낫지만 a의 차단이 남아있는 만큼 흑의 부담이다.

　패로 버틸 수 있는 특별한 상황이 아니라면 흑이 선택하기 불안하다.

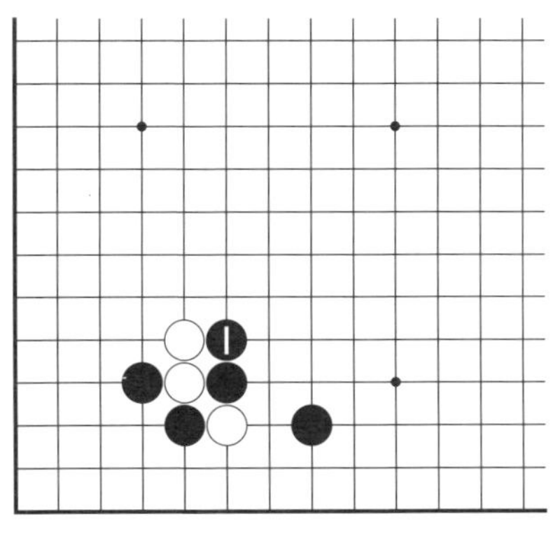

9도(흑의 별책)

흑이 이렇게 두었다면 1로 밀어가는 방법은 있다. 서로 이후의 수순이 중요한데~

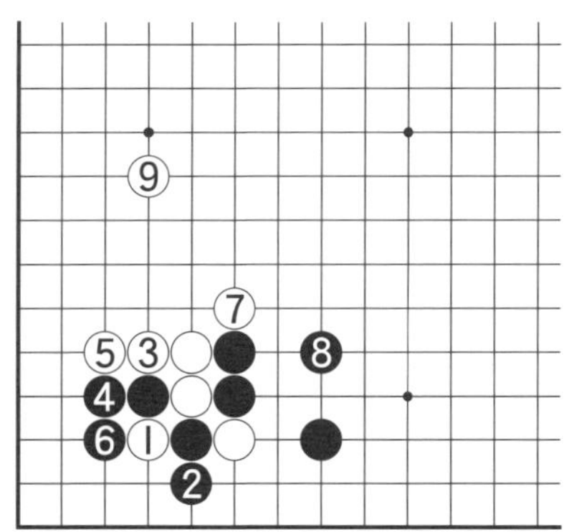

10도(백, 미흡)

백이 1~5를 결정하고 7로 젖히는 것은 흑이 귀의 실리를 차지하고 8로 정비하는 자세가 좋다.

백은 9로 벌려서 그런대로 둘 수 있지만 다소 미흡하다.

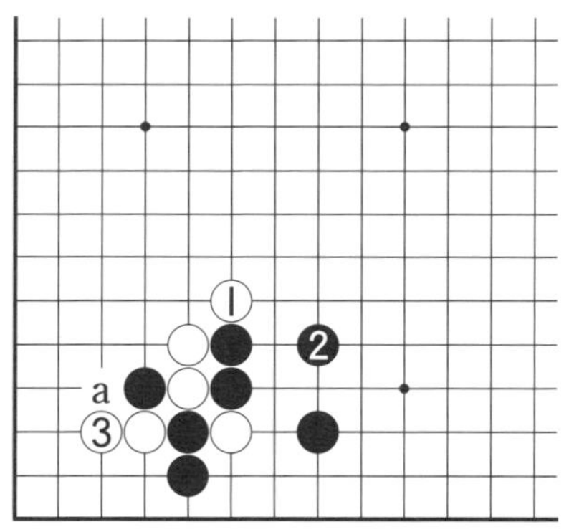

11도(흑, 곤란)

앞 그림 흑2 때 백1로 먼저 젖히는 것이 올바른 수순이다.

이때도 흑2로 정비하면 백3에 늘어 흑이 곤란하다. 백1 때문에 흑a로 버틸 수 없으므로 흑이 매우 불리한 흐름이다.

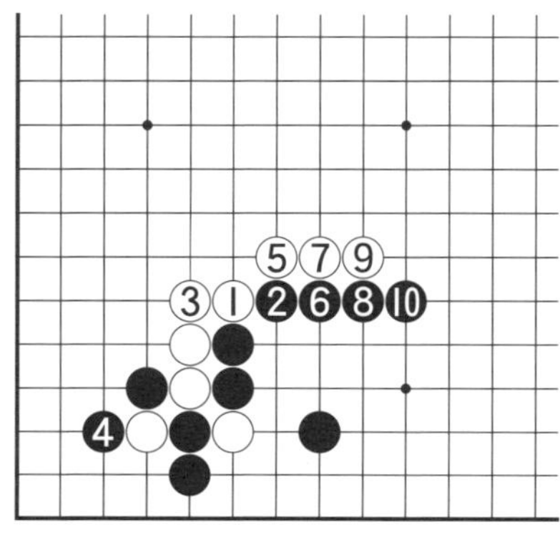

12도(타협의 길)

백1에는 흑도 2로 젖혀야 하고 백3에 이은 후 10까지 AI가 제시하는 타협의 길이다.

흑 진영도 크지만, 중앙 백의 두터움도 발전성이 넓어 선수인 백도 충분하다고 본다.

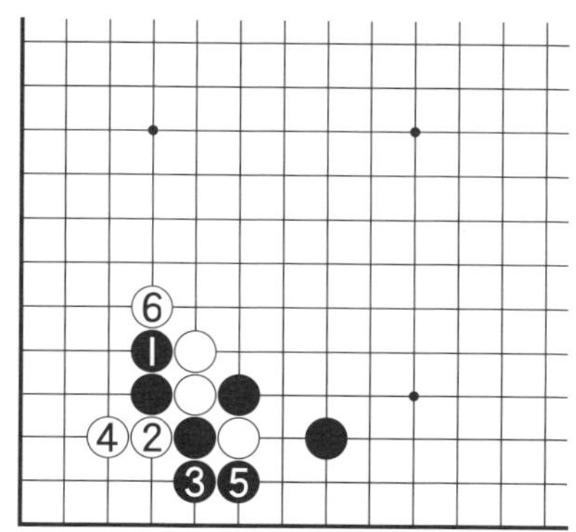

13도(흑, 위험)

7도 백2 때, 흑1로 변쪽에서 밀면 백2, 4를 선수한 후 6으로 두 점을 몰아 흑이 위험에 처한다.

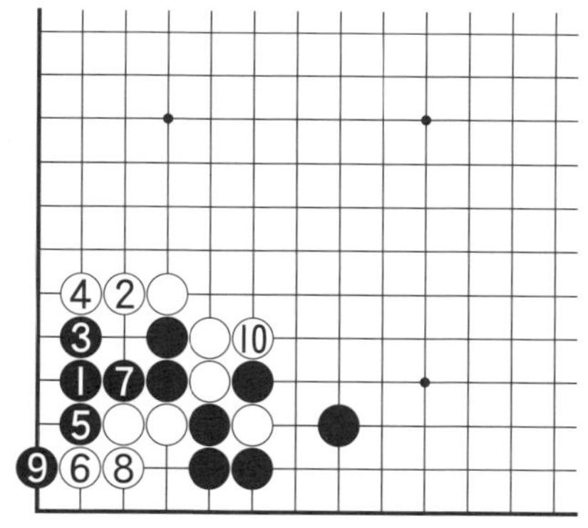

14도(흑, 불리)

이다음 흑1로 귀를 위협하면 백은 2, 4로 막아 귀를 버리고 이하 흑9 때 백10으로 좌변을 두텁게 정리하는 것이 AI가 제시하는 알기 쉬운 변화이다. 귀의 백 넉점이 잡혔지만 패맛이 있어 흑이 불리한 진행으로 본다.

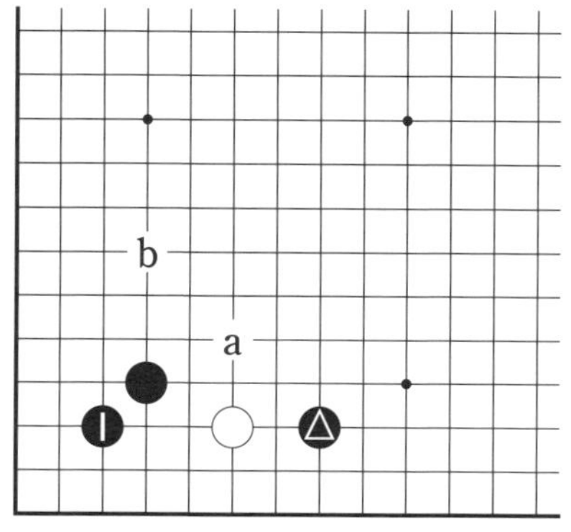

15도(흑, 3三 지킴)

참고로 흑▲ 협공에 백이 손을 빼는 경우 흑1의 3三 지킴도 많이 사용하는 수법인데, 백 한점을 능동적으로 제어하려는 뜻이다.

백a로 나가면 흑b로 몰면서 좌변에 이득을 취하는 행마가 실전에 자주 등장한다.

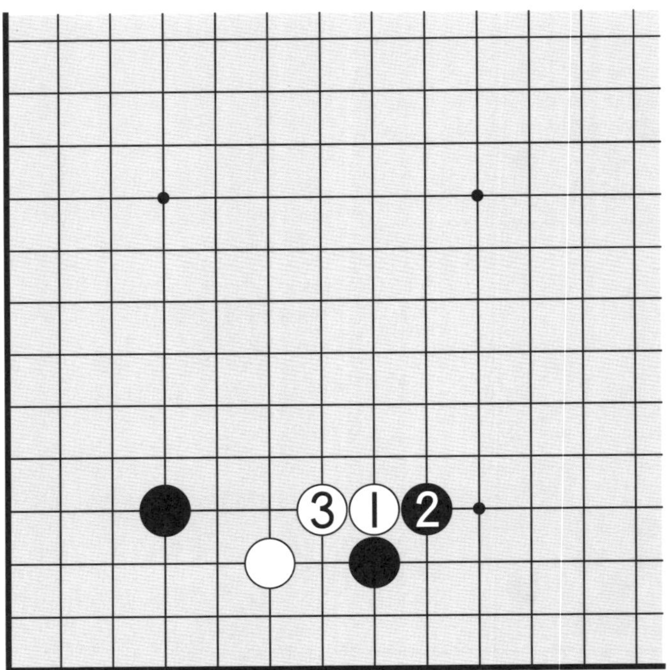

　　흑의 한칸협공에 대해 백1, 3으로 붙여 끄는 것은 귀와 변을 맞보는 수단이다.

　　발이 느려 많이 두지 않는데, 상황에 따라서는 유용하므로 이후 변화에 대해 알아본다.

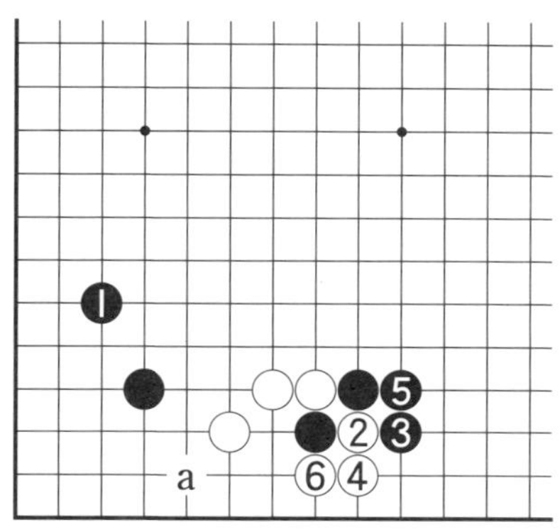

1도(백, 소극적 선택)

흑1로 귀를 지키면 백은 2로 끊은 후 6까지 한점을 잡고 안정하는 것이 알기 쉬운데, AI는 백의 소극적 선택으로 본다.

다음 흑은 상황에 따라 하변을 보강하거나, a로 귀를 확보하면서 백진을 위협하면 활발하다.

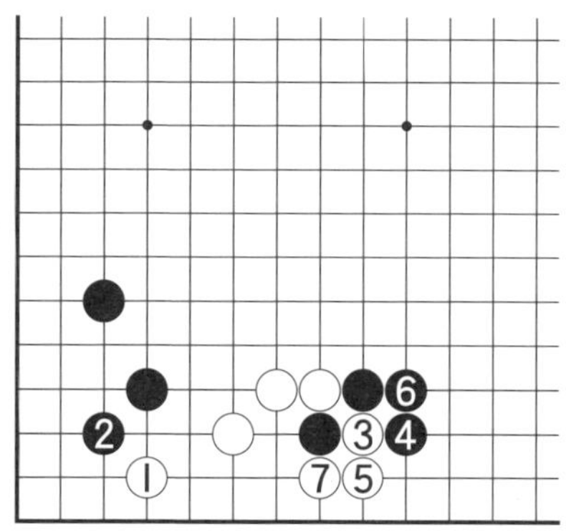

2도(귀부터 진입)

백은 끊기 전에 1로 귀에 진입해서 흑2로 받으면 백3 이하 7까지 정리하는 것이 앞 그림보다는 능동적이다.

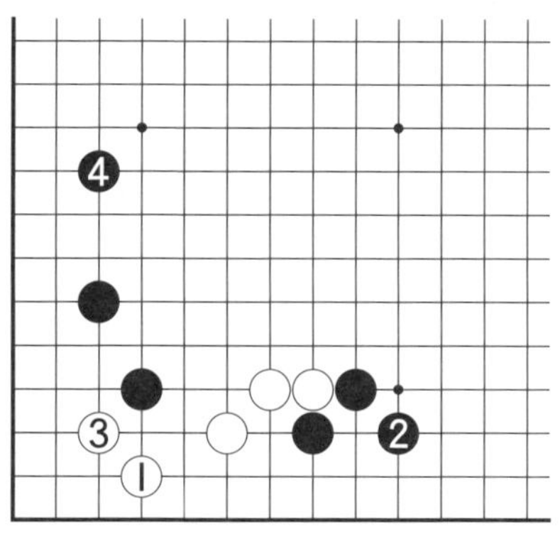

3도(흑, 변을 중시하는 방안)

백1에 흑이 변을 중시한다면 2로 하변부터 지킨 후 백3에 흑4로 벌려도 충분한 방안이다.

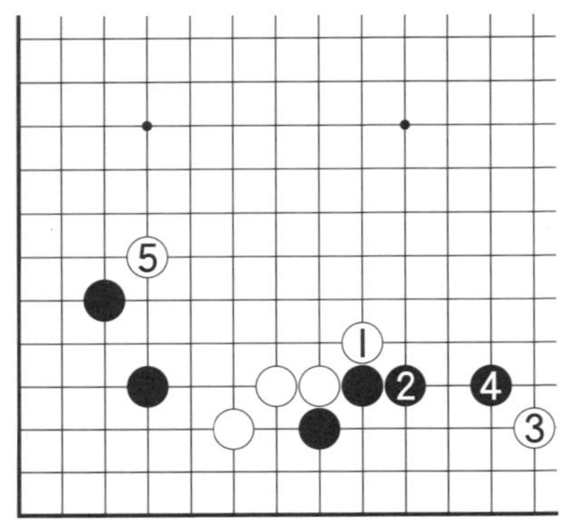

4도(실전적 전략)

되돌아가서, 우하귀에 백의 우군이 있다면 백1, 3의 수순으로 하변 흑 전체를 노리는 것도 AI가 제시하는 실전적 전략이다.

흑4로 보강하면 백5의 어깨짚음이 중앙을 아우르는 요소이다.

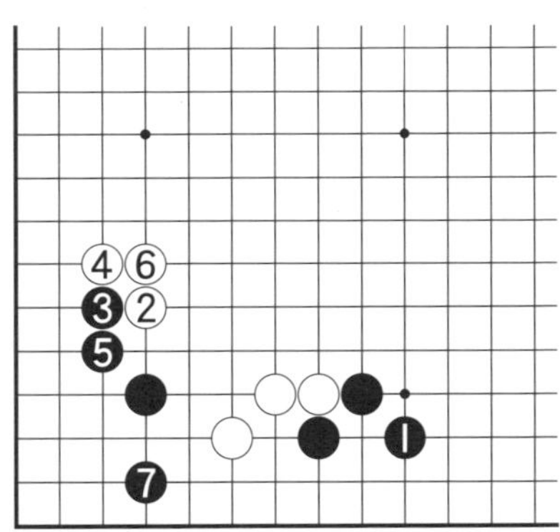

5도(흑, 소극적 선택)

기본형 다음, 흑1로 변을 지키면 양걸침 비슷한 백2로 협공하는 것이 능동적인 대응이다. 흑이 3으로 붙인 후 7까지 귀에서 안정하는 것은 소극적 선택이며 두터움을 허용한다. 백2 때 흑은 중앙으로 나가는 것이 우선인데~

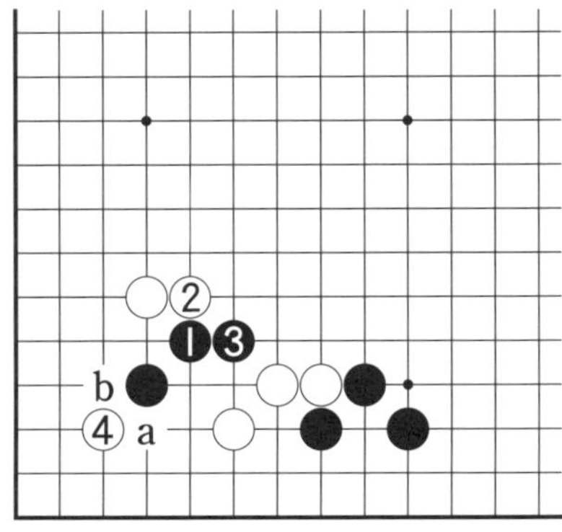

6도(느슨한 마늘모)

흑1의 마늘모 행마는 느슨하다. 백2로 밀린 후 4의 3三침입이면 흑이 a와 b, 어느 쪽으로 막든 좋은 결과를 얻을 수 없다.

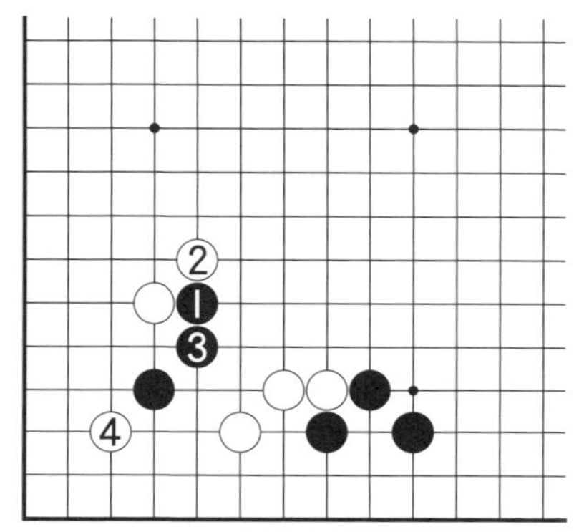

7도(힘찬 붙임)

5도 백2 때 흑1로 붙이는 것이 힘찬 행마이다.

　백은 2로 젖힌 후 4로 침입하는 것이 모양을 정리해가는 상용 수단으로 많이 두었다.

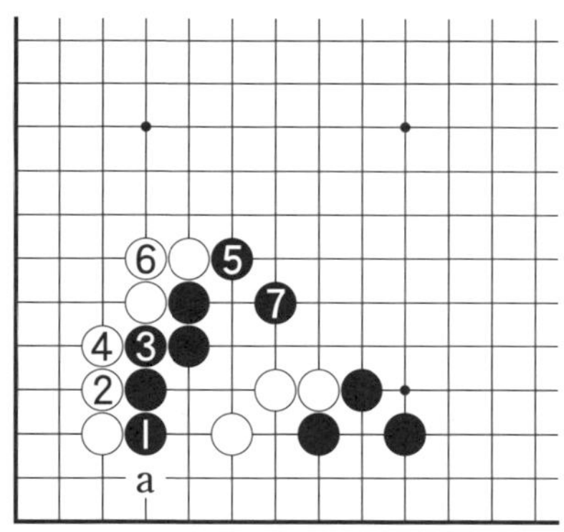

8도(고정관념)

이다음 흑1로 막은 후 7까지는 그동안 상식이었던 수순이다.

　이렇게만 되면 흑은 백 석점을 잡았고, 백도 a의 젖힘이 선수로 실리가 충실해 서로 어울렸다.

　그런데 이 수순에 고정관념이 있었다.

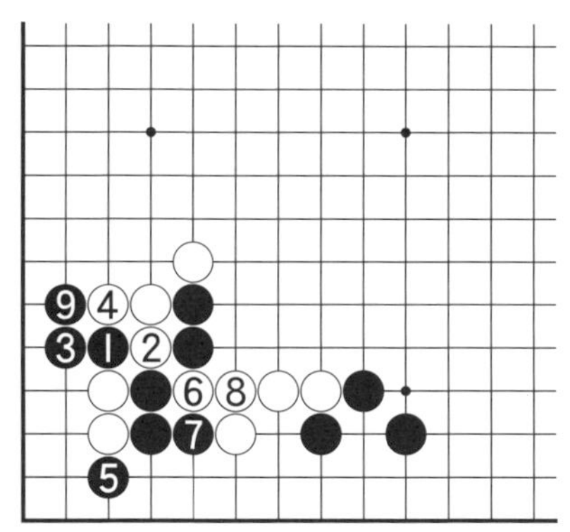

9도(흑, 월등)

앞 그림 백2 때 흑1로 젖히고 백 2로 끊으면 이하 9까지 필연인데, AI는 백이 중앙 두점을 잡아도 실리에서 앞선 흑이 월등하다고 본다. 그러니까 7도 백4의 침입은 성립하지 않는다.

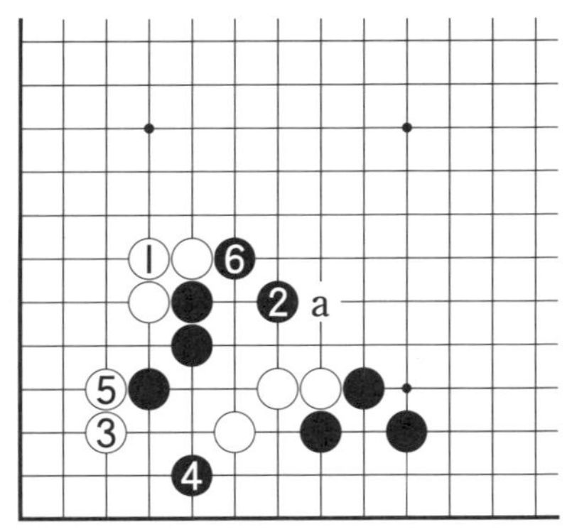

10도(백, 무난한 이음)

7도 흑3 때, 백도 1로 이으면 무난하다. 흑2로 뛰면 백은 a로 붙여 싸울 수도 있지만 3의 침입이 간명하다.

이하 6까지 AI가 제시하는 변화인데, 8도와 비슷한 흐름으로 타협된다.

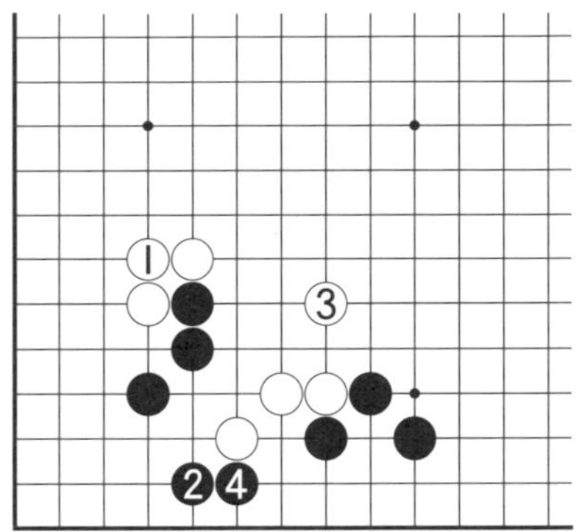

11도(흑, 귀를 중시하는 경우)

백1의 이음에 흑2는 귀를 중시하는 수로 백3에 흑4로 넘어가면 무난한 타협의 길이다.

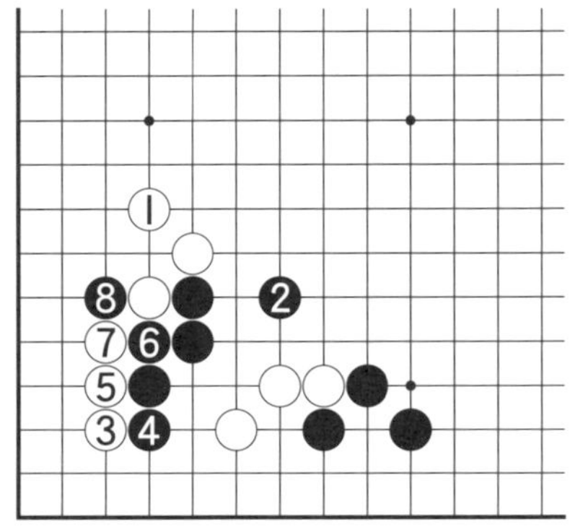

12도(호구이음의 약점)

백1 호구로 잇는 것은 탄력적이지만 약점이 남는다.

흑은 2로 뛴 후 백3 침입에 대해 흑4, 6 다음 8의 단수를 활용할 수 있다.

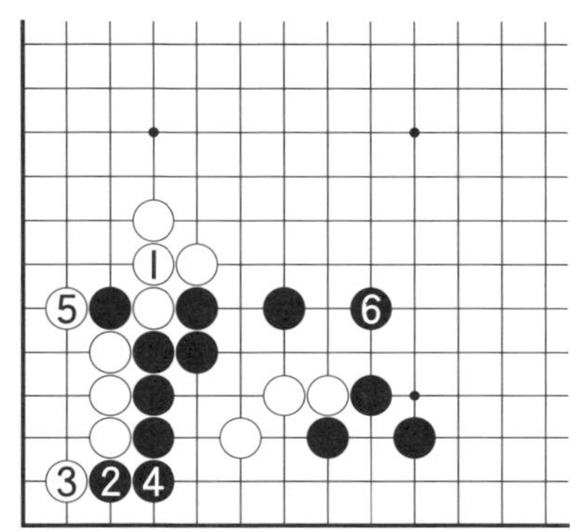

13도(젖혀이음이 선수로 작용)

이다음 백1에 이을 때 흑2, 4의 젖혀이음이 좌변에 선수로 작용하며, 6으로 두텁게 지키면 흑이 월등한 결과이다.

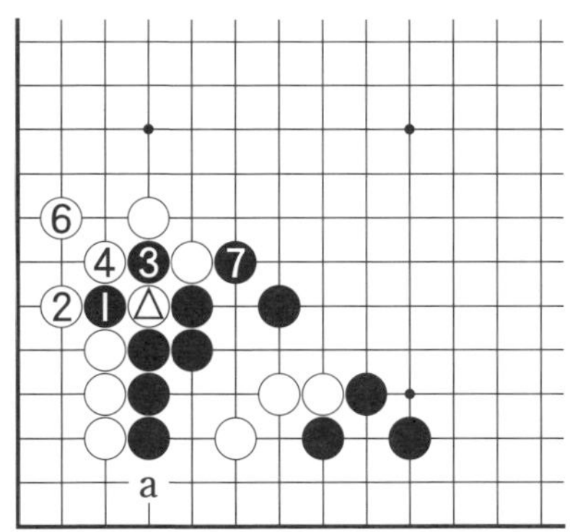

14도(백, 돌려치며 정비)

흑1 단수 때 백2, 4로 돌려치고 6으로 정비하면 귀를 방어할 수 있다. 그러면 백은 a의 젖힘이 선수 권리가 되지만, 흑7로 단수치며 보강하면 중앙이 두터워져서 역시 흑이 월등한 흐름이다.

❺‥△

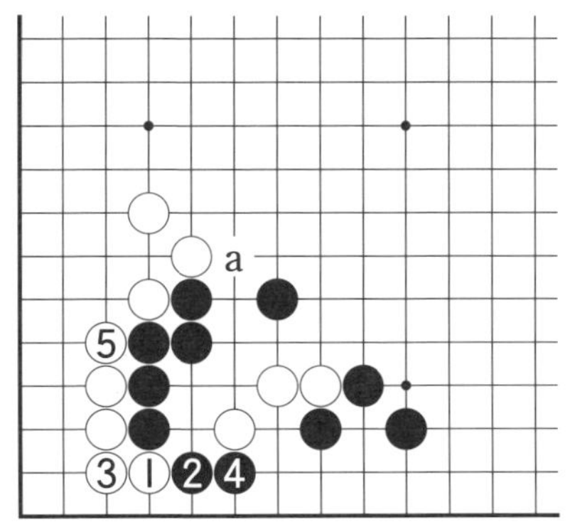

15도(흑, 활발)

12도 흑6 때, 백이 귀를 방어하려면 먼저 1, 3을 결정한 후 5로 막는 것이 현명하다.

흑도 하변이 안정된 만큼 a 보강을 해도 좋고, 굳이 서두르지 않아도 돼 활발한 흐름이다.

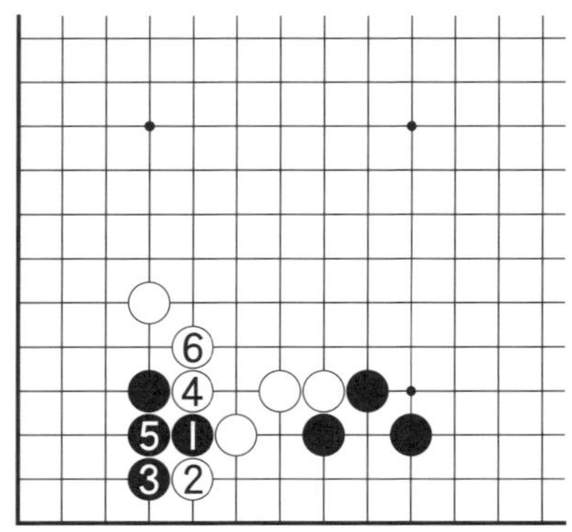

16도(백, 느슨한 연결)

5도 백2 때, 흑이 귀를 중시하면 1의 붙임이 일책이다.

이때 백2 이하 6까지 연결하는 것은 간명하지만, 단단한 귀의 실리를 허용해서 약간 느슨하다.

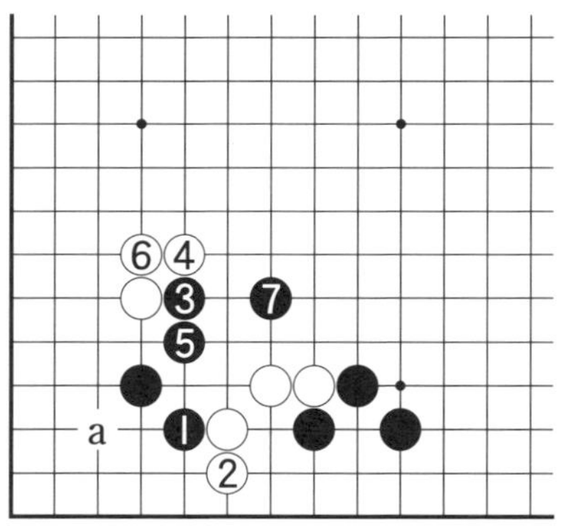

17도(선택의 기로)

흑1에는 백2가 무난하며 흑3으로 붙여 나갈 때가 선택의 기로이다. 백4로 받으면 흑5로 이을 때 애초 1의 활용이 기분 좋다.

백6으로 이으면 흑7로 뛸 때 a의 침입이 어려운 백이 싸우기 불편하다.

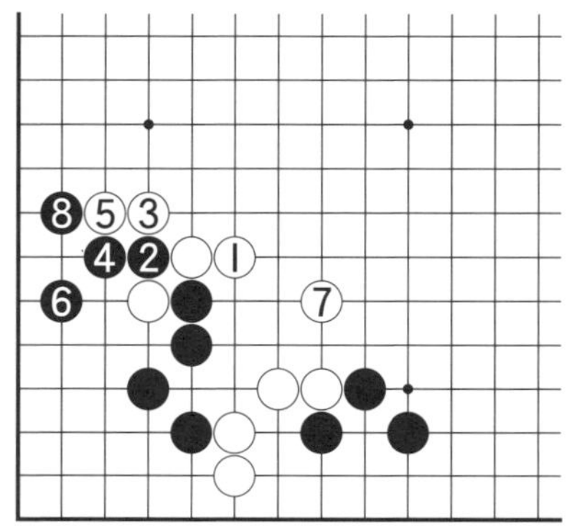

18도(흑, 만족)

앞 그림 흑5 때, 백1로 올라서고 흑2로 끊은 후 8까지 서로 정비하는 것도 AI가 제시하는 변화이다. 백 선수이지만 실속을 차린 흑의 만족으로 본다.

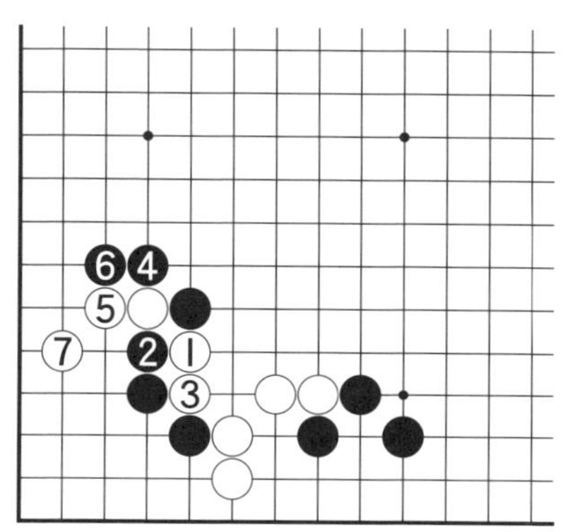

19도(안쪽 젖힘이 효과적)

17도 흑3 때 백1의 안쪽 젖힘이 효과적이다.

흑2로 끊으면 백3. 이때 흑4, 6으로 몰면 백7의 맥으로 흑이 대처하기 어렵다.

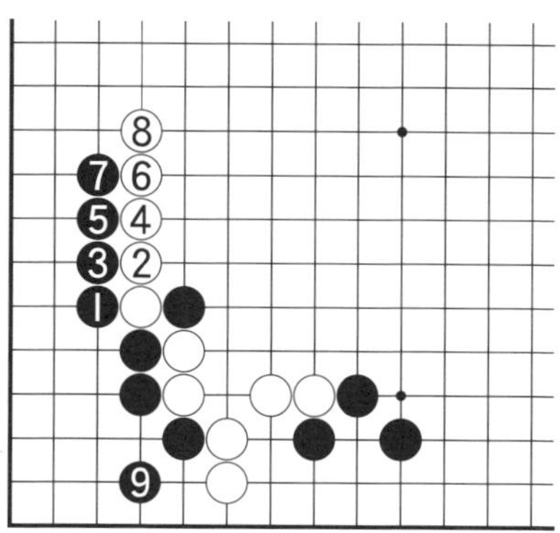

20도(적절한 타협)

앞 그림 백3 때, 흑도 1 이하 7까지 밀어놓고 9로 지키면 간명하며, AI는 적절한 타협으로 본다.

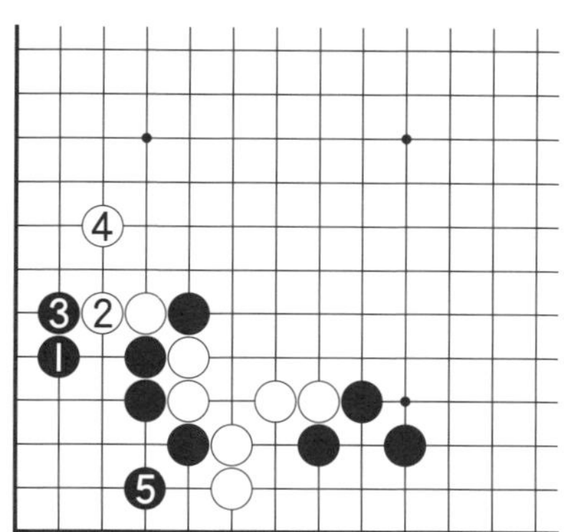

21도(흑, 유연한 삶)

19도 백3 때, 흑이 중앙 두터움을 허용하기 싫다면 흑1 이하 5까지의 유연한 삶도 AI가 알려주는 방안이다.

다만 중앙 전투가 관건이다.

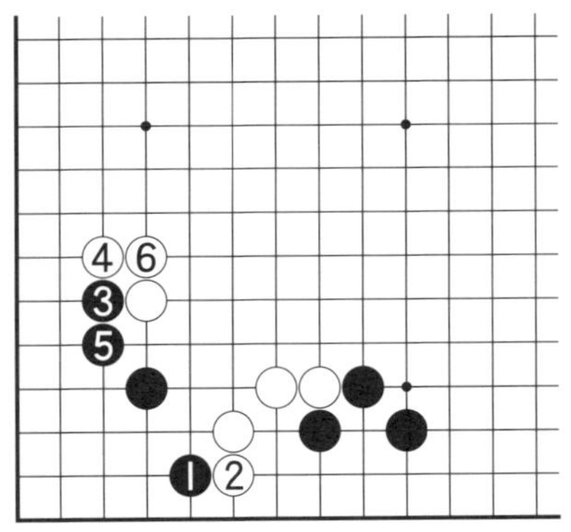

22도(실전적 안목)

이 시점에서 흑1의 날일자 행마도 일책이다.

백2로 받으면 흑3, 5로 살아두고 백6에 손을 빼는 것이 초반에는 실전적 안목이다.

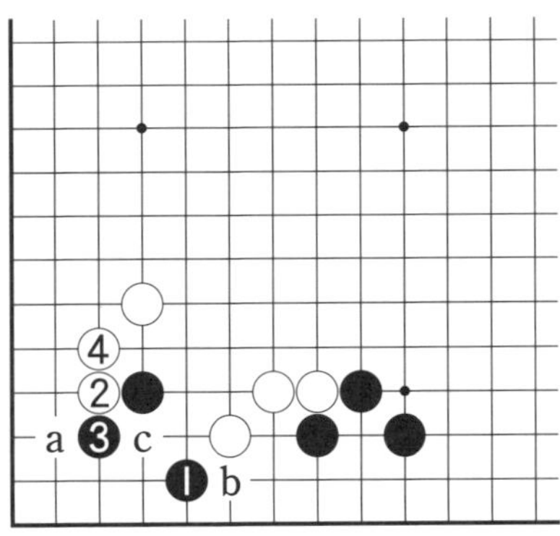

23도(백, 귀를 먼저 공략)

흑1에 백2, 4로 귀를 먼저 공략하면, 여기서 흑도 손을 빼는 것이 초반에는 현명하다.

차후 백a면 흑b로 넘고, 백b면 흑c로 이어 사는 것이 요령이다.

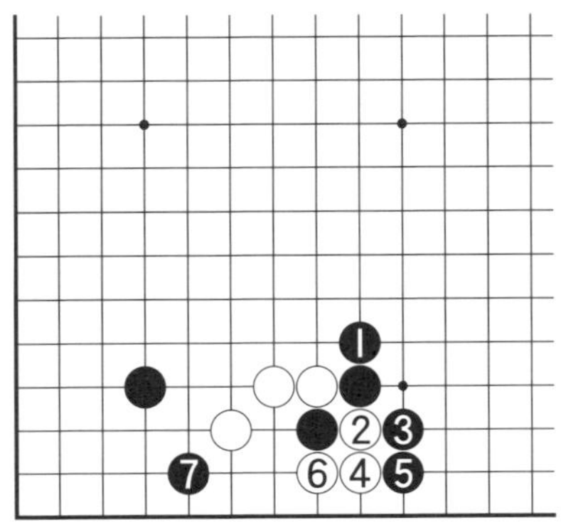

24도(흑, 능동적 전략)

처음으로 돌아가서, 흑1로 올라선 후 7까지 백진을 압박하는 것도 AI가 일순위로 추천하는 흑의 능동적 전략이다.

흑이 이렇게 두면 약간 기분 좋은 흐름으로 본다.

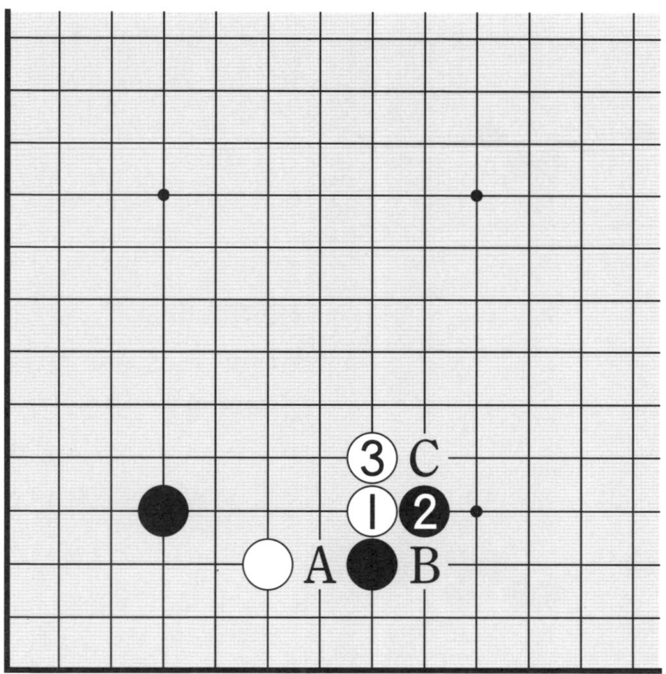

　　흑의 한칸협공에 대해 백1, 3으로 붙여 뻗는 것은 중앙을 중시하는 수단인데, 많이 사용하지는 않지만 의도적인 전략도 숨어있어 관련 변화를 숙지해두어야 한다.

　　역시 귀와 변을 맞보는데, 이처럼 백이 위로 향하면 흑은 A로 치받는 경우가 많고, 상황에 따라 B의 이음이나 C의 밀어 올리는 수도 있다.

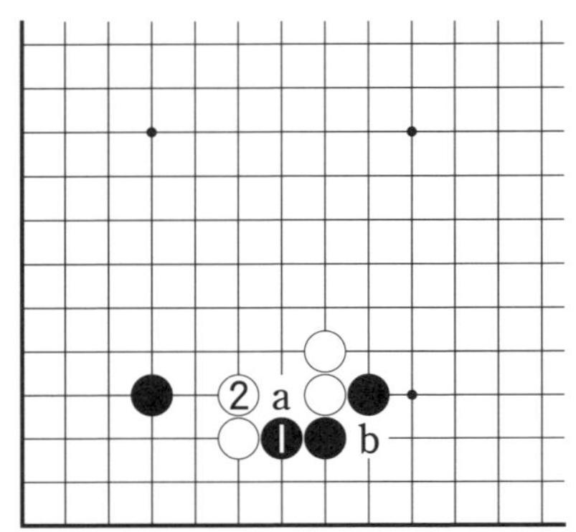

1도(치받는 경우)

기본형 다음 흑1로 치받으면 백2
는 당연하다.

이때 흑a로 나가끊는 것은 b의
약점으로 성립하지 않는다.

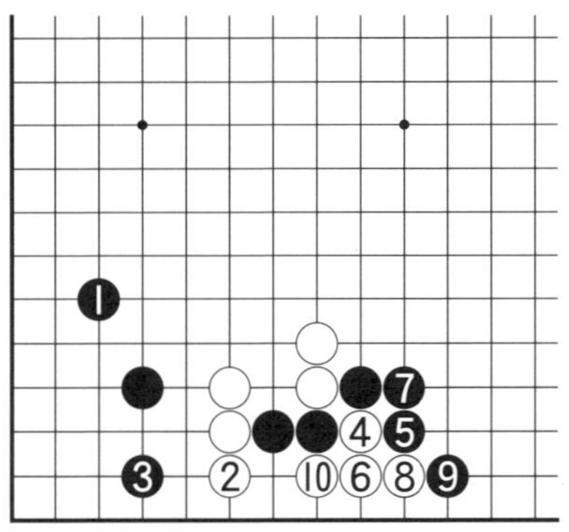

2도(백의 의도)

이다음 흑1로 귀를 지킬 때 백2
는 귀와 변을 맞보겠다는 뜻이다.
가령 흑3으로 귀를 지키면 백4로
끊은 후 10까지 두점을 잡는다.

그러나 AI 안목에서 이 진행
은 흑이 약간 기분 좋다.

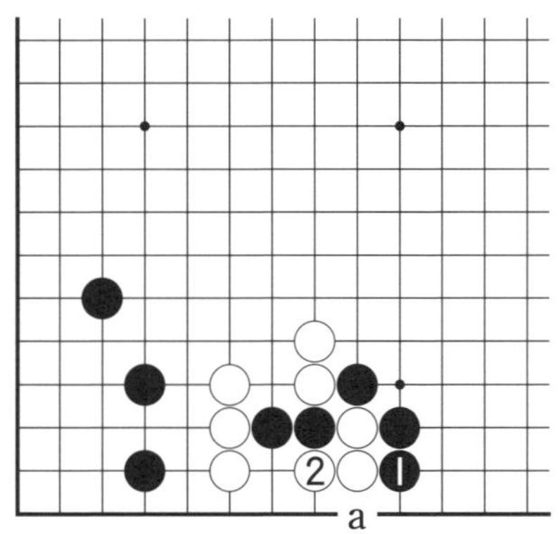

3도(백, 중복)

앞 그림 백6 때, AI는 흑1로 막
아 선수하면 더욱 기분 좋다고
본다. 흑a도 선수이니 백이 중복
된 모양에 가깝다.

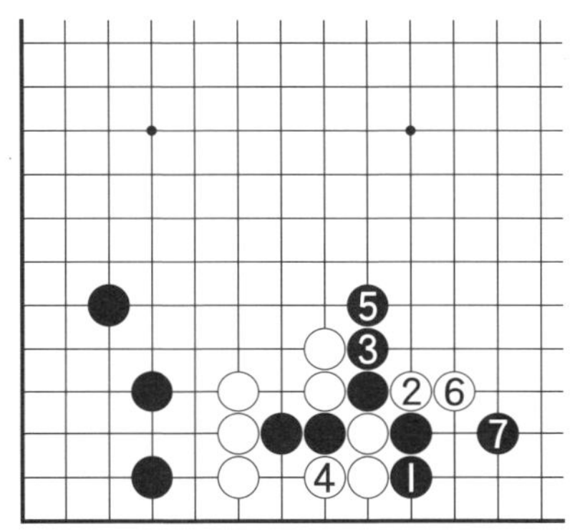

4도(백이 먼저 끊는 경우)

흑1에 백2로 먼저 끊고 나서 4로 두면 흑5, 7로 대응해서 백이 불리한 흐름이다.

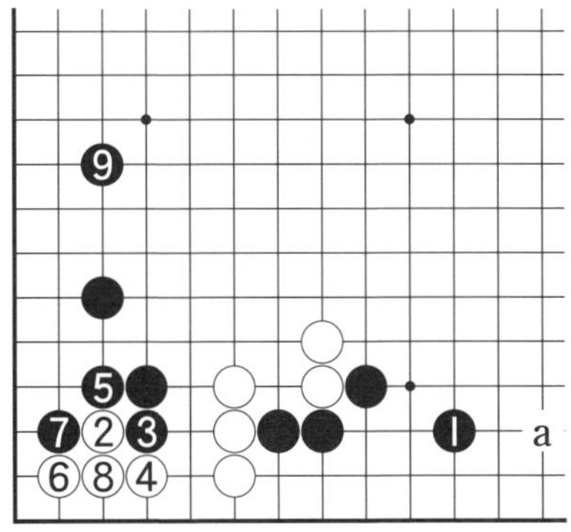

5도(흑이 하변을 보강하는 경우)

2도 백2 때 흑1로 하변을 보강하면 백2로 3三에 침입해서 8까지 귀를 부수고 산다.

이 진행은 흑9로 벌리고 나서 상황에 따라 백도 a로 압박하든지 다른 곳에 선수 행사를 하면 대등한 국면이다.

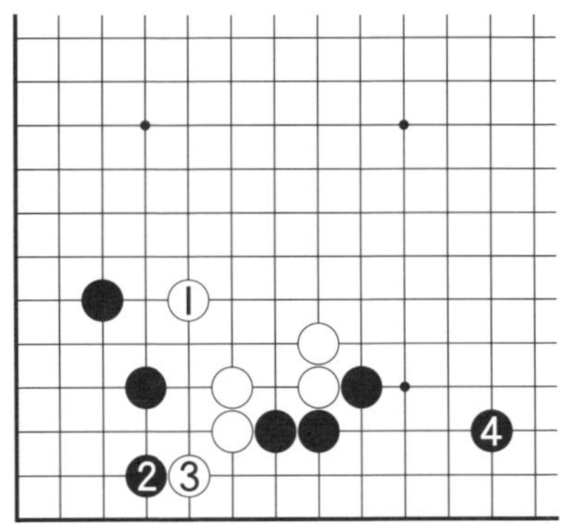

6도(백의 일책)

이 시점에서 백1로 중앙을 돌보는 것이 하나의 방안이다.

흑2에는 백3으로 효과적 차단을 하고 흑4로 하변을 지키면, AI 안목에서 흑이 약간 활발한 정도이다.

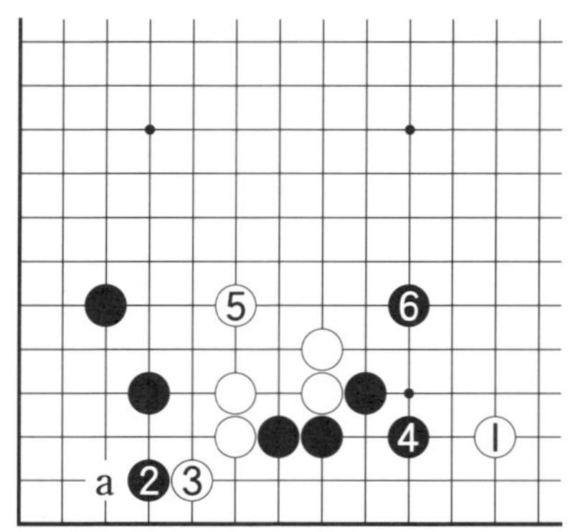

7도(백, 하변에서 접근)

상황에 따라 백1로 먼저 하변에서 접근하는 수도 일책이다. 이하 6까지 AI가 제시하는 타협의 변화이다.

백은 귀에 a의 활용이 남아있는데 당장 결행할 수도 있다.

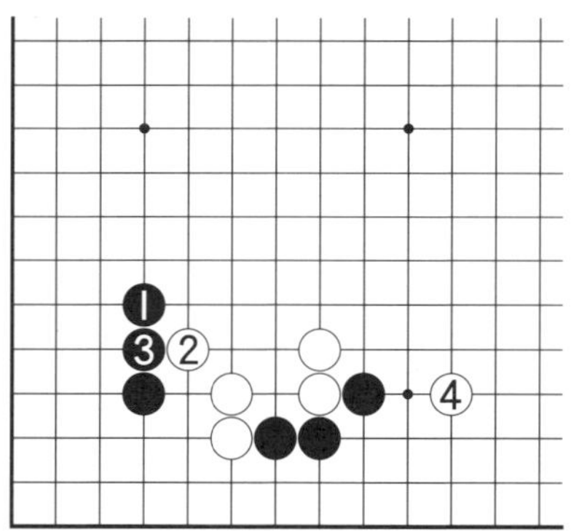

8도(공격할 빌미 허용)

귀로 되돌아가서, 흑1의 한칸으로 지키면 백2로 중앙을 보강한 후 4로 공격할 빌미를 허용한다.

비슷한 형세에서는 국면을 누가 먼저 쥐느냐가 중요하다.

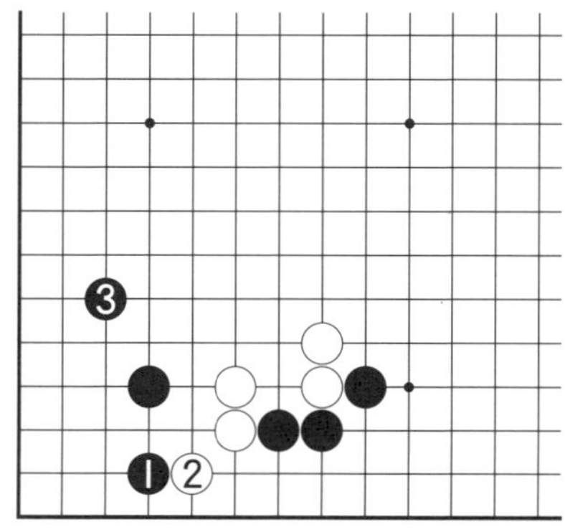

9도(아래쪽 한칸)

흑1의 아래쪽 한칸은 예전에는 능동적 행마로 알려졌다. AI의 견해는 다른데, 백의 선택만 더 생겼다고 본다.

만일 백2로 차단하면 흑3에 지켜서 6도나 7도로 환원된다.

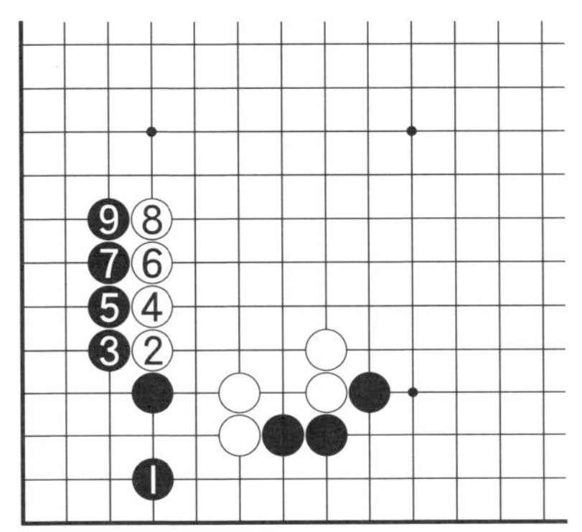

10도(백이 밀리면 불만)

흑1에 백은 차단하지 말고 2로 먼저 붙이는 것이 효율적 발상이다. 흑3에 젖히는 경우 백이 4 이하 9까지 밀리면 불만이다.

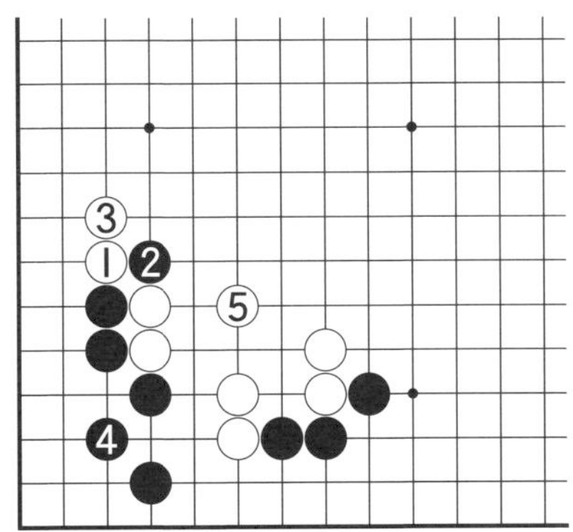

11도(기세의 행마)

앞 그림 흑5 때 백1 젖힘이 기세의 행마이다.

　흑2, 4로 단점을 남기고 지키는 것이 능률적이며 백5로 정비하면 서로 타협의 길이다.

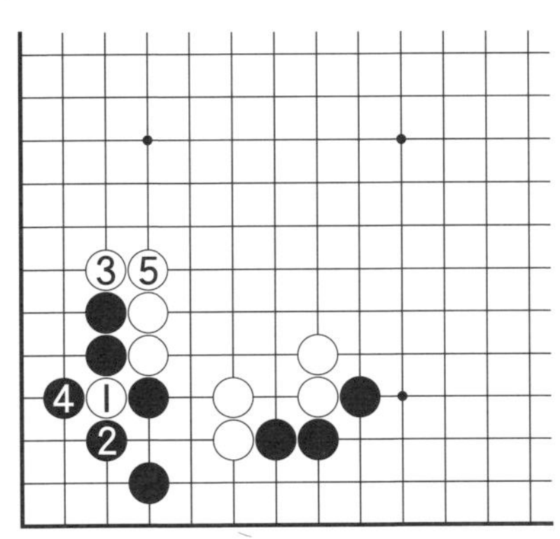

12도(흑, 만족)

백1로 먼저 끊고 3에 젖히면 흑4로 잡을 때 백5로 두텁게 이을 수 있지만, AI는 이 진행을 흑의 만족으로 본다.

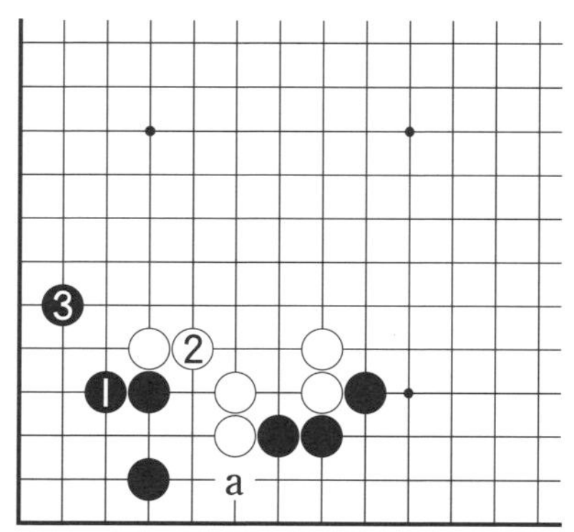

13도(침착한 대응)

좌변에 백의 리듬을 주지 않으려면 흑1이 침착한 대응이다.

백2로 연결하면 흑3으로 진출한다. 하변도 a로 건너는 맛이 있으니 흑이 불만 없는 진행이다.

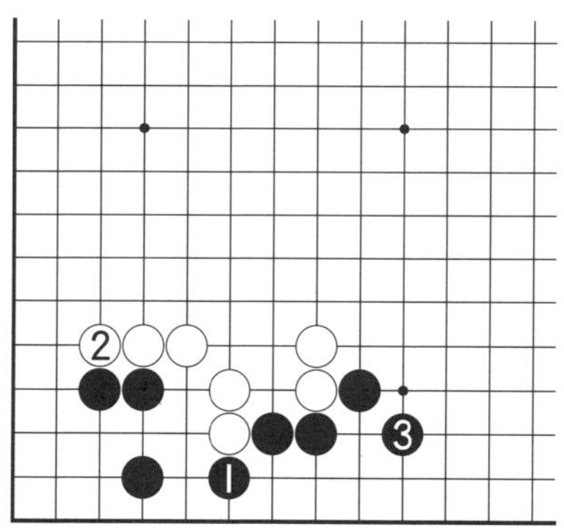

14도(흑이 건너는 경우)

앞 그림 백2 때 흑1로 건너면 백도 2로 막는 것이 두텁다. 흑3에 정비하면 서로 타협된 결과이다.

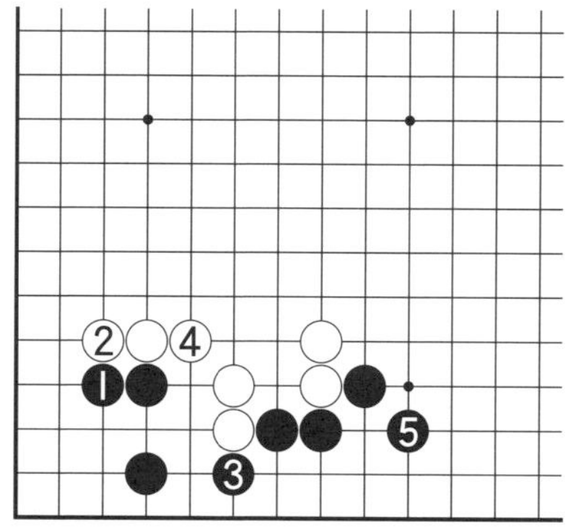

15도(백의 강수)

실은 흑1에 백2로 막는 것이 강수이다.

이때 흑이 무난하게 두자면 3으로 건너는데, 다음 백4 흑5로 되면 앞 그림과 같다.

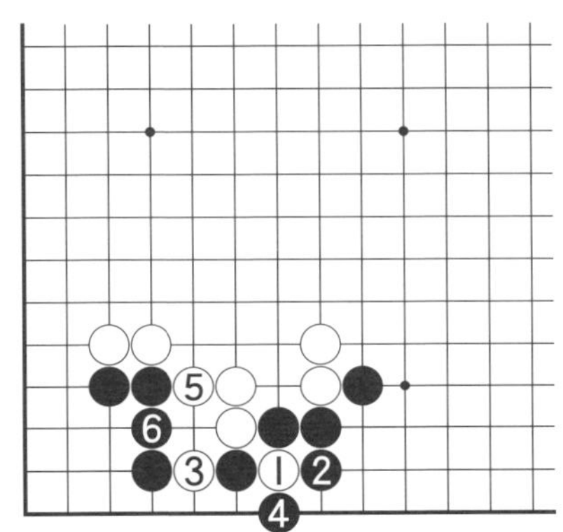

16도(효율적 착상)

이다음 백1의 끊음도 효율적 착상이다. 이하 6까지 AI가 제시하는 무난한 타협의 변화이다.

　백은 상황에 따라 15도나 16도를 선택할 수 있다.

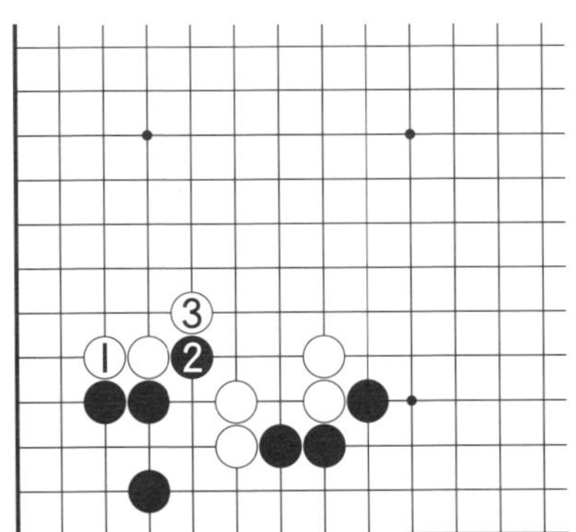

17도(흑의 강수)

백1에 흑도 2의 젖힘이 강수이다. 백은 3으로 방어하며 싸우는 것이 최선이다.

　이후 서로 어려운 길로 들어서는데~

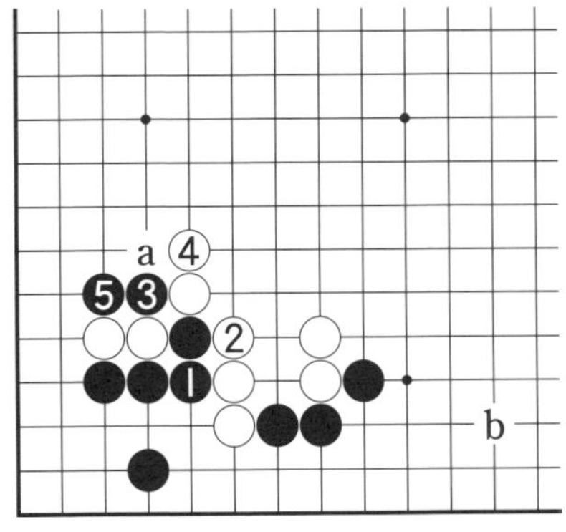

18도(알기 쉬운 타협)

흑1로 이은 후 5까지, AI가 알려주는 이 싸움에서의 가장 알기 쉬운 타협이다.

　다음 백은 상황에 따라 좌변 a로 두텁게 꼬부리거나, 하변 b로 접근할 수 있다.

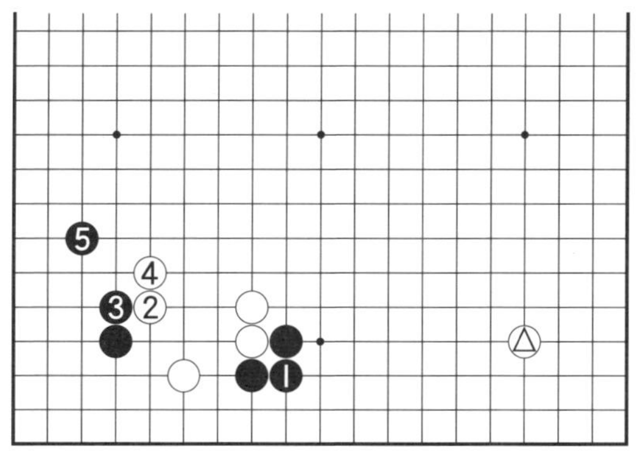

19도(행마의 리듬)

기본형 다음 흑1의 이음도 때로는 시도할 수 있다. 편의상 백△의 배치를 가정하고, 백2로 씌우면 흑3, 5로 변에 진출하는 것이 행마의 리듬이다.

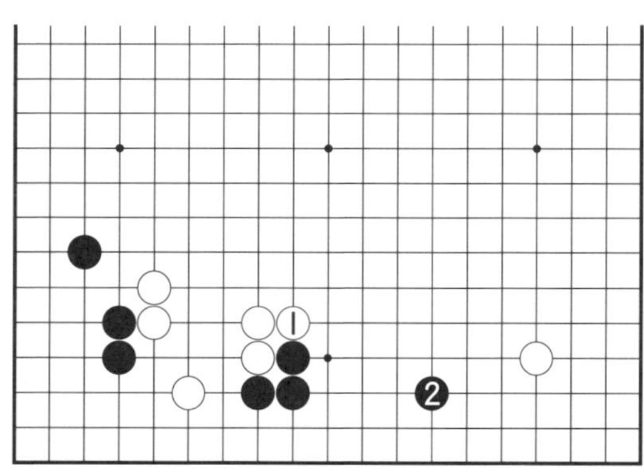

20도(백, 꼬부림)

이다음 백1의 꼬부림은 두터운 선택이다.

　이 배치에서 AI는 흑이 2로 벌리면 약간 편한 흐름으로 본다.

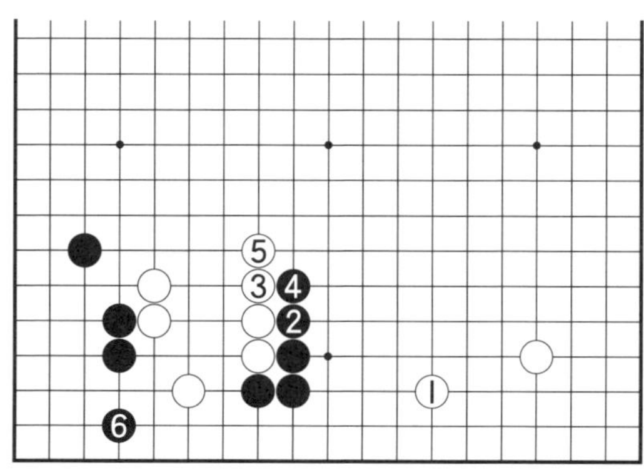

21도(백, 하변 다가섬)

19도 다음 백이 1로 하변에 다가서면 흑은 2, 4로 밀어 보강한 후 6으로 귀를 지켜 충분하다.

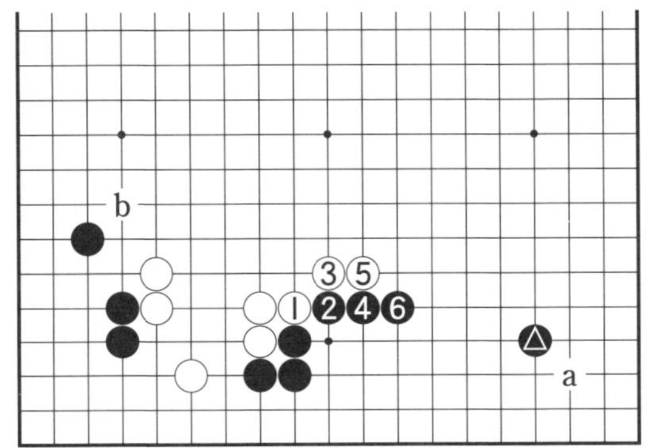

22도(배치가 다를 때)

우하귀 흑● 배치라면, 백1 꼬부림에 흑은 2 이하 6으로 하변을 키우는 것이 적합하다.

다음 백은 a의 침입이나 b의 씌움이 요소이다.

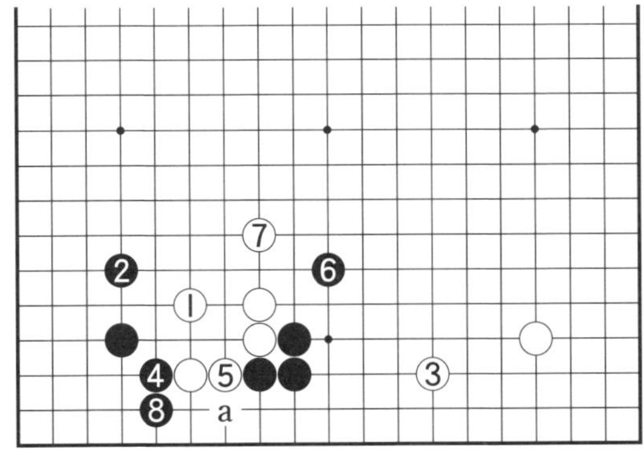

23도(일순위 추천)

되돌아가서, 백1의 뜀이 AI의 일순위 추천이며 이하 8까지 타협의 길을 제시한다.

흑8은 후수이지만 a의 연결을 보며 하변 보강의 뜻도 있다.

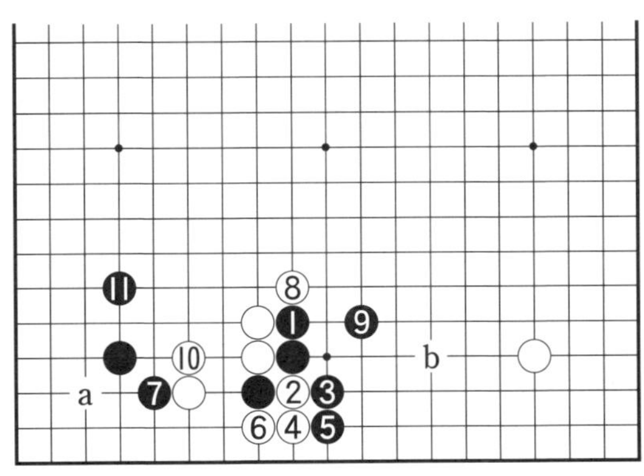

24도(백, 활발)

기본형 다음 흑1로 밀어 올리는 수도 일책이다.

백2 끊음에 흑3, 5로 한점을 버리면 이하 11까지 AI의 추천 변화인데, 백이 a와 b, 어디에 두든 활발하다고 본다.

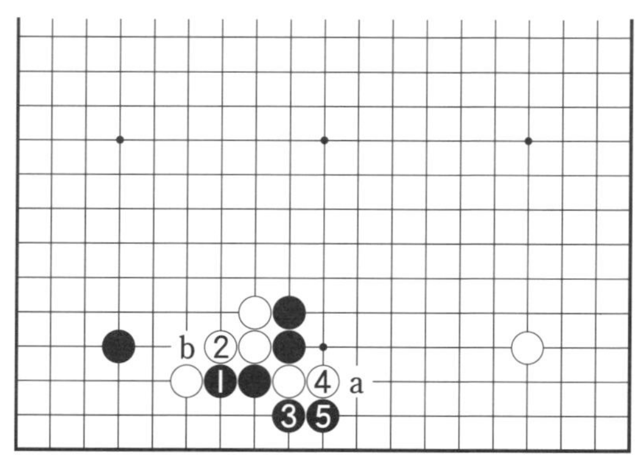

25도(살리는 것이 우선)

백이 끊으면 흑은 1로 치받고 3, 5로 기면서 살리는 것이 우선이다.

이때 백a로 따라 늘면, 흑b로 끊어 백이 불리한 흐름이 된다.

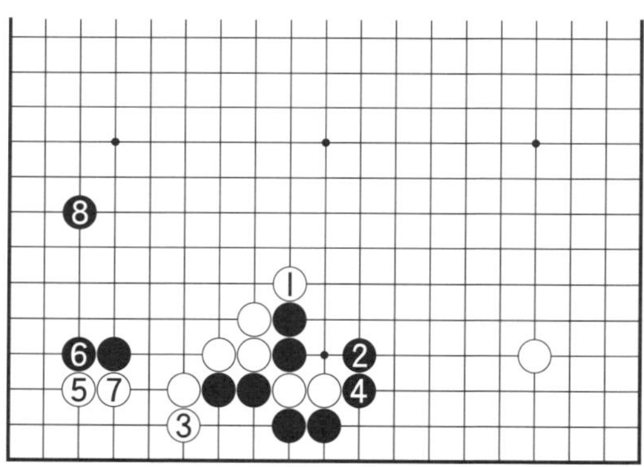

26도(현명한 바꿔치기)

이다음 백은 1, 3을 활용해서 변의 두점을 버리고 5, 7로 귀를 취하는 것이 현명한 바꿔치기이다. 흑도 8로 벌려 양쪽을 정비했으니 충분하다.

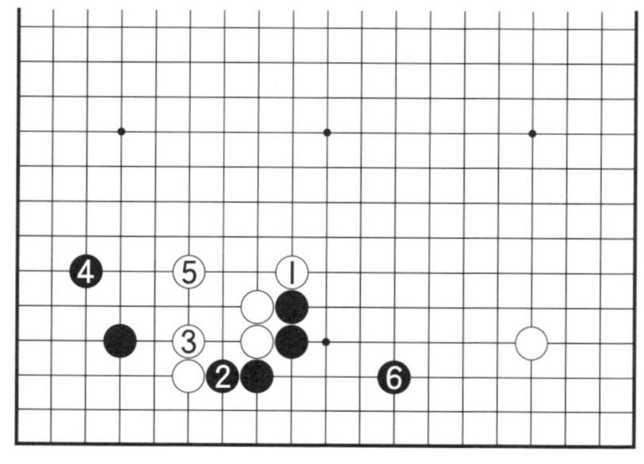

27도(중앙 중시의 젖힘)

되돌아가서, 백1의 젖힘도 중앙을 중시하는 힘찬 대응이다.

흑2로 치받고 이하 6까지 AI가 제시하는 무난한 타협의 길이다.

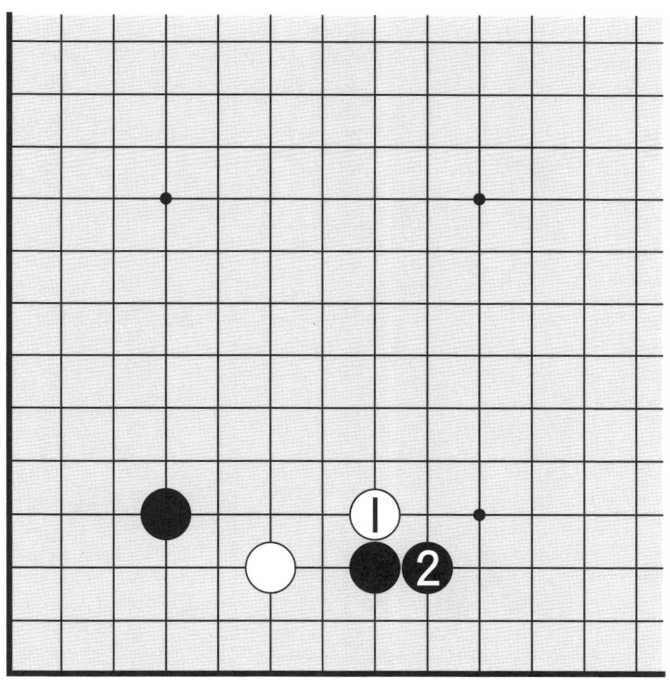

흑의 한칸협공에 대해 백1로 붙였을 때 흑2로 느는 수는 좀 느슨하지만 전략에 따라서는 유력하다.

양쪽 진영을 유연하게 정리하기 위해 시도하는 경우가 대표적인데, 예를 들어보고 이에 대한 백의 대응책도 알아본다.

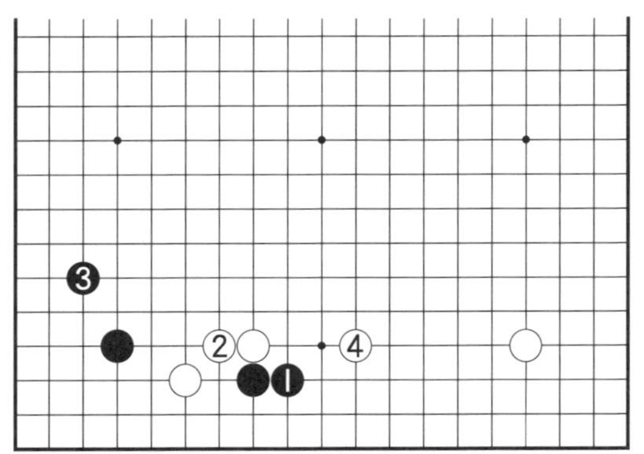

1도(씌움이 제격)

자주 나오는 우하귀 배치를 기본으로 설명한다. 흑1에 백2로 늘면 흑은 귀와 변의 선택이 기다린다. 흑3으로 귀를 지키면 백4의 씌움이 제격이다.

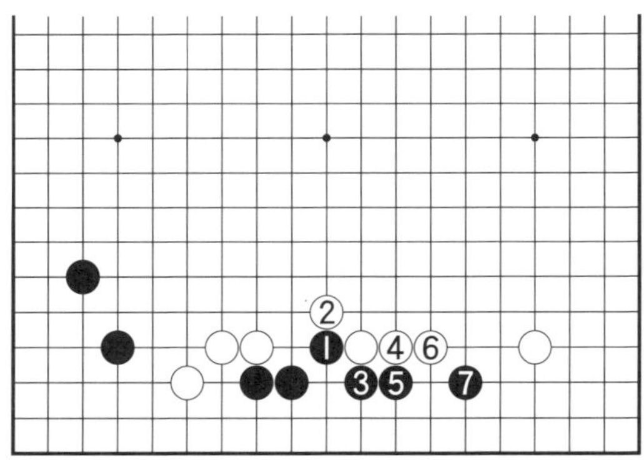

2도(흑의 의도)

이다음 흑1은 백2로 받으면 흑3으로 변에 확실하게 진출하기 위함이다. 이하 7까지 진행되면 흑이 의도한 대로 안정해서 충분하다.

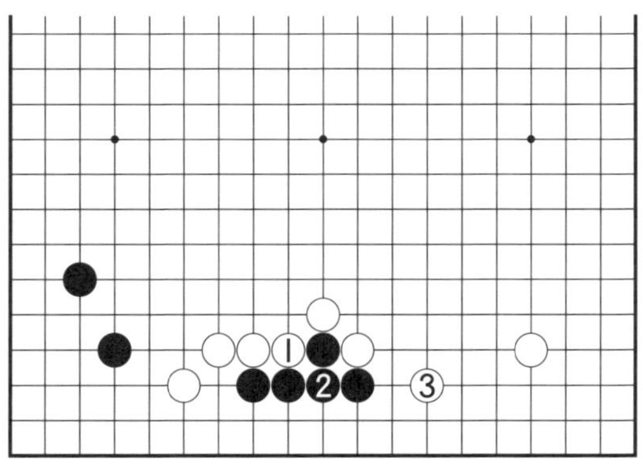

3도(실전적 차단)

앞 그림 흑3 때, AI는 백도 1의 단수를 결정한 후 3으로 앞길을 차단하는 것이 실전적이라 본다.

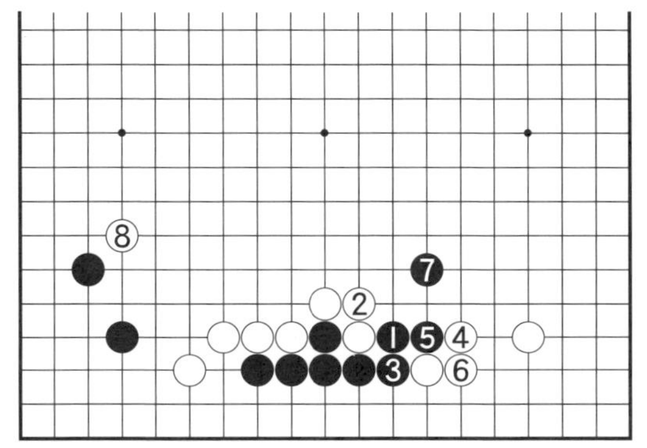

4도(어울린 진행)

이다음 흑1 이하 7까지 중앙에 진출하면, 백도 귀에 실속을 차리면서 좌변 8의 어깨짚음이 요소이다. AI는 서로 어울린 진행으로 본다.

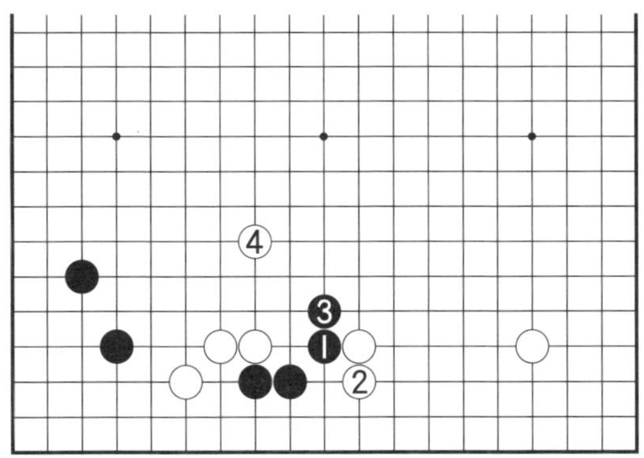

5도(중앙 전투)

흑1 붙임에 백2로 근거를 차단하면서 흑3에 백4로 싸움을 유도하는 것도 일책이다. 백이 중앙 전투에 자신 있다면 이렇게 둘 수 있다.

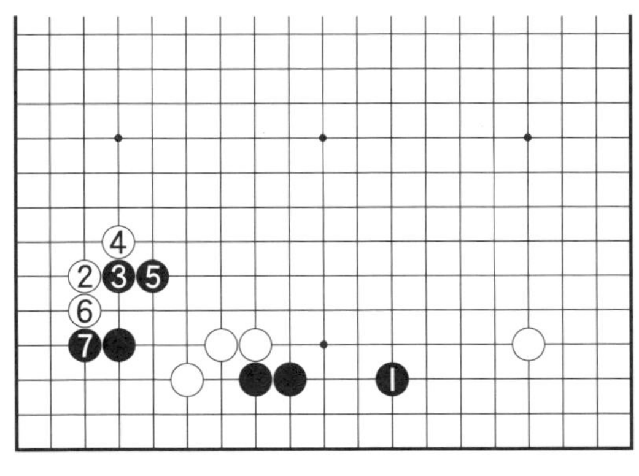

6도(흑, 하변 벌림)

1도 백2 때 흑1로 하변부터 벌리면 백은 귀의 걸침이 자연스럽다.

백2로 낮게 걸칠 때 흑3에 붙인 후 7까지 대응하면 어떻게 될까.

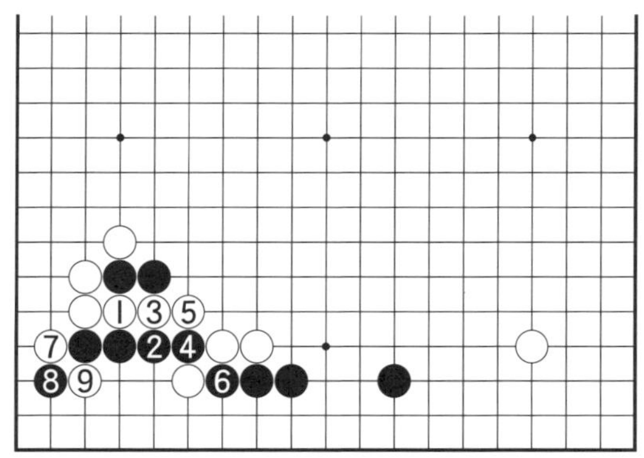

7도(흑, 망하는 결과)

백은 1 이하 5로 뚫고 흑6으로 한점을 잡으면 백7, 9로 끊는 것이 강수이다. 그러면 어떻게 변화해도 흑이 망하는 결과이다.

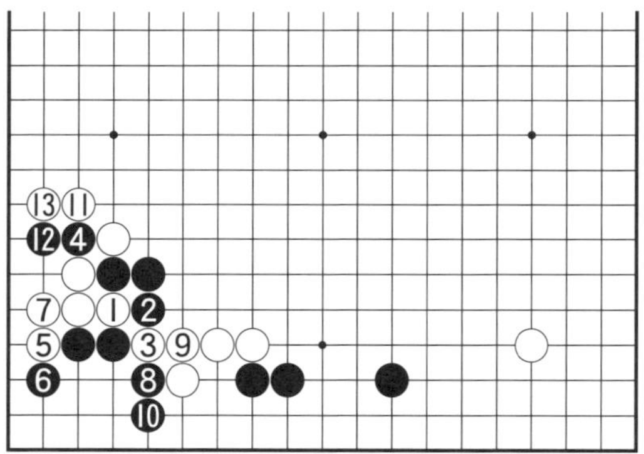

8도(중앙 전투가 초점)

백1에 흑2로 막고 백3에 흑4, 서로 끊는 것이 이 경우 최선이다.

이하 13까지 필연이며 중앙 전투가 초점인데, AI는 백이 약간 편한 진행으로 본다.

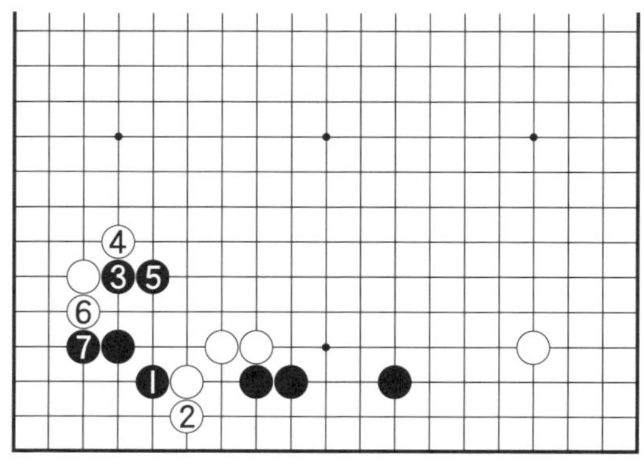

9도(귀의 모양이 안정)

6도 백2 때 흑1로 먼저 활용하고 나서 3 이하 7까지 되면, 흑은 귀의 모양이 안정되어 충분하다.

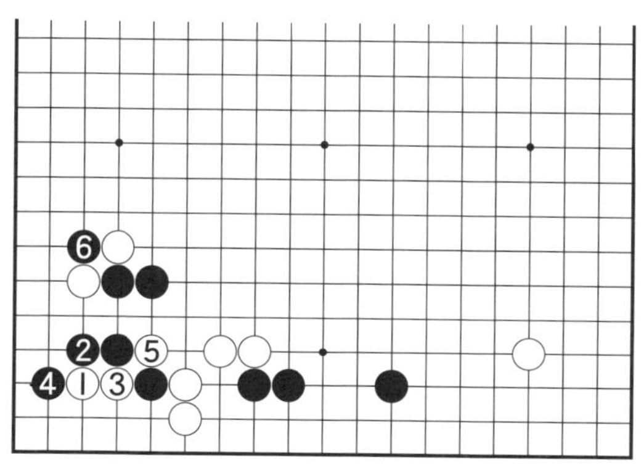

10도(능동적 침입)

앞 그림 흑5 때 백1의 침입이 능동적이다.

　　이하 6까지 AI가 제시하는 타협의 길이다.

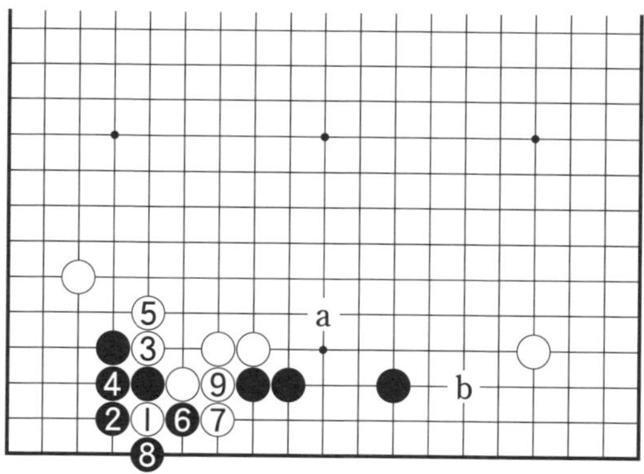

11도(백, 젖혀서 정돈)

흑이 귀에서 붙일 때 백1로 젖힌 후 5까지 정돈하는 것도 일책이다.

　　흑6, 8로 한점을 잡은 후 a나 b로 보강하면 서로 타협이다.

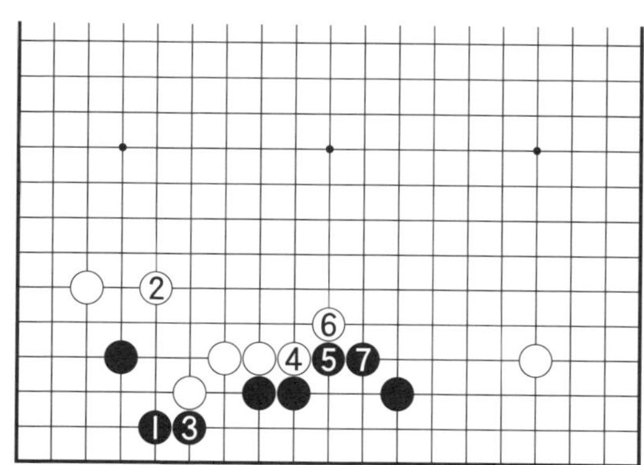

12도(두터운 발상)

백이 걸칠 때 흑1의 날일자 행마도 유력하다.

　　백은 2로 뛰고 흑3에 넘을 때 백4, 6을 활용한 후 손을 빼는 것이 두터운 발상이며, AI는 서로 어울렸다고 본다.

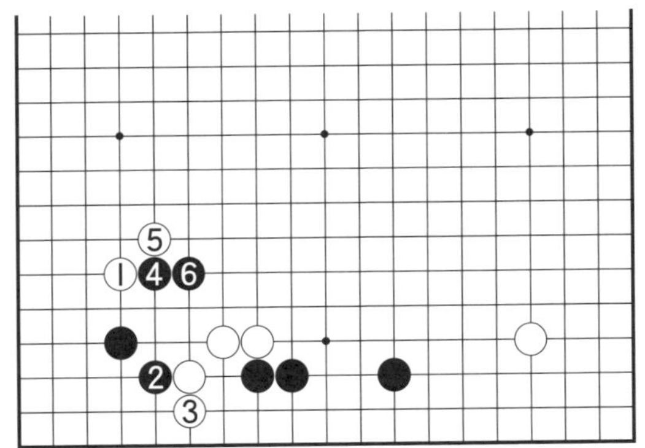

13도(백, 한칸걸침)

되돌아가서, 백1의 한칸걸침이면 흑2 붙임에 백3으로 받는 것이 무난하다. 다음 흑4, 6으로 나가면 백이 양쪽으로 갈려 부담이 된다.

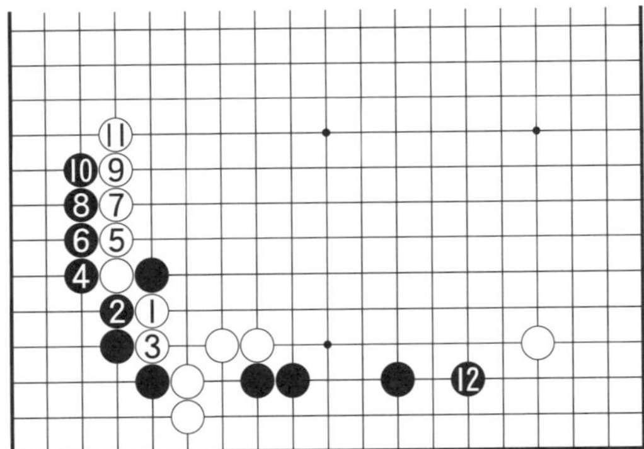

14도(효과적 반격)

앞 그림 흑4 때 백1, 3이 효과적 반격이다.

흑은 4 이하 10까지 밀어놓고 12로 하변을 보강하는 것이 AI가 제시하는 타협의 길이다.

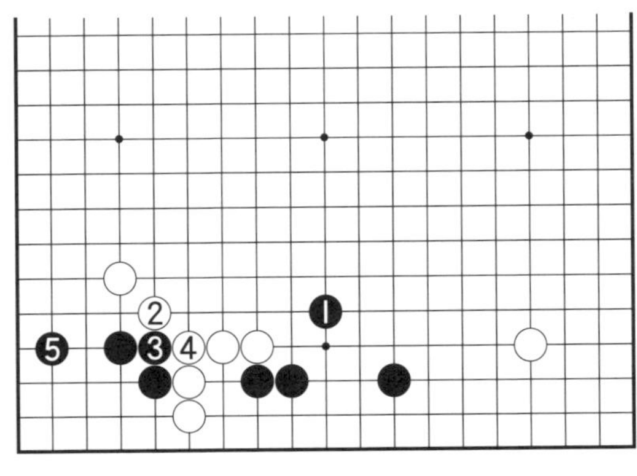

15도(흑, 하변부터 보강)

앞 그림 백의 두터움을 허용하기 싫다면, 흑은 귀를 놔둔 채 1로 하변부터 보강하는 것도 유력하다. 백2, 4로 봉쇄하면 흑5로 귀를 지키는 것이 요령이다.

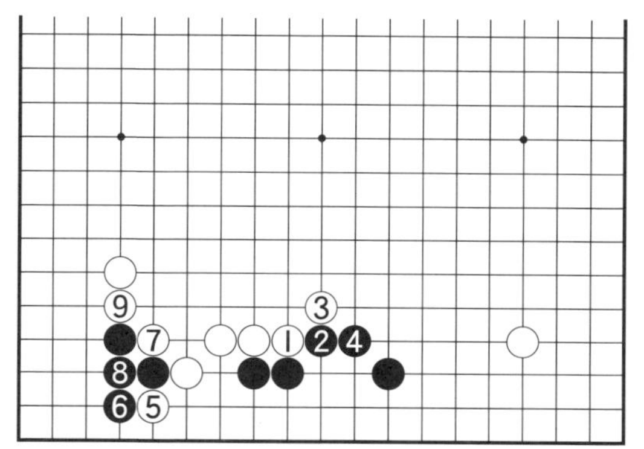

16도(백, 두터운 발상)

13도 흑2 때 백이 먼저 1, 3으로 중앙부터 강화한 후 귀로 돌아가 5 이하 9로 틀어막는 것도 두터운 발상이다.

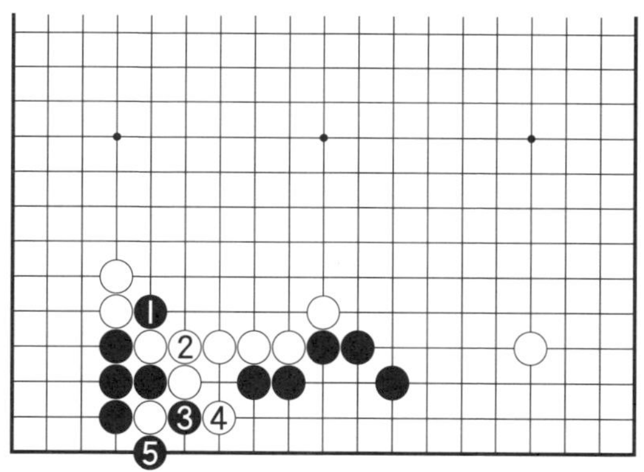

17도(타협된 결과)

이다음 흑1 단수로 뒷맛을 남겨놓고 3, 5로 한점을 잡으면 백은 손을 빼서 일단락이다.

　흑 실리가 돋보이지만, 백도 두텁고 선수라서 타협된 결과이다.

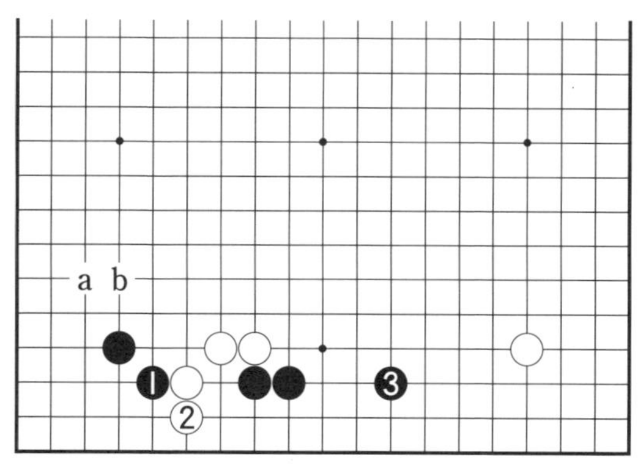

18도(먼저 활용)

흑이 앞 그림을 피하고 싶다면 1로 먼저 활용한 후 3으로 벌린다.

　그러면 백은 a나 b로 걸치는 진행이 예상된다.

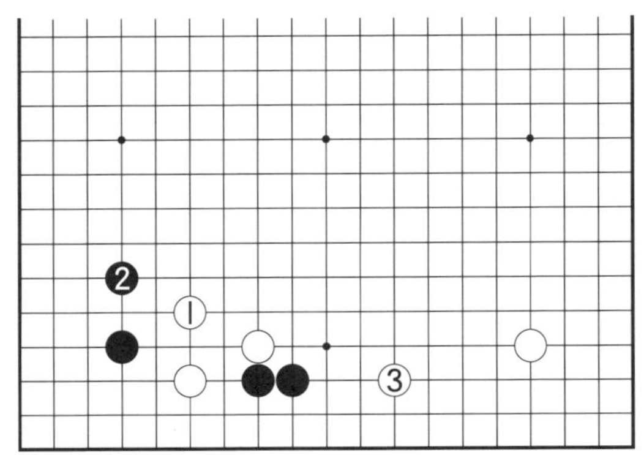

19도(백, 하변 운영)

처음으로 돌아가서, 백은 1로 뛰어 흑2로 받게 한 다음 백3으로 공격하는 것도 일책이다.

백이 하변 운영에 뜻을 둔 전략이다.

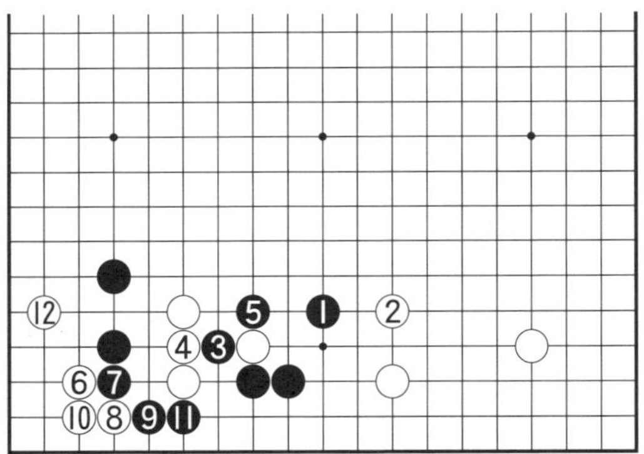

20도(날일자 진출 이후)

이다음 흑1의 날일자 진출이 요소이다. 백2로 추격하면 흑3, 5로 한점을 잡고 안정한다. 백도 6에 침입한 후 12까지 변신하는 것이 현명하며 서로 타협이다.

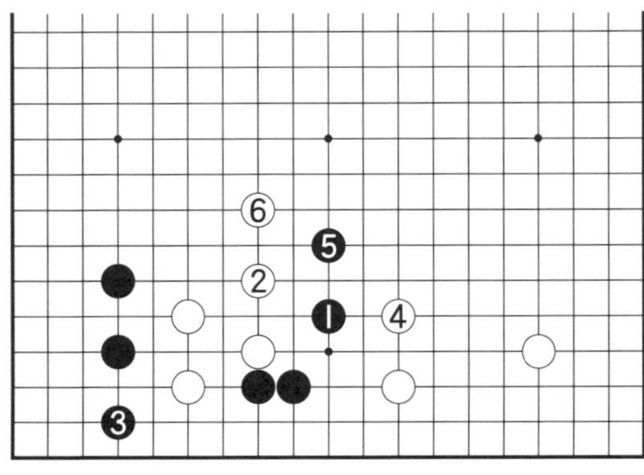

21도(전투 양상)

흑1에 백2로 왼쪽에서 추격하면 흑3 귀의 지킴이 하변에도 도움을 준다. 이후 서로 뛰면서 전투 양상이다.

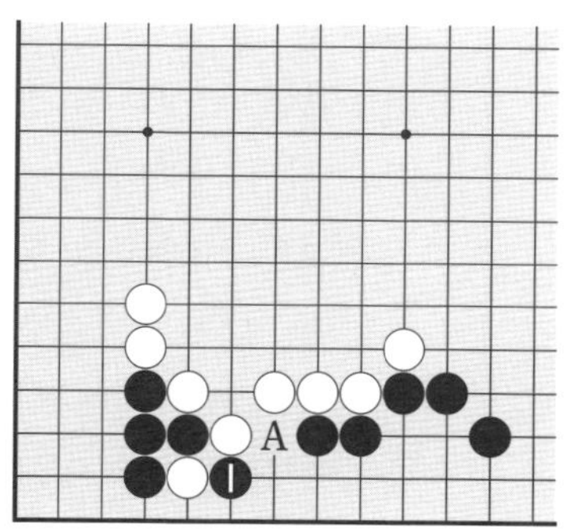

장면

이 장면에서 흑1부터 단수치면 서로 어떻게 대응할지 생각해보자.

흑의 의도는 백이 손을 빼면 흑A 단수를 선수해서 이득을 보겠다는 계산이다.

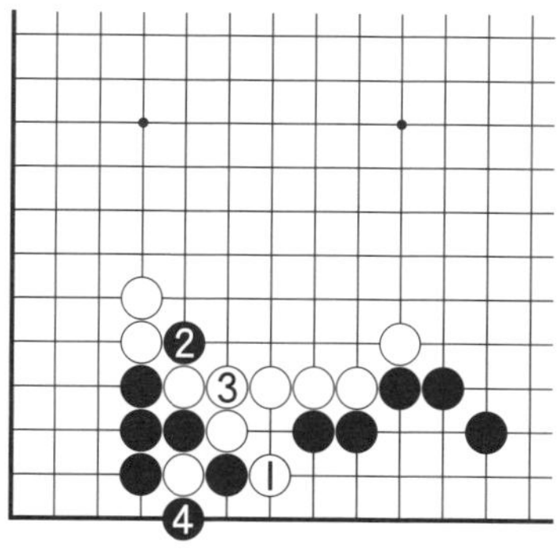

1도(정확한 수순)

백1의 단수는 실리로 크며, 다음 흑의 행마가 중요하다.

흑도 2로 단수친 후 4로 한점을 잡는 것이 정확한 수순이며, 본형 17도로 환원된다.

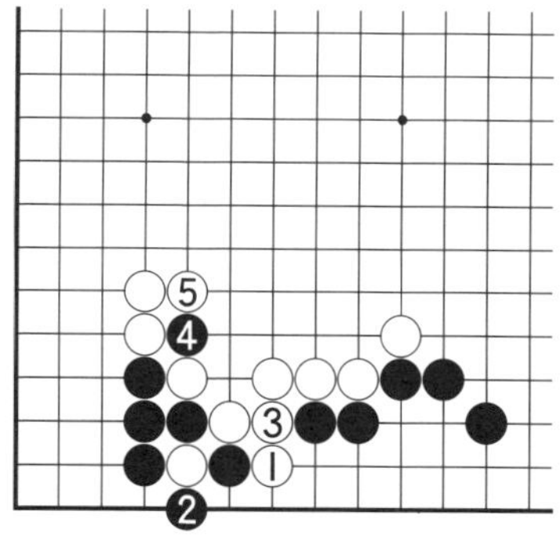

2도(흑, 불리)

백1에 흑2로 그냥 잡으면 백3의 이음은 필연이다.

이제 흑4로 단수쳐도 백이 잇지 않고 5로 되단수해서 두텁게 정돈하면 흑이 불리한 결과이다.

실전 정석활용

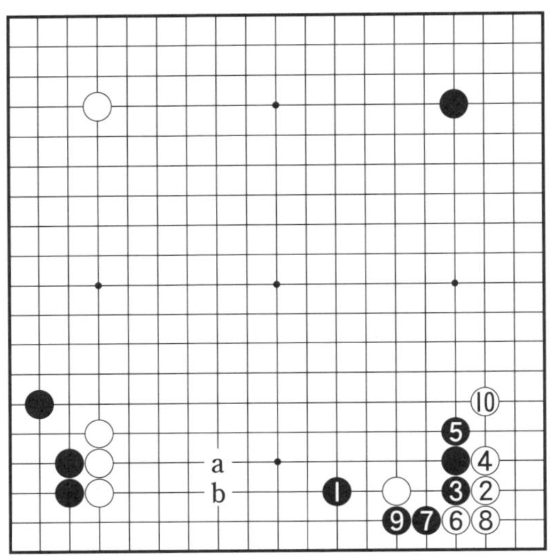

실전 1

좌하귀는 AI시대의 간명한 화점 정석이다.

초점은 흑1의 한칸협공인데 백2의 3三침입이면 이하 10까지 AI시대의 진화된 기본 정석이다. 다음 흑은 a나 b의 벌림이 협공을 겸하는 요처이다.

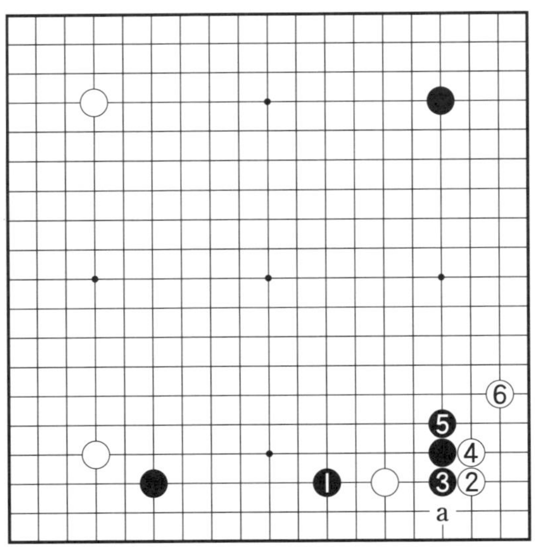

실전 2

화점 포석에서 우하귀 흑1의 한칸협공에 백은 2, 4로 귀에 침입해 밀어간 후 a로 젖히지 않고 6으로 곧장 변에 진출했다.

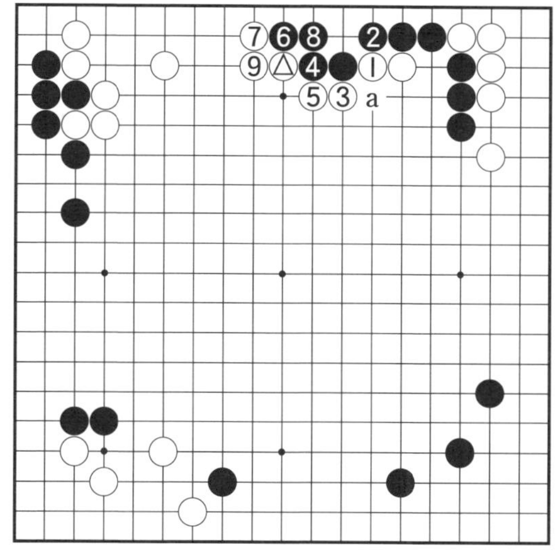

실전 3

우상귀는 화점 한칸협공에 백이 3三에 침입해서 파생된 기본 정석이다. 백은 △를 디딤돌로 1, 3으로 젖힌 후 9까지 두텁게 바깥을 봉쇄해서 우세를 확립했다. 다음 흑이 a로 끊으면 백은 두점을 버리는 것이 요점이다.

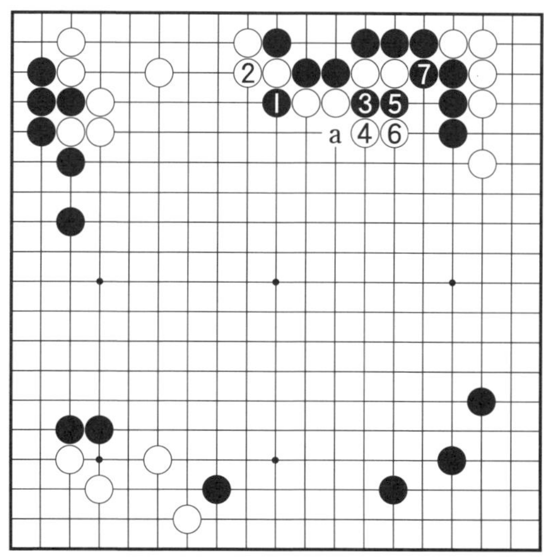

참고도(AI 추천)

실전 백7 때 흑은 1로 단수친 후 3으로 끊는 것이 AI가 제시하는 효율적 운영이었다.

　백은 4, 6으로 두점을 버리고 선수이지만 a의 단점이 남은 것이 부담이며 타협된 국면이다.

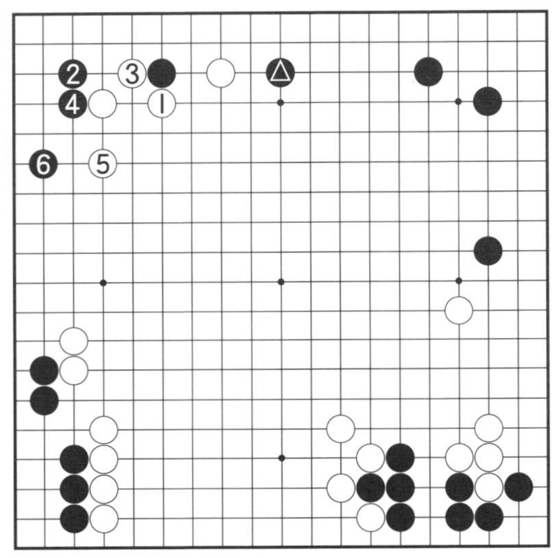

실전 4

좌상귀가 초점인데, 화잠 한칸협공에 흑△로 다가선 형태이다.

백1로 붙이면 흑2로 3三에 침입하는 것이 일책이다. 백3으로 힘차게 차단하면 흑도 귀를 4, 6으로 진출해서 서로 무난한 국면이다.

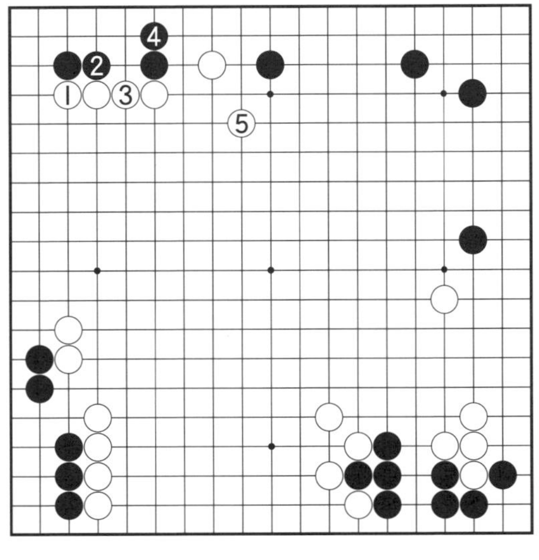

참고도(AI 추천)

실전 흑2 때 백이 좌변을 넓게 사용하려면, 1로 막은 후 5까지 AI가 제시하는 효율적 구상이다.

2부

한칸뜀 후
씨움과 협공

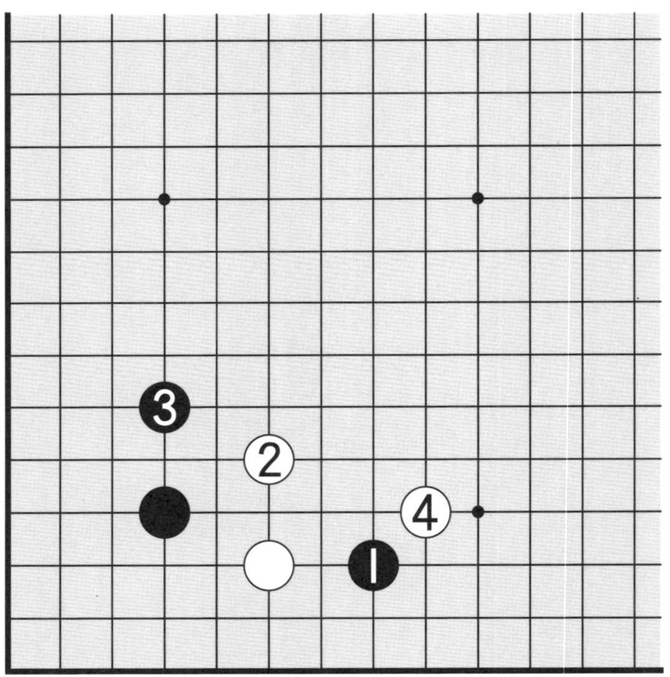

　　흑1로 협공할 때 백2로 뛰는 것은 중앙으로 나가 싸우려는 적극적인 태도이다. 흑은 귀에서 날일자나 한칸으로 받을 수 있는데, 흑3의 한칸은 중앙 두터움을 중시한다. 백4의 씌움은 능동적인 고압수단인데, 이후 많이 두던 기본 변화와 AI의 진단에 대해 알아본다.

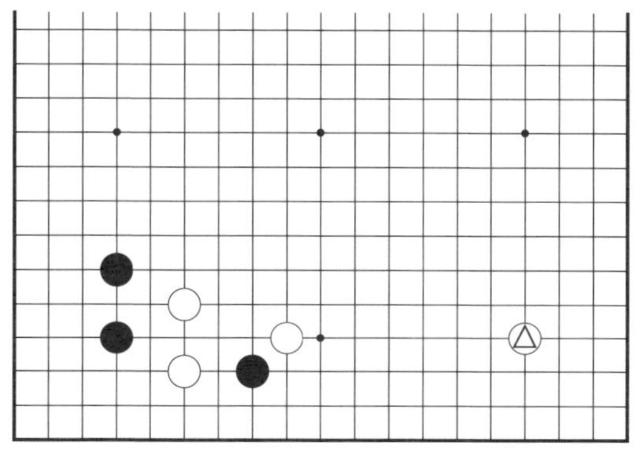

1도(이해를 위한 배치)

실전에서 이 정석은 백 △로 지원군이 있을 때 주로 사용하므로, 이를 배경으로 삼는 것이 이해하는 데 현실적이다.

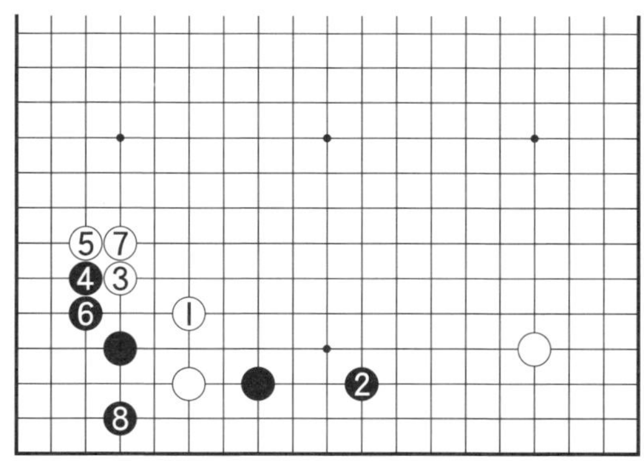

2도(성급한 벌림)

본론에 들어가기 앞서, 백1에 흑2로 벌리면 백3으로 좌변이 막혀 답답하다.

흑이 8까지 귀를 한껏 지켜도 두터움을 허용하면 대세에 밀린다.

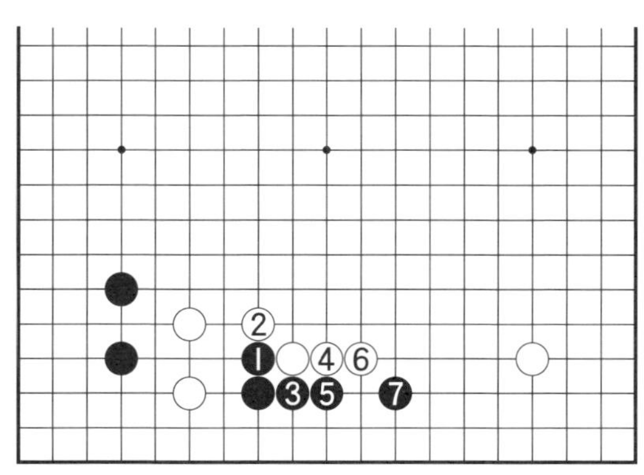

3도(일반적 흐름)

기본형 다음 흑1, 3으로 밀어간 후 7까지는 이 배치에서의 일반적 흐름이다.

흑은 실리, 백은 세력으로 갈리고 있다.

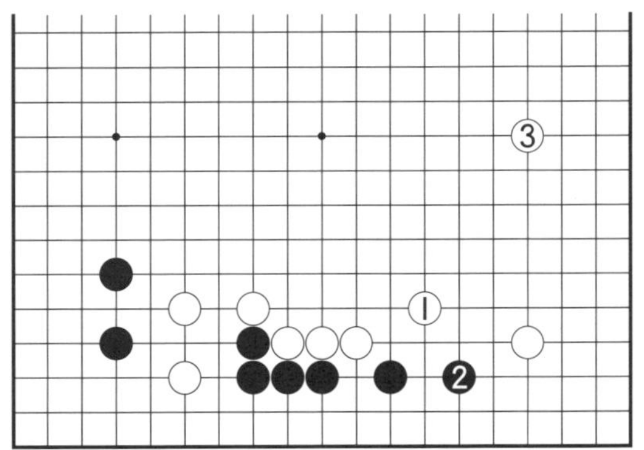

4도(백, 세력작전)

보통 이 정석은 백1의 씌움으로 세력작전을 펼치기 위함인데, AI는 백3으로 세력이 완성돼도 흑이 불리하지 않다고 본다. 수순 중 흑2 벌림은 시급하지 않다.

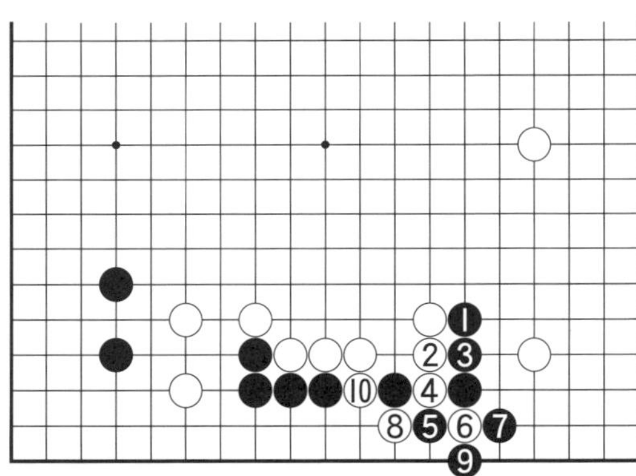

5도(흑, 무모한 발상)

이때 흑1로 붙여 나가려는 것은 무모한 발상이다. 백은 2로 약점을 추궁하며 10까지 하변을 제압해서 만족이다.

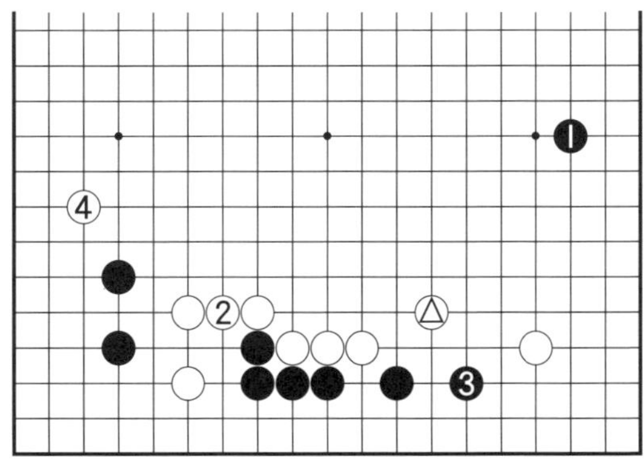

6도(흑, 세력 견제)

백△에 흑1은 세력을 견제하는 선택이다.

백2로 잇고 흑3의 지킴에 백4의 걸침은 좌변을 공략하는 수순으로 많이 두어왔다.

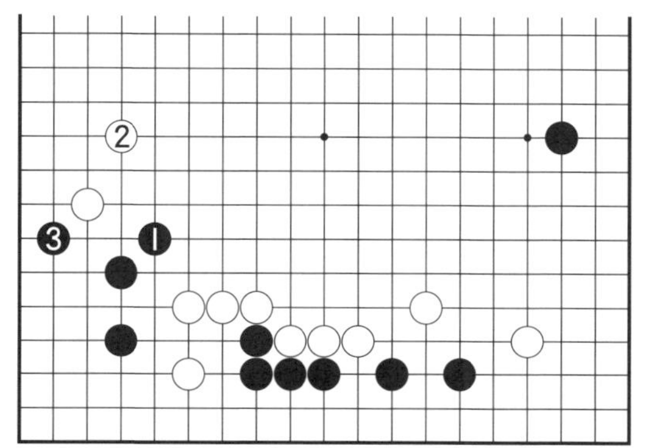

7도(마늘모 진출 이후)

이다음 흑1의 마늘모 진출은 자연스럽다.

백2로 모양을 잡으면 흑도 3으로 지켜 충분하다.

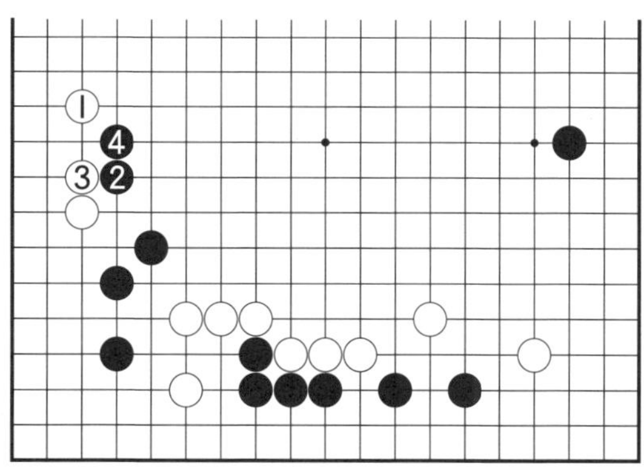

8도(백, 불만)

좌변은 백1로 낮게 벌리면 흑2, 4로 눌러서 백의 불만이다.

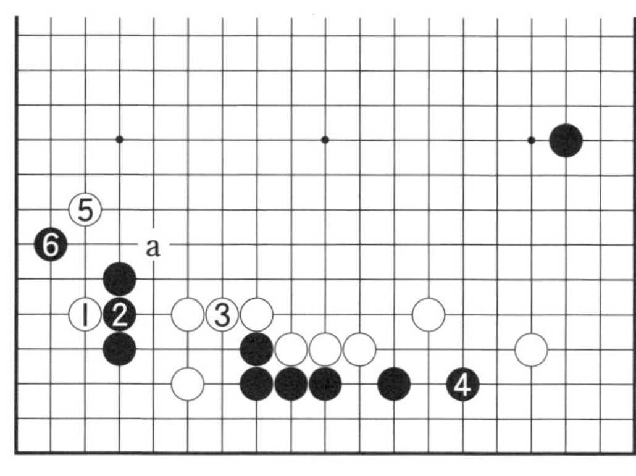

9도(활용의 뜻)

이 시점에서, 백1의 활용은 흑2에 백3을 선수한 후 5로 다가설 때 흑 a의 진출을 방해하려는 뜻이 있다. AI는 흑이 6으로 간명하게 지키면 편한 결과로 본다.

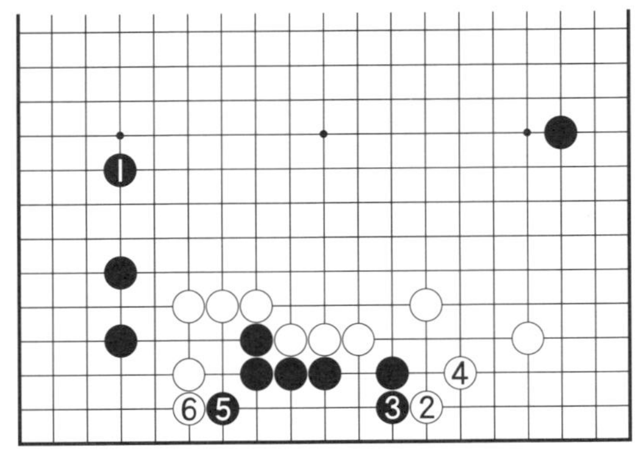

10도(백, 하변 추궁)

6도 흑3으로 지키지 않고 1로 좌변부터 벌리면 백2, 4의 하변 추궁이 매섭다.

흑은 5를 선수해 궁도를 넓히고 나서~

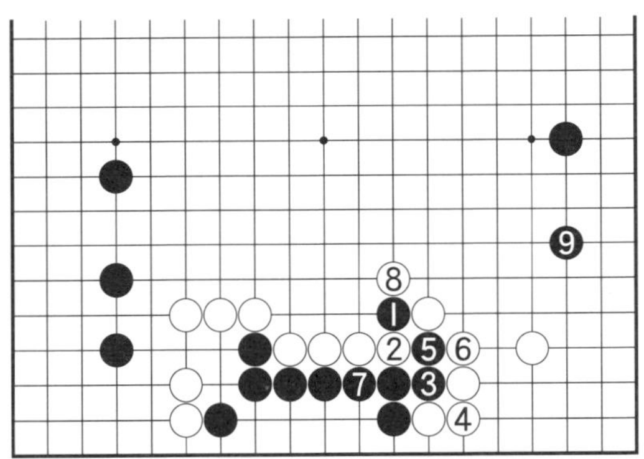

11도(선수로 살리는 맥)

흑도 1의 건너붙임이 맥이다. 이하 8까지 선수로 하변을 살리고 흑 9로 백진을 견제하는 것이 효율적이다.

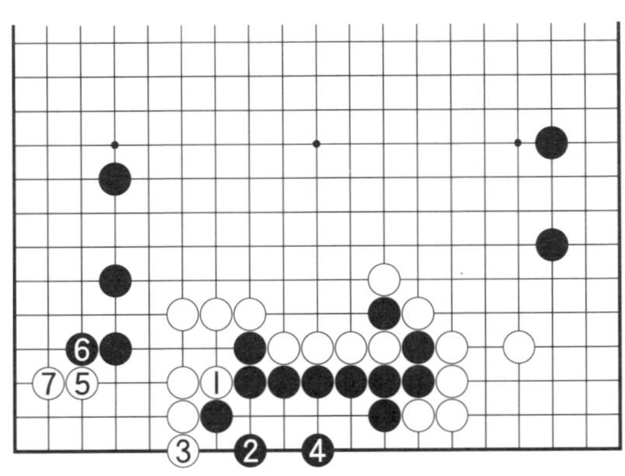

12도(백, 불만 없는 타협)

이다음 백은 1, 3이 선수가 되므로 5, 7로 귀에 깊이 파고들 수 있다. 백은 실리와 두터움을 겸비해서, AI는 백이 불만 없는 타협으로 본다.

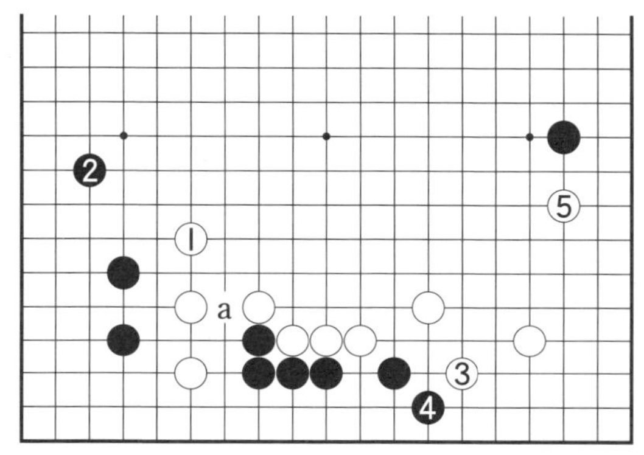

13도(유력한 뜀)

백1의 뜀도 유력한 AI의 신수이다. a의 약점을 간접 보강하면서 좌변에 영향을 준다.

흑2로 벌리면 백3을 활용한 후 5로 넓혀 타협된 진행으로 본다.

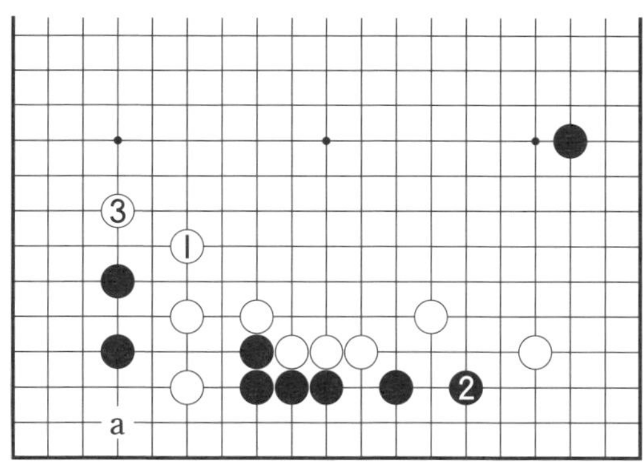

14도(흑, 하변 보강)

백1에 흑2의 하변 보강도 좋은 자리이다.

백3으로 좌변이 막히지만 흑은 손을 빼도 되고, a로 귀를 지켜도 불만 없는 타협이다.

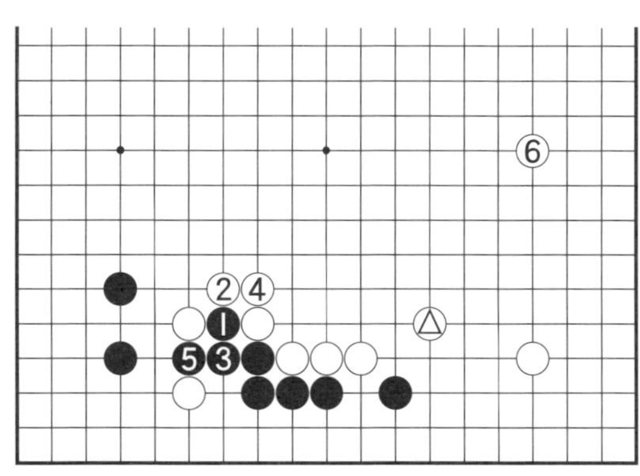

15도(흑, 만족)

백△로 씌울 때, AI는 흑1로 끼운 후 5까지 관통하는 것을 추천한다.

백도 6으로 모양을 넓혀 대항할 수 있지만, 실속을 중시하는 AI는 흑 만족으로 본다.

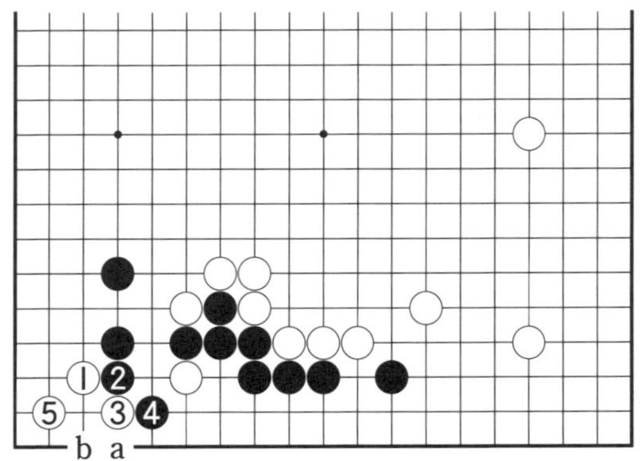

16도(귀의 뒷맛)

좌하귀에는 백1로 침입한 후 5까지 뒷맛이 있다(흑a면 백b로 패).

패를 동반한 실리로 크지만, 백이 초반에 시도하면 흑이 손을 빼므로 시기가 중요하다.

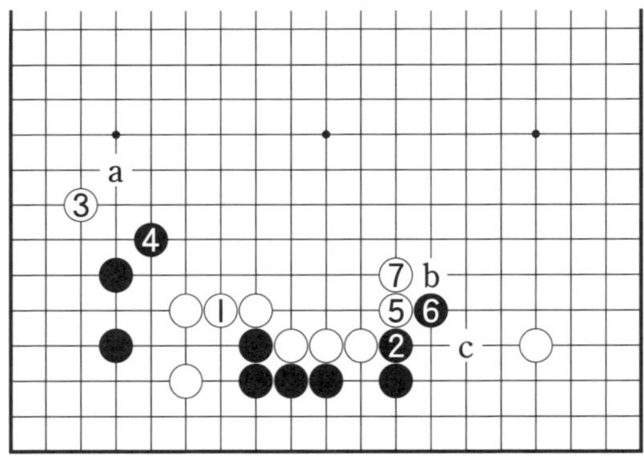

17도(약점을 잇는 경우)

3도 다음, 이제 와서 백1의 이음은 흑2로 올라서는 자세가 좋다. 그렇더라도 AI는 이하 7까지 되고 나서 흑이 a~c, 어디에 두든 약간 활발한 정도로 본다.

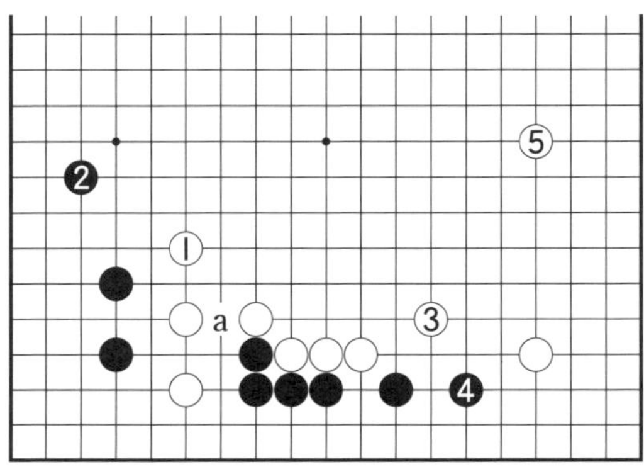

18도(실전적 선택)

백1의 뜀은 a의 약점을 간접 보강하는 실전적 선택이다. 흑2로 받으면 백3, 5로 모양을 넓히며 대항할 수 있지만, AI는 흑이 불만 없는 타협으로 본다.

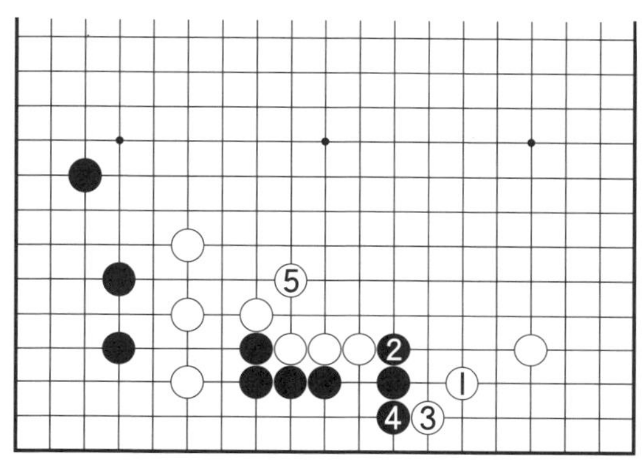

19도(실전적 행마)

앞 그림 흑2 때 백1, 3
을 선수해 바깥으로 내
몰고 5로 중앙을 지키
는 것도 AI가 알려주는
실전적 행마이다.

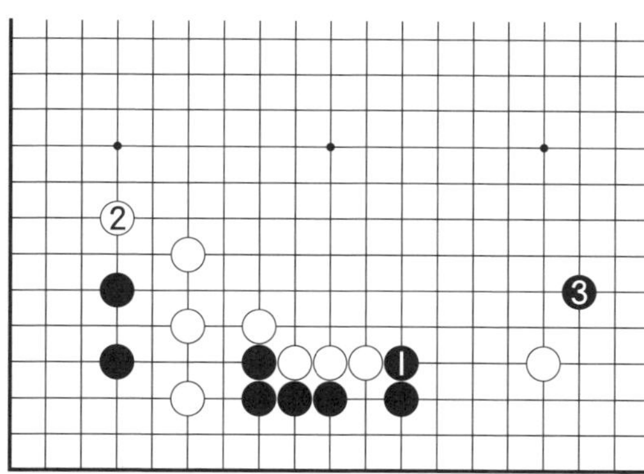

20도(흑, 국면 주도)

흑은 1로 하변부터 올
라서는 수도 유력하다.

　백2로 차단할 때 흑
3으로 국면을 주도하
면, AI는 흑이 약간 활
발한 진행으로 본다.

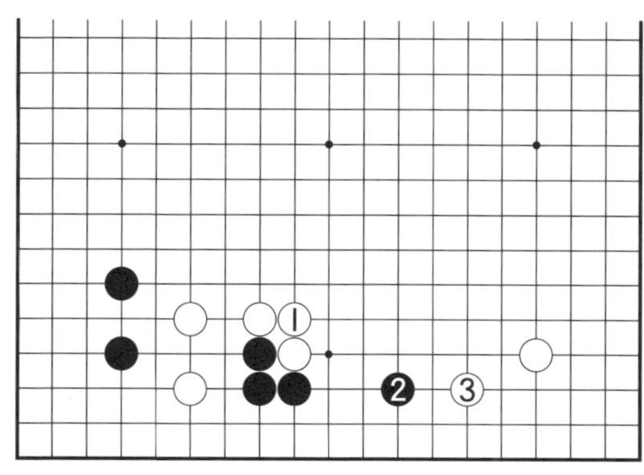

21도(백의 별책)

3도 흑3 때 백1의 이음
도 AI가 알려주는 별책
이다. 흑2로 벌리면 백
3으로 압박하는 것이
주도적 행마이다.

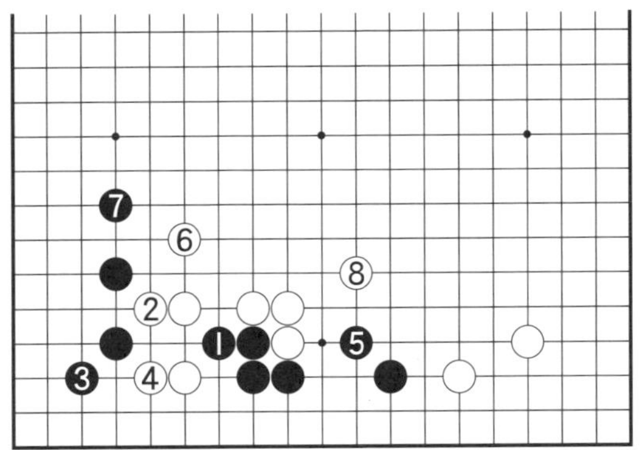

22도(모양의 급소)

이다음 흑도 1이 모양의 급소이다. 백은 2, 4의 쌍립이음이 효율적이며, 이하 8까지 서로 안정된 진행이다.

　AI는 흑이 약간 편한 정도로 본다.

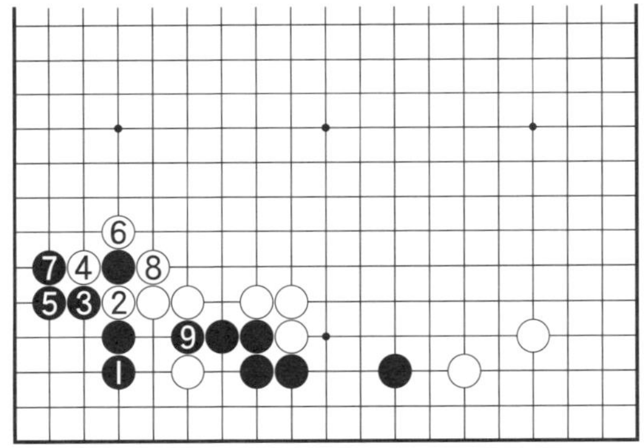

23도(흑, 쌍점 지킴)

앞 그림 백2 때 흑1의 쌍점 지킴이 타이트하다. 대신 흑5 때 백은 선택권이 있다. 백6, 8이면 흑9로 관통해 실리로 손해이지만, 백이 선수를 잡기 위함이다.

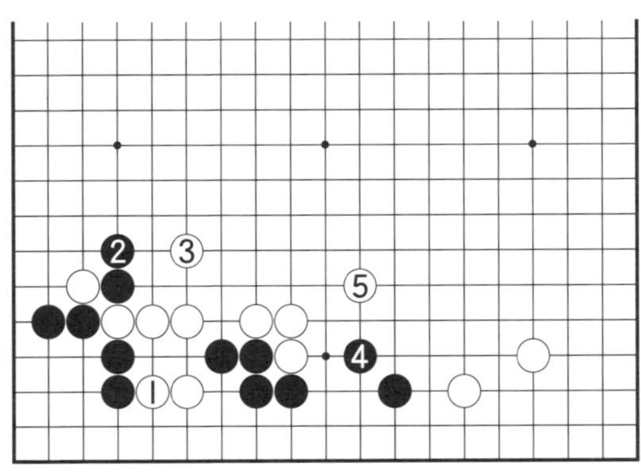

24도(백, 하변 지킴)

앞 그림 흑5 때 하변 백1로 지키면 이하 5까지 22도와 비슷한 진행이다. 23도와 24도 역시 흑이 약간 편한 정도

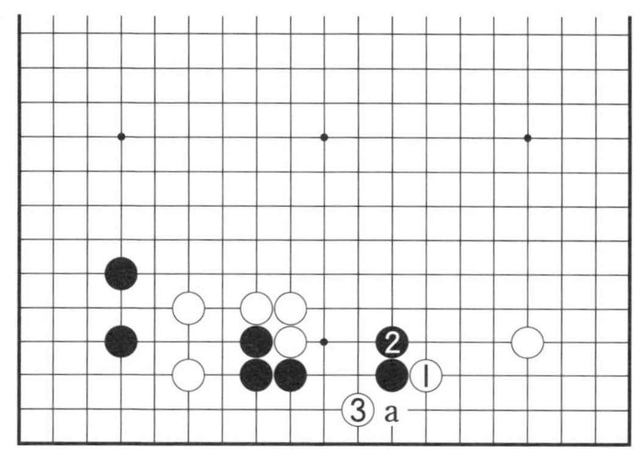

25도(백의 노림)

21도 흑2 때 백1의 붙임은 흑2로 늘면 백3의 치중이 기다렸던 노림이다. 백이 a로 건너가게 놔두면 흑이 곤란하므로~

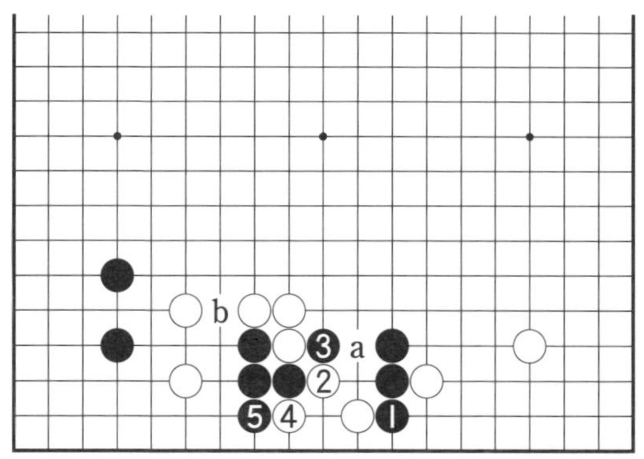

26도(필연)

흑1의 차단은 당연하다. 백2에 흑3으로 끊고 백4에 흑5도 필연이다. 이때 백a로 탈출하는 것은 b의 약점이 있어 백이 불리하다.

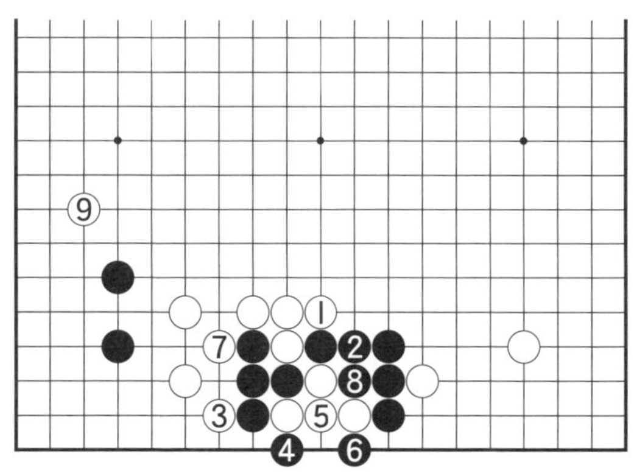

27도(과감한 사석작전)

이다음 백은 1 이하로 하변을 조이며 얻은 두터움을 배경으로 9로 걸치며 좌변에서 국면을 주도한다. 과감한 사석작전이지만, 흑도 실리가 두터워 불만 없다.

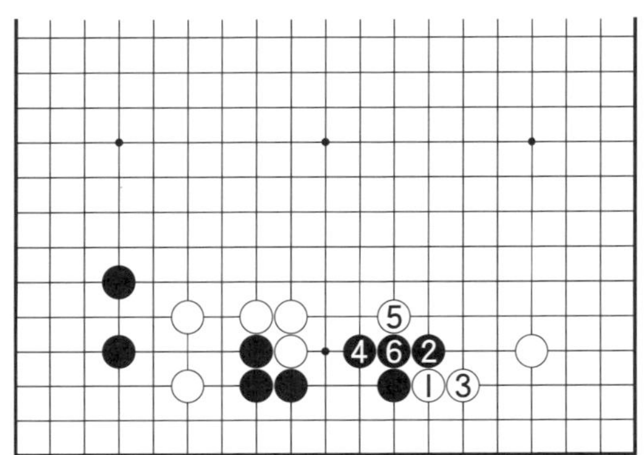

28도(흑, 흐구 지킴)

백1에 흑은 2, 4의 호구로 지키는 것이 효과적이다.

　백도 5로 활용한 다음이 중요한데~

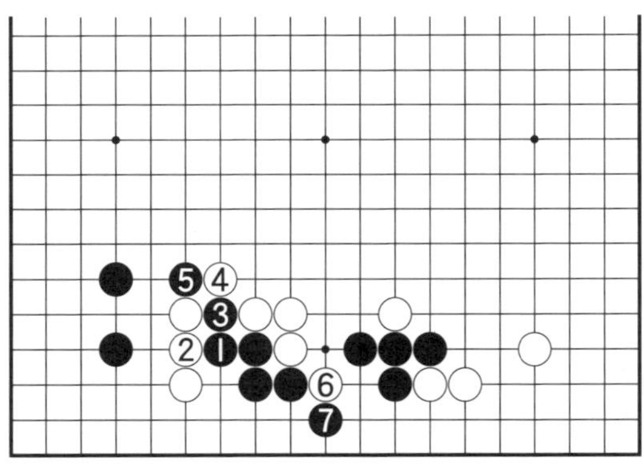

29도(백, 난처)

여기서 백이 손을 빼면 흑1이 모양의 급소로 이하 5까지 끊으면 백이 난처하다.

　백6에 젖히면 흑7로 받아 하변도 무사하다.

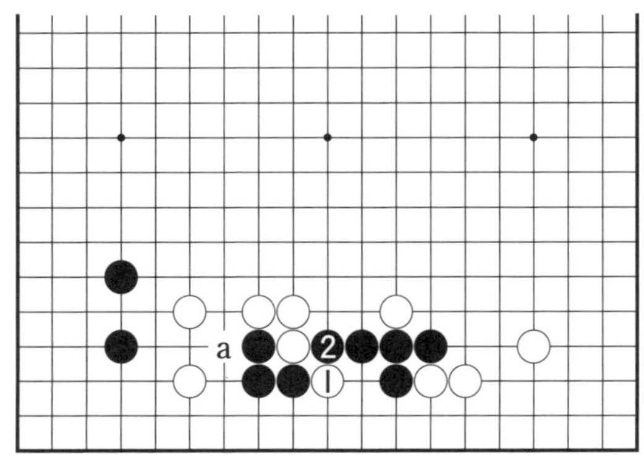

30도(백, 손을 빼도 무사)

28도 다음 백1로 미리 젖히면 흑은 2로 끊어야 하고 차후 a를 결행할 수 없으니, 이제 백은 손을 빼도 무사하다.

　AI는 흑이 약간 편한 진행으로 본다.

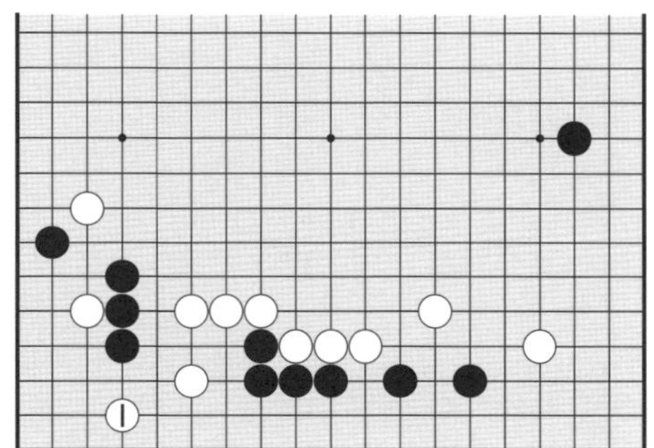

▦ 장면

이 장면에서 백1로 귀에 진입하면 흑은 어떻게 대응할지 생각해보자.

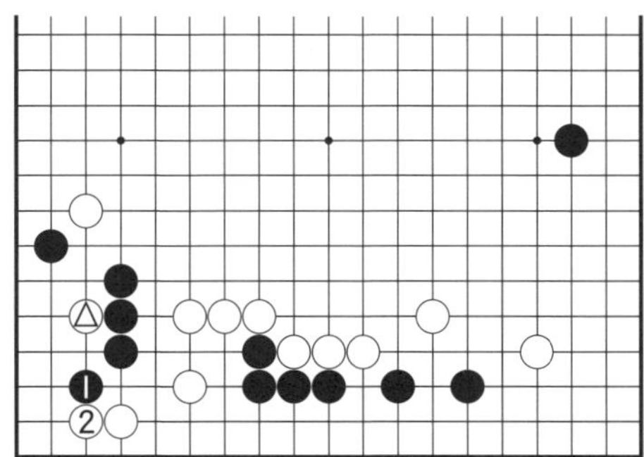

1도(흑의 부담)

흑1로 평범하게 받아준다면 백2로 밀고 들어갈 때 △도 가세해서 흑의 부담으로 작용한다.

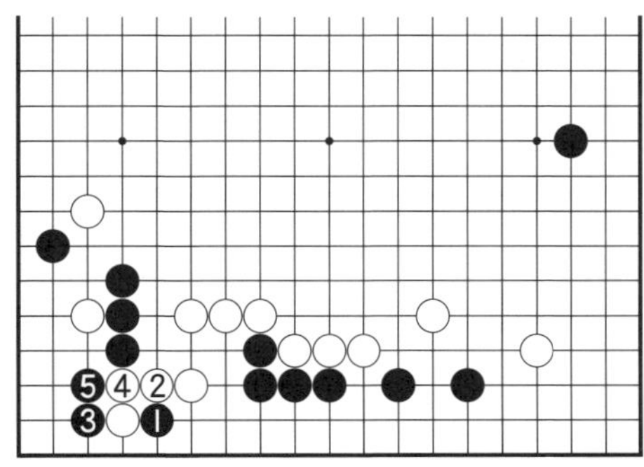

2도(교묘한 정리법)

이 상황에서는 흑1로 건너 붙인 후 3, 5로 틀어막는 것이 교묘하다. 귀가 깔끔하게 정리되었다.

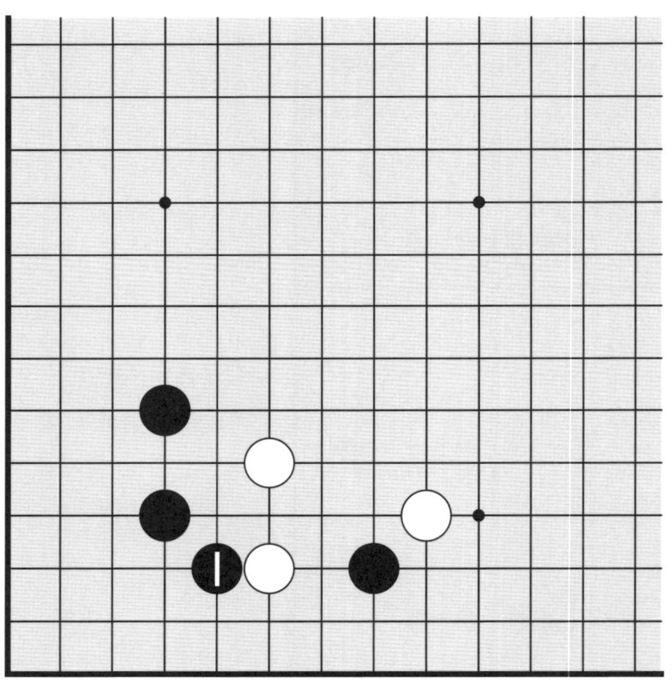

　백이 뛰고 씌울 때 흑1의 붙임은 귀를 미리 강화해서 국면을 주도하려는 효율적 활용이 목적이다.

　흑이 의도하는 핵심은 무엇인지 검토해보고, 백의 대응법에 대해서도 알아본다.

1도(백의 반발)

흑1에 백2로 받는 경우 흑3부터 밀면 백4로 눌러 막는 반발이 가능하다. 그러면 a로 넘어가는 수단이 생겨 흑이 활용했던 원래의 목적에 차질을 빚는다.

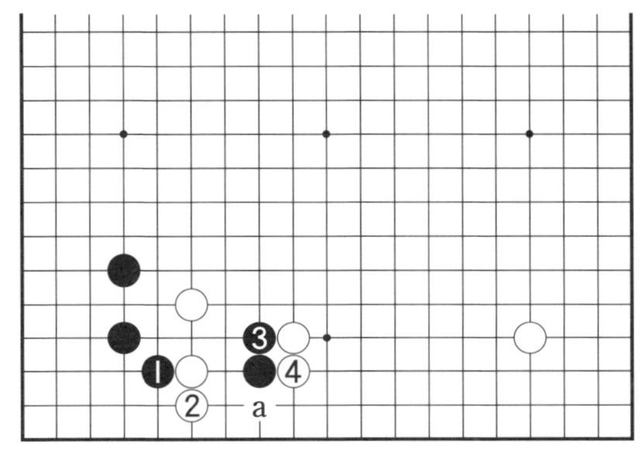

2도(무난한 정리)

이 다음 흑1로 젖히면 백2로 넘은 후 6까지 정리가 무난하며, 흑은 상황에 따라 a나 b의 요소를 선택할 수 있다.

　AI는 서로 어울린 결과로 본다.

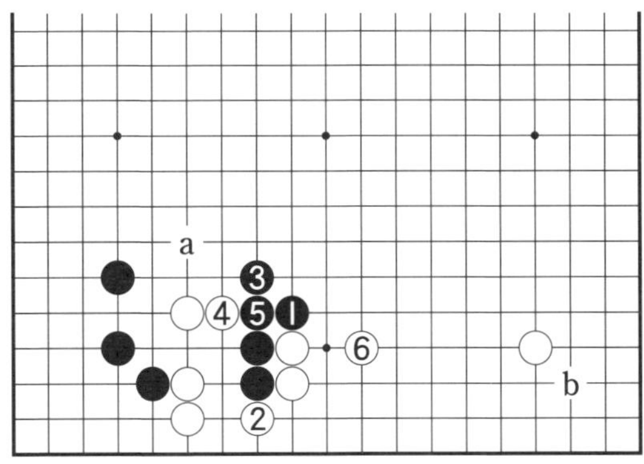

3도(확실한 하변 진출)

흑이 하변으로 나가려면, 1로 밀고 나서 7까지 진행이 확실한 선택이다.

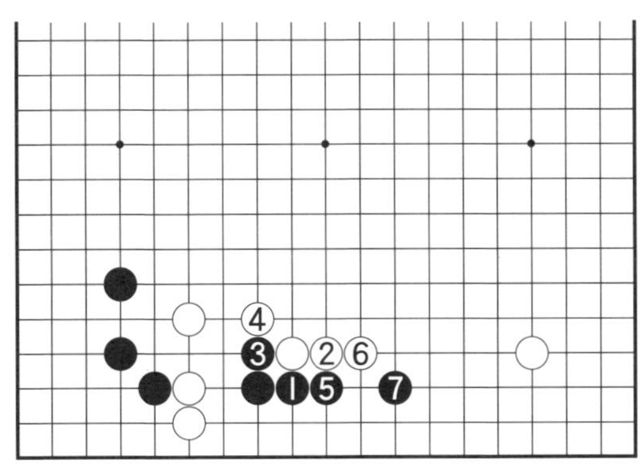

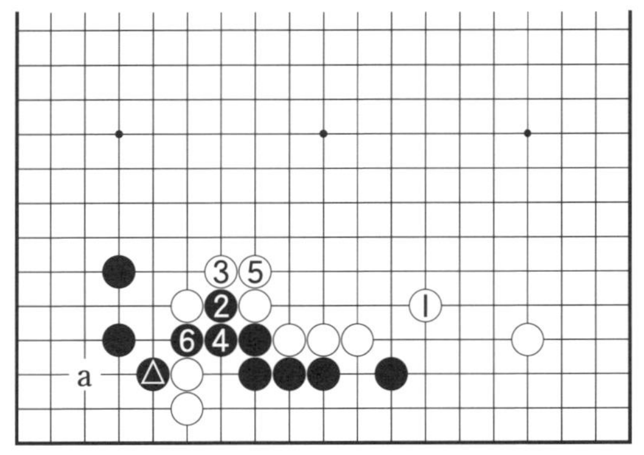

4도(흑, 절대 우세)

이 다음 백1로 씌우면 흑은 6까지 백 두점을 포획해 절대 우세하다.

흑▲의 활용으로 인해 백이 a로 사는 맛도 없는 만큼, AI는 백이 망한 정도로까지 본다.

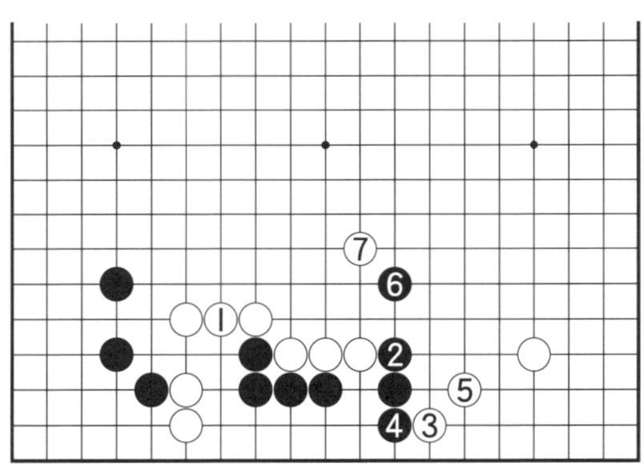

5도(중앙에서 공방)

3도 다음 백1로 이으면 무사하다.

여기서 흑은 선택의 기로인데, 흑2로 중앙을 향하면 백3, 5로 근거를 공격하고 7로 추격하는 흐름이 된다.

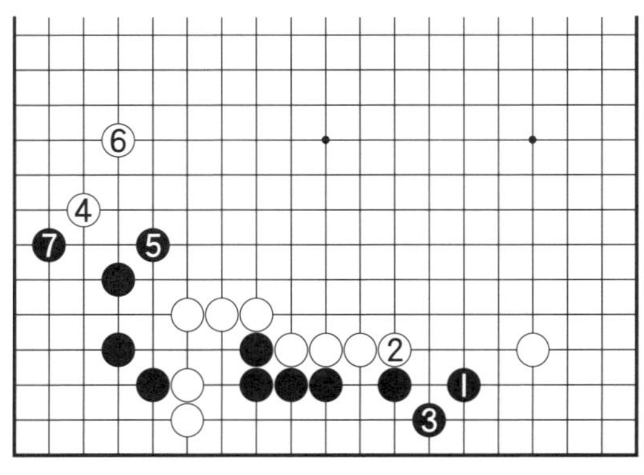

6도(흑, 근거 중시)

흑1로 근거부터 차지하면, 백은 2로 중앙을 강화한 후 좌변 4로 걸친 후 7까지 흐름이 예상된다. AI는 5도와 6도 모두 호각으로 본다.

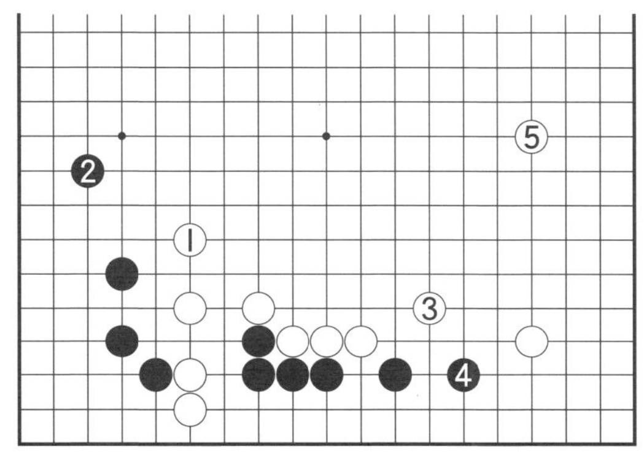

7도(능동적 뜀)

3도 다음, AI는 백1로 뛰어 간접 보강하는 것이 능동적이라 본다.

흑2로 벌리면 백3, 5로 세력을 펼칠 수도 있지만, 흑도 양쪽이 안정되어 불만 없다.

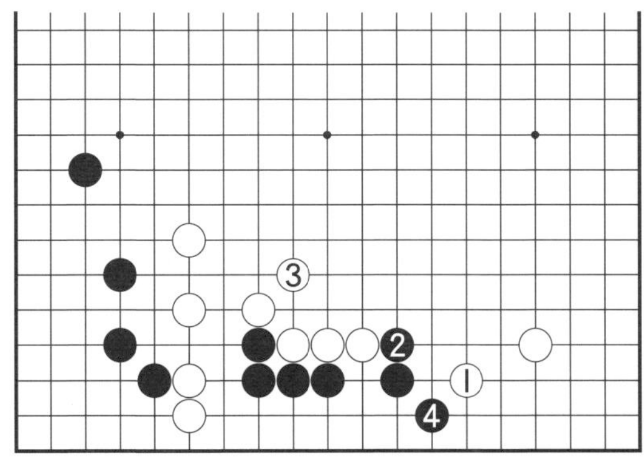

8도(실전적 행마)

앞 그림 흑2 때 AI는 백1의 공격을 실전적 행마로 본다.

흑2에 백3으로 지키고, 흑도 4로 근거의 요소를 선점하면 서로 무난한 진행이다.

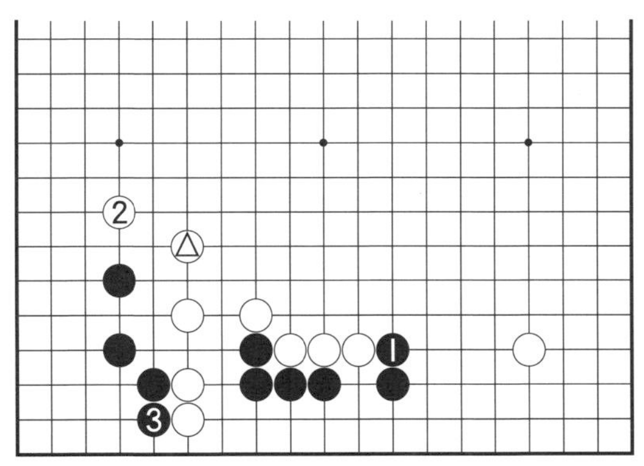

9도(흑, 하변 중시)

백△ 때 흑이 7도의 백 세력을 피하고 싶다면 하변 1부터 둔다.

좌변 백2가 자연스러운 차단이며, 흑3으로 귀를 지키면 서로 타협된 결과이다.

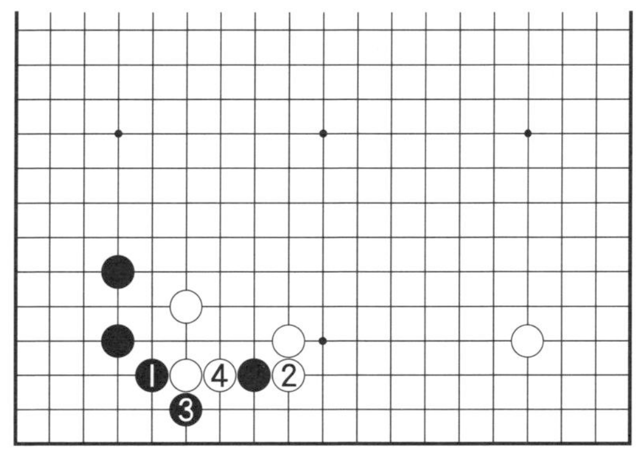

10도(실전적 대처)

흑1 붙임에 백2로 변에서 막으면 흑은 3을 선수하고 손을 빼는 것이 현명하다. 귀의 실리를 허용해 AI가 권하지 않지만, 상황에 따른 백의 실전적 대처이다.

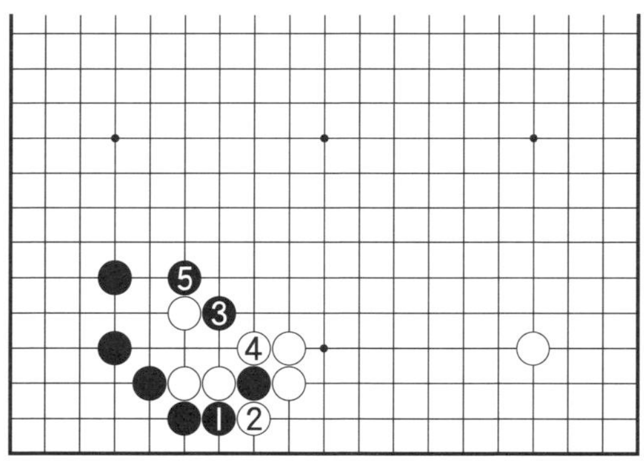

11도(흑의 후속수단)

차후 흑은 1을 결정해 놓고 3, 5로 맥을 이용해 틀어막는 후속 수단이 남아있다.

그러면 좌변을 두텁게 운영할 수 있다.

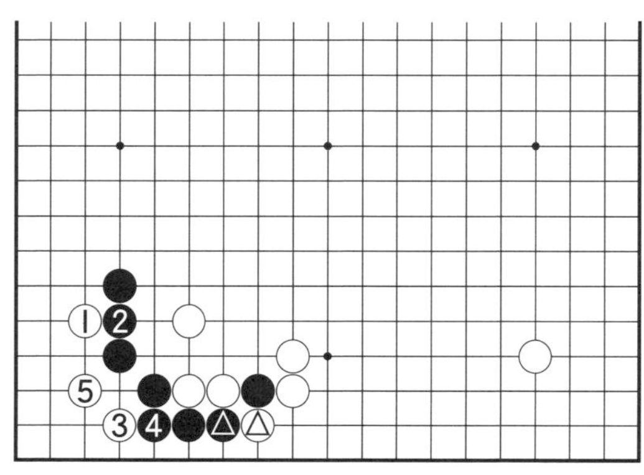

12도(흑진 파괴)

흑▲와 백△로 결정되어 있다면, 차후 백은 1로 들여다보고 흑2로 이을 때 백3, 5로 귀의 흑진을 파괴하는 수단이 남아있다.

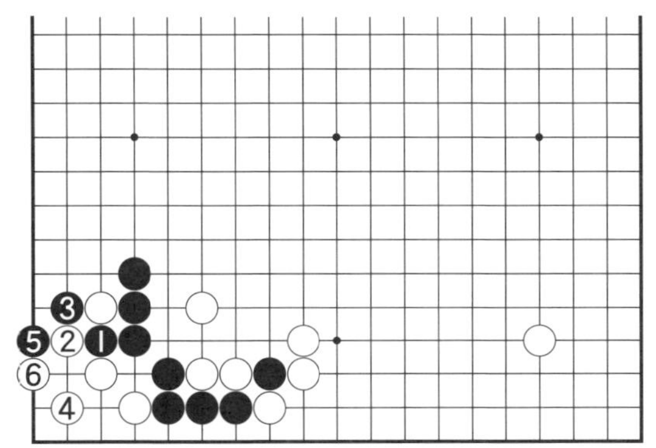

13도(패가 쟁점)

여기는 흑1, 3에 백4로 호구치고 흑5에 백6의 패가 쟁점이 된다.

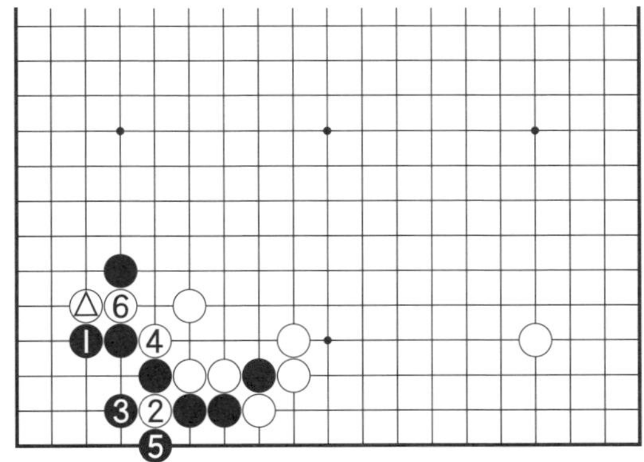

14도(좌변 돌파)

백△ 때 흑1로 귀를 막으면 백2의 끊음이 교묘한 맥점이다.

흑3으로 한점을 잡으면 백4, 6으로 좌변이 돌파된다.

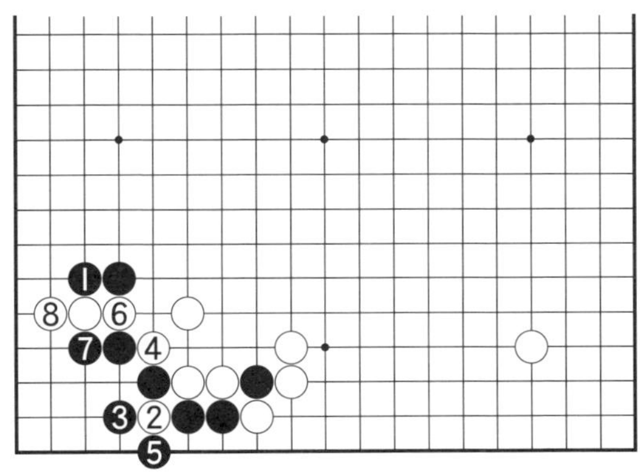

15도(같은 원리)

흑1로 변에서 막아도 백2로 끊은 후 8까지 돌파를 면할 수 없다. 앞 그림과 같은 원리이다.

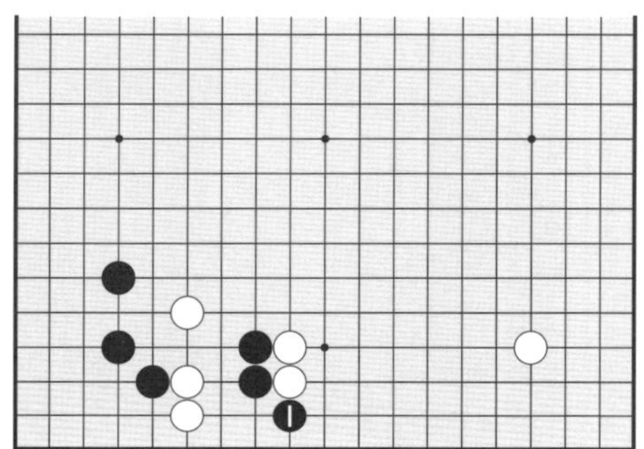

▦ 장면

이 장면에서 흑1로 2선에서 젖히면 백은 어떻게 대응할지 생각해보자.

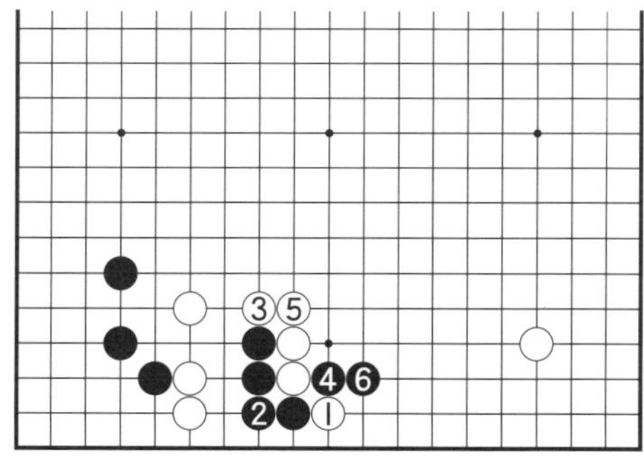

1도(백, 불만)

백1로 따라 젖히면 흑2로 잇고 나서가 문제이다.

백3으로 위를 막을 수 있어야 정돈이 되는데, 흑4로 끊으면 백5, 흑6으로 한점이 잡히면서 백의 불만이다.

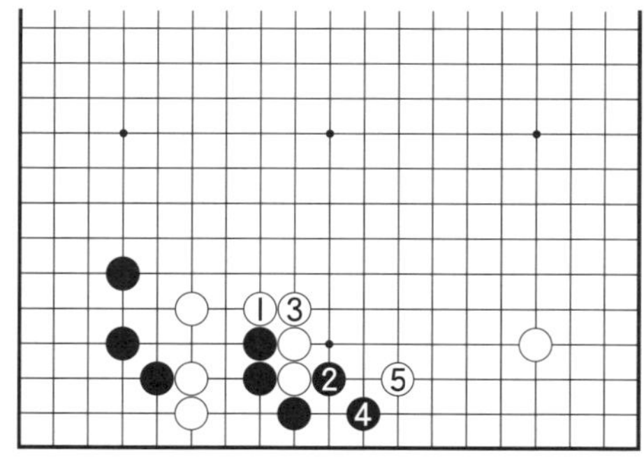

2도(공격의 맥)

백1로 위부터 막는 것이 올바르다. 흑2, 4로 변에 진출하지만, AI는 백이 5로 공격의 맥을 짚으면 충분한 흐름으로 본다.

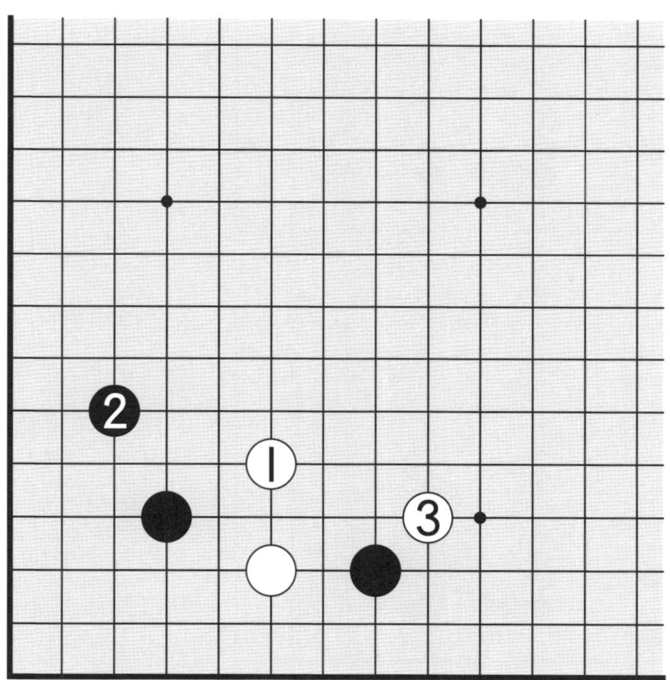

백1로 뛸 때 흑2의 날일자받음은 실리를 중시하는 수비형인데, 역시 백3으로 씌운 이후의 변화에 대해 알아본다.

AI시대에는 이런 모양에서 중앙을 개척하는 다양한 변화들이 개발된 만큼 부분 안정에 치중하는 날일자받음은 실전에서 사용하는 빈도가 낮음도 주목해야 한다.

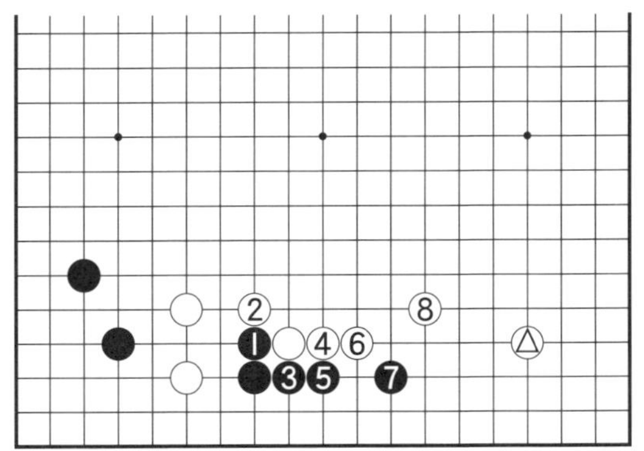

1도(기본 변화의 진단)

역시 백△가 이 정석의 일반적 배경인데 흑1, 3으로 밀어가며 8까지 많이 두던 기본 변화부터 진단해본다.

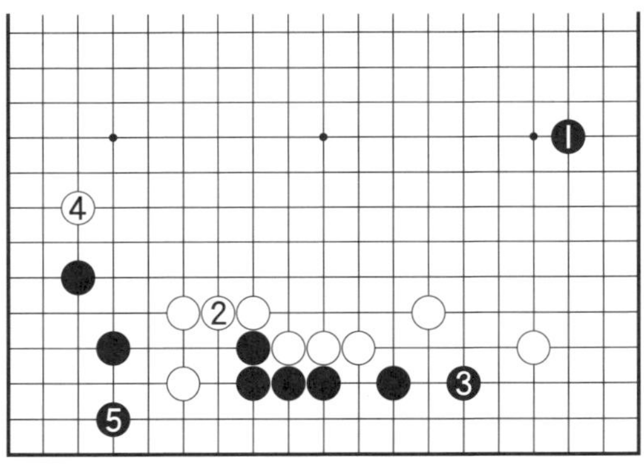

2도(흑이 편한 진행)

이다음 흑1로 백의 두 터움을 견제하는 경우, 백이 2로 잇고 4로 다가서면 너무 평범하다.

흑이 하변도 안정되었고, 5로 귀를 지키면 편한 진행이다.

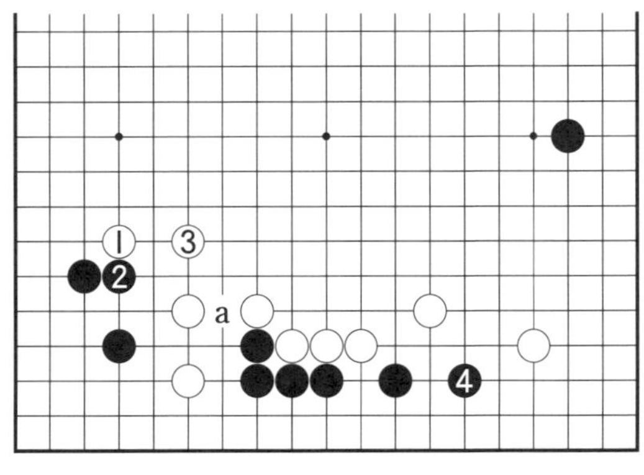

3도(백, 어깨짚음)

백은 1의 어깨짚음이 좋은 착상이다.

흑2로 밀면 백3으로 뛰며 자연스럽게 a쪽 약점을 지킨다. 하변 흑4로 벌리면 서로 무난한 진행이다.

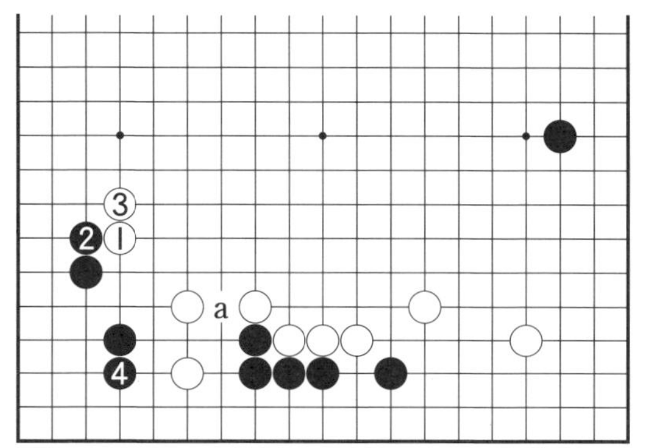

4도(지키는 효과)

백1에 흑2로 변에서 밀면 백3으로 늘어도 a쪽 약점을 지키는 효과를 얻는다. 흑4로 귀를 지키면 이 진행도 무난한 타협이다.

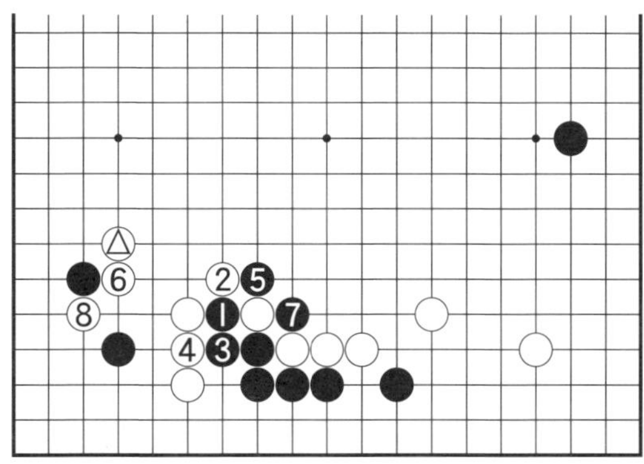

5도(반격의 강수)

백△로 어깨 짚을 때 흑1의 끼움은 반격의 강수이다.

백은 2, 4로 막고 흑5 단수에 잇지 않으며 8까지 서로 기세이다.

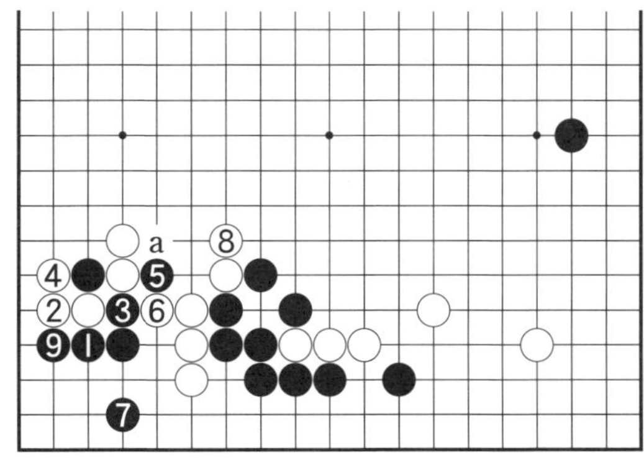

6도(수순의 묘)

이다음 흑은 1, 3 이하 9까지 귀를 정리하면서 a의 뒷맛을 남기는 것이 수순의 묘이다. 흑은 중앙도 관통했지만, 백도 두텁고 선수여서 AI는 호각으로 본다.

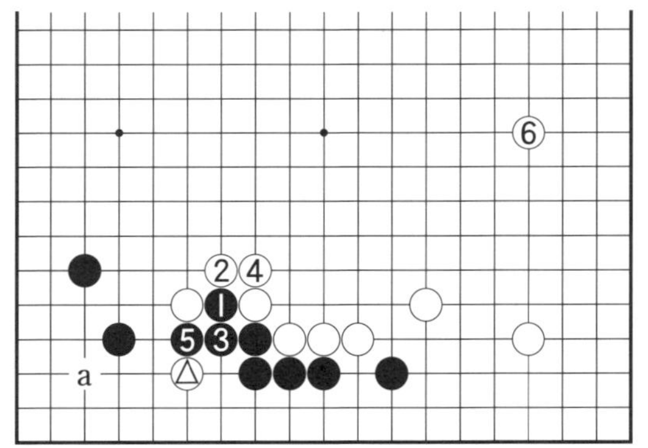

7도(흑, 만족)

1도 백8 때 흑은 1로 끼운 후 5까지 백△를 제압하는 것이 간명하다.

백이 귀에 a의 맛을 남기며 6으로 모양을 넓혀 대항해도, AI는 흑의 만족으로 본다.

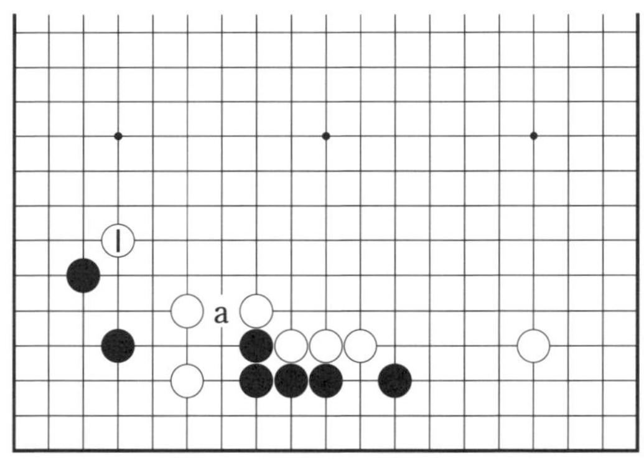

8도(능동적 구상)

1도 흑7 때, 백도 이 시점에서 1의 어깨짚음이 능동적 구상이다.

흑이 a로 강하게 반격하면 5~6도와 같은 흐름으로 전개된다.

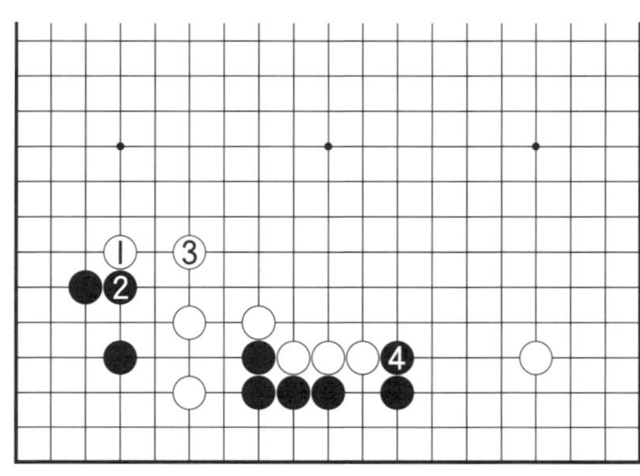

9도(흑, 간명책)

백1에 흑도 2를 선수한 후 하변 4로 움직이면 간명하다.

흑이 복잡한 변화를 피하려면 이렇게 둬서 충분하다.

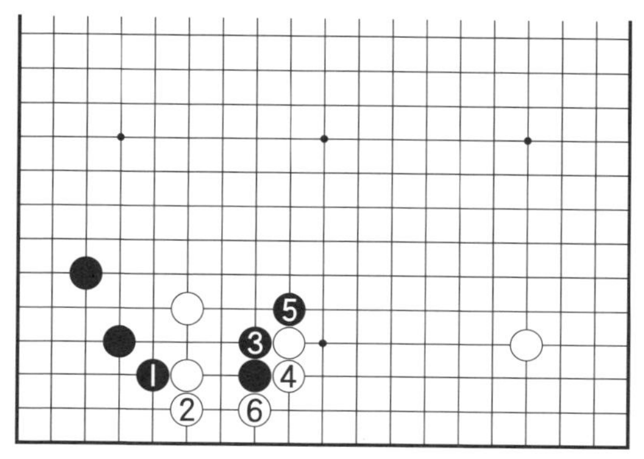

10도(먼저 활용)

기본형 다음, 흑1로 붙여 먼저 활용할 수 있다. 백2에 흑3으로 위부터 밀면 백4, 6으로 넘어가는 것이 유력하다. 흑도 여기서 손을 빼는 것이 주도적이다.

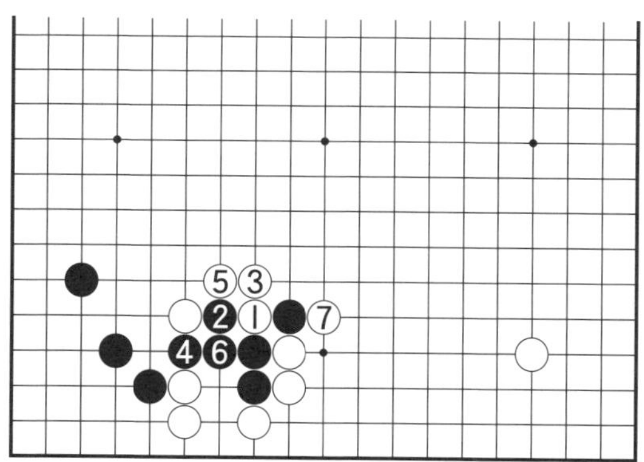

11도(끊을 때의 대처)

차후 백1로 끊으면, 상황에 따라 흑은 또 손을 빼도 좋고 2, 4로 연결해서 7까지 진행돼도 불만 없다.

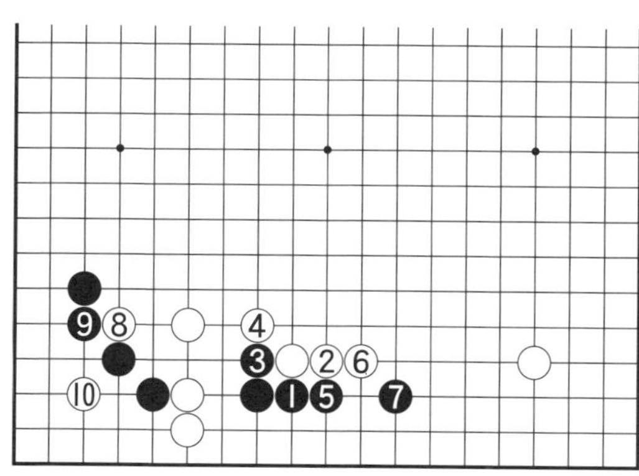

12도(백, 변화 모색)

흑이 변에 진출하려면 1부터 밀고 이하 7까지 수순이 확실하다.

귀의 날일자받음에서 백은 8, 10의 수순으로 귀에 침입하며 변화를 모색할 수 있다.

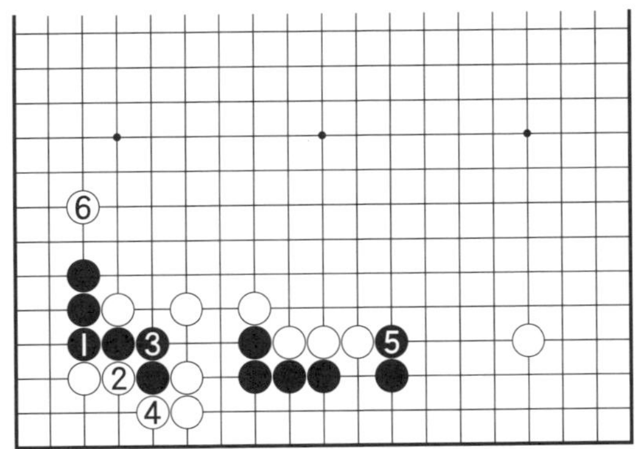

13도(잇는 변화)

이다음 흑1로 이으면 백2, 4로 넘는 것이 요령이다. 흑5로 변을 파괴하고 백6으로 압박하면 AI는 백이 약간 활발한 정도로 본다.

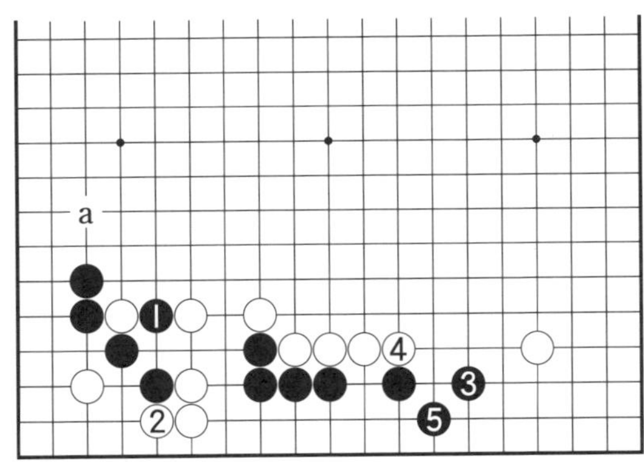

14도(단수치는 변화)

흑1로 단수치고 3으로 안정하는 것도 일책이다. 이 경우 백은 4 다음 a 압박의 위력이 약하므로 손을 빼는 것이 낫다. 역시 백이 약간 활발한 정도.

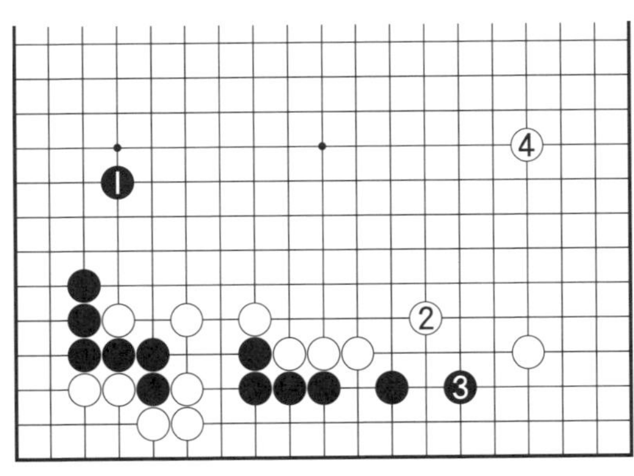

15도(흑, 좌변 보강)

13도 백4 때 흑1로 좌변부터 보강하면, 백은 2, 4로 모양을 구축해도 불만 없지만 AI가 권장하지 않는다.

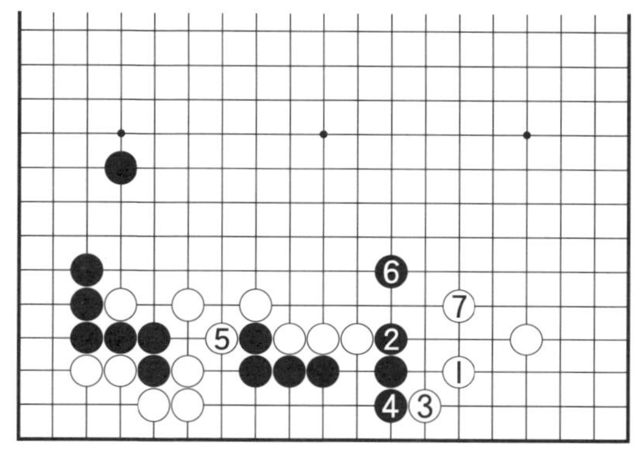

16도(실전적 공격)

백이 1, 3으로 노골적인 공격을 가한 후 5로 지키는 것이 실전적이다. 흑6과 백7의 공방으로 이어지는데, AI는 백이 약간 활발한 흐름으로 본다.

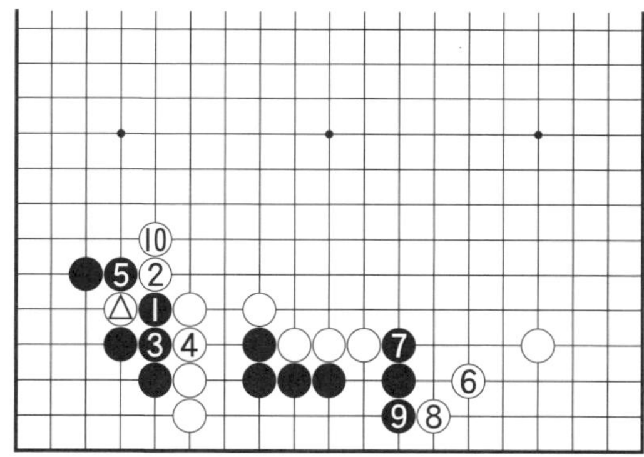

17도(이적수)

백△ 때 흑1, 3으로 끼워 잇는 것은 이하 10까지 백을 두텁게 해서 이적수나 다름없다.

흑은 변도 공격받고 귀도 완전하지 않아 불만이다.

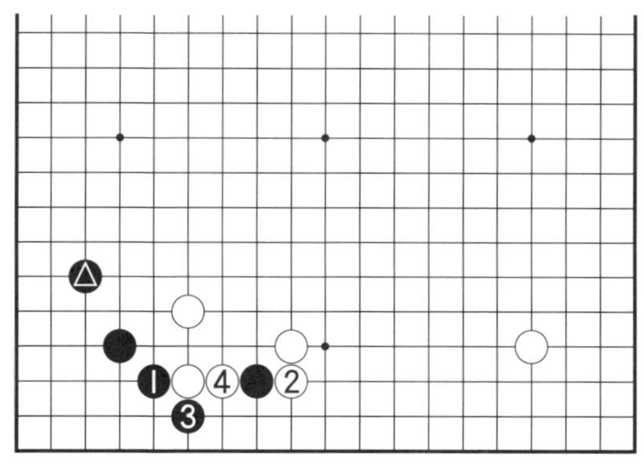

18도(상황에 따른 간명책)

흑1에 붙일 때 백2로 변에서 막는 것은 상황에 따른 간명책이다.

흑△가 날일자받음이기 때문에 귀의 실리가 더욱 안정적이라 보통은 백의 불만이다.

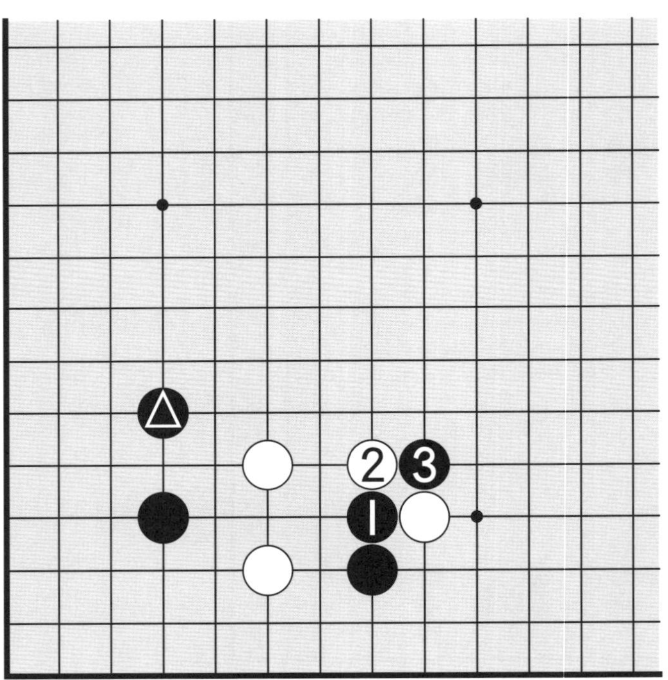

　이 정석에서는 흑△의 한칸받음이 중앙 운영도 고려한 지킴이며 하변에서 백이 씌울 때 흑1, 3으로 나와 끊는 것도 △와 호응하는 호전적인 발상이다.

　그동안 축이 유리해야 가능하다고 알려졌지만 AI가 등장하면서 축이 불리해도 둘 수 있는 길을 알려준다. 대신 넓은 안목으로 이후의 변화를 이해할 필요가 있다.

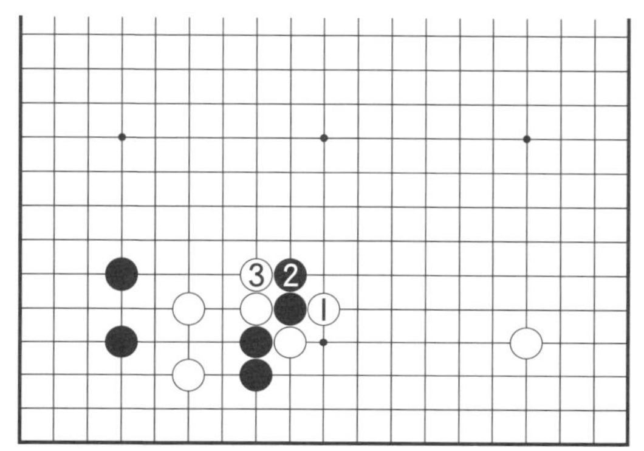

1도(상용수단)

백은 축이 유리하면 1, 3으로 몰아갈 수 있다. 그동안 알려진 상용수단이다.

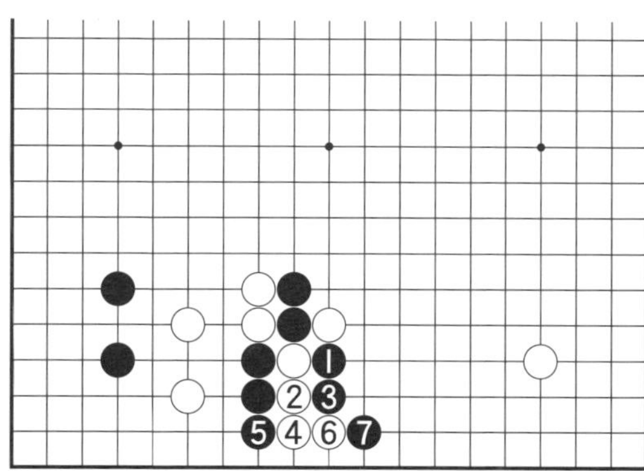

2도(잡으러 가는 경우)

이다음 흑1로 단수친 후 7까지 일직선으로 잡으러 가는 것은 중앙 축이 불리하면 선택할 수 없다.

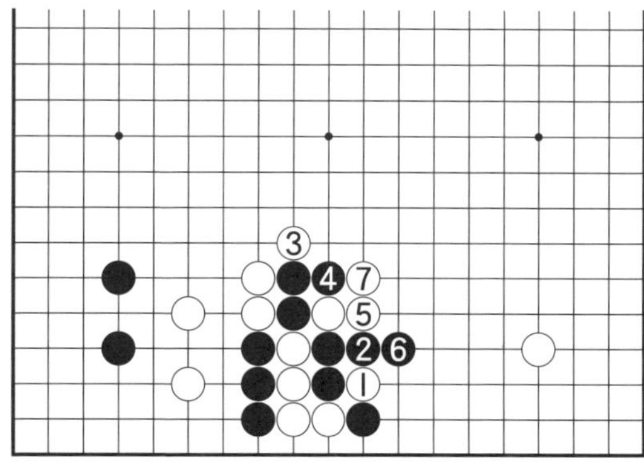

3도(축관계)

그러면 백1로 단수치고 또 3으로 단수친 후 7까지 흑 석점이 축에 걸린다. 물론 이 축이 흑한테 유리하면 백이 망하는 길이다.

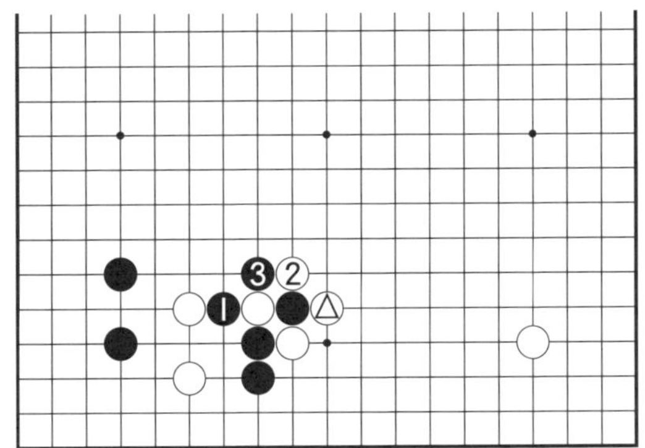

4도(무모한 발상)

백△ 때 축이 불리하다고 해서 흑1, 3으로 이쪽을 뚫고 나가려는 것은 무모한 발상이다.

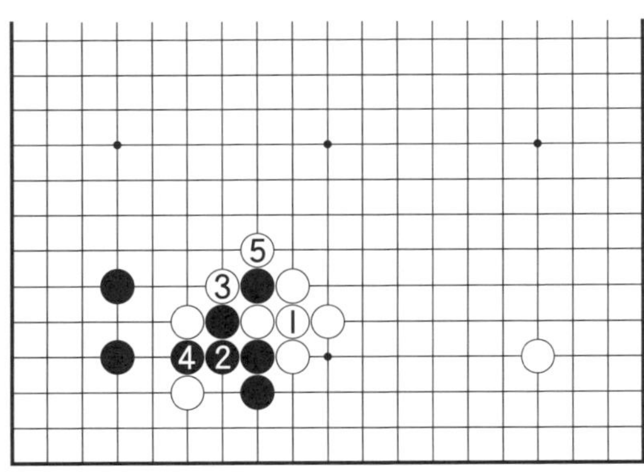

5도(백, 만족)

이다음 백은 패를 이용하면 더욱 효과적이지만, 1로 이어도 5까지 백의 만족이다. 한점을 잡은 흑 실리가 중앙 빵따냄을 한 백의 두터움에 미치지 못한다.

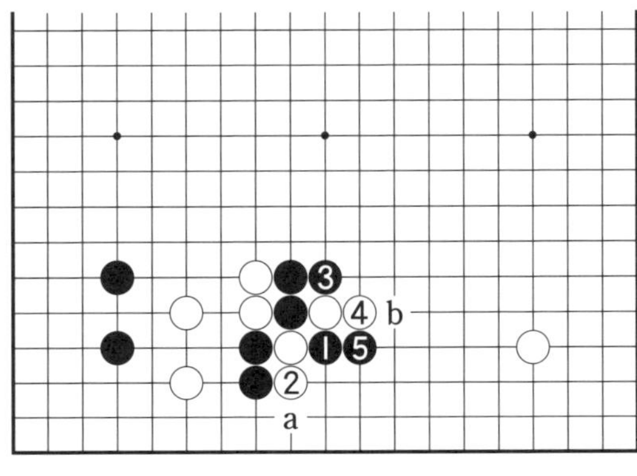

6도(맞보기)

1도 다음 흑은 1, 3으로 중앙을 단수쳐서 축을 피해갈 수 있다.

이때 백4로 나가는 것은 흑5로 따라붙어 a와 b가 맞보기가 되면 백이 불리하다.

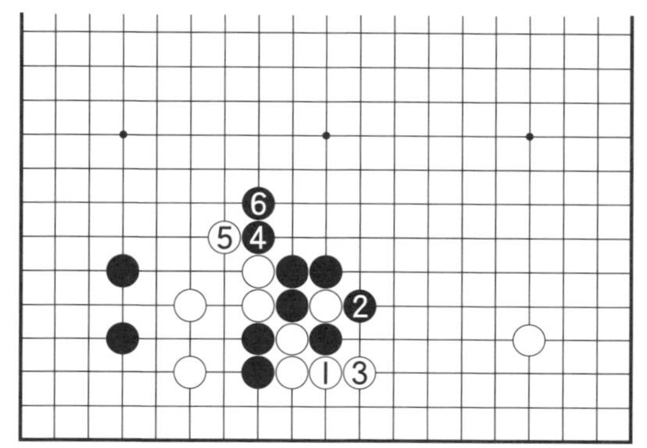

7도(두터움으로 대항)

앞 그림 흑3 때 백은 1, 3으로 한점을 버리고 하변 실리를 취할 수 있다. AI는 흑도 4, 6으로 중앙을 두텁게 해서 대항하면 불만 없는 진행으로 본다.

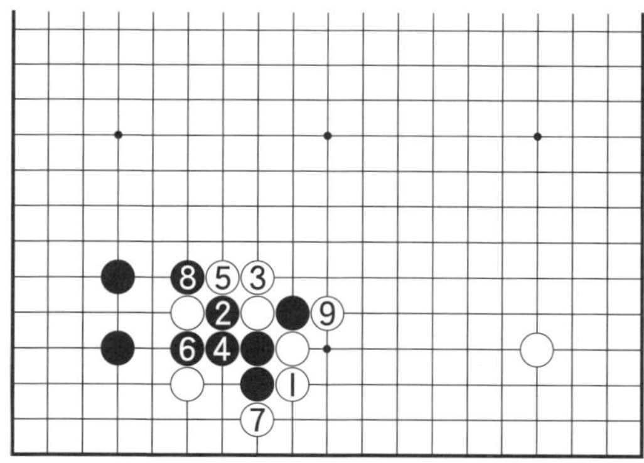

8도(백, 변에서 막음)

처음으로 돌아가서, 백은 1로 변을 막는 것도 유력하다. 흑2 이하 6까지 관통하고 백7, 9로 한점을 잡으면 타협이지만, AI는 백이 약간 활발한 결과로 본다.

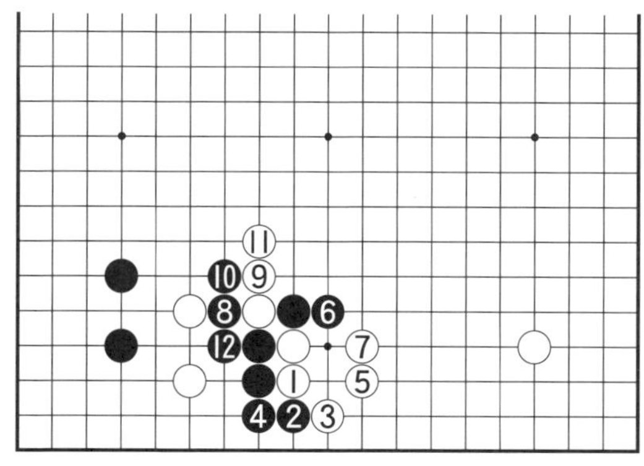

9도(흑, 변부터 젖힘)

백1에 막으면 흑2의 젖힘을 AI가 권장한다. 백3, 5로 변을 지키면 흑6을 활용하고 8 이하 12까지 관통해서 흑이 활발한 흐름으로 본다.

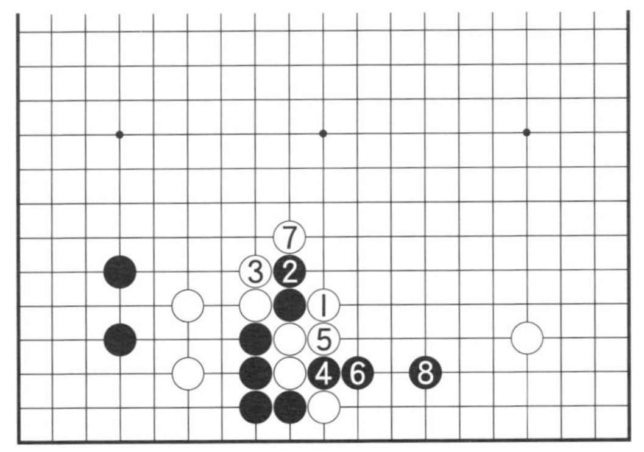

10도(백, 두터운 선택)

앞 그림 흑4 때 백1, 3
은 축이 유리할 때 AI
가 권하는 두터운 선택
이다. 이하 8까지 서로
중앙과 변을 제압하는
바꿔치기로 타협된다.

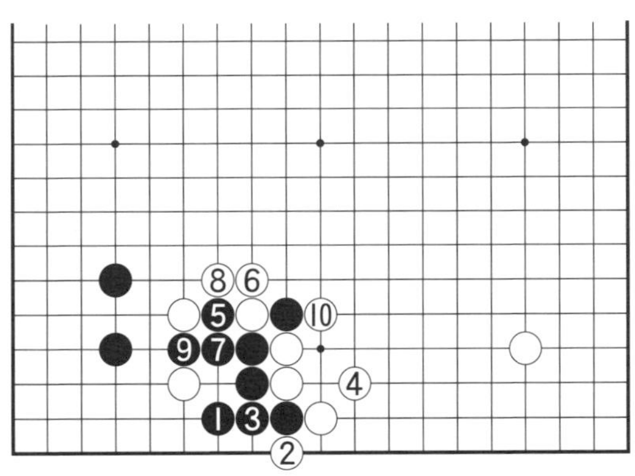

11도(흑, 호구 행마)

9도 백3 때 흑1의 호구
행마도 일책이다.

그러면 백2, 4로 변
을 지켜야 하고 이하 10
까지 자연스럽게 진영
이 나뉘며 타협된다.

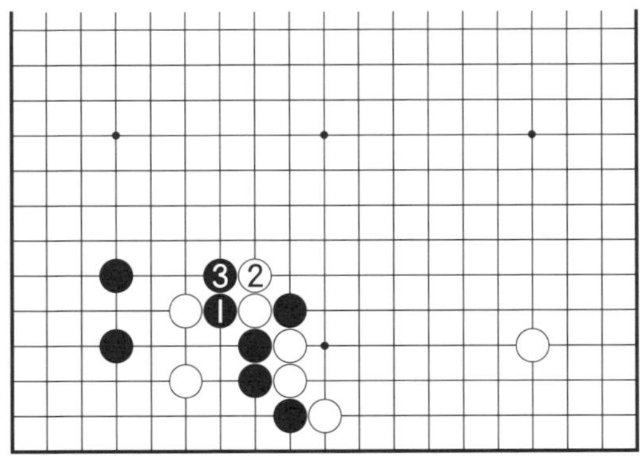

12도(흑의 노림수)

9도 백3 때 흑1, 3으로
치고 나가는 것은 흑의
축이 유리할 때 노림수
에 해당한다.

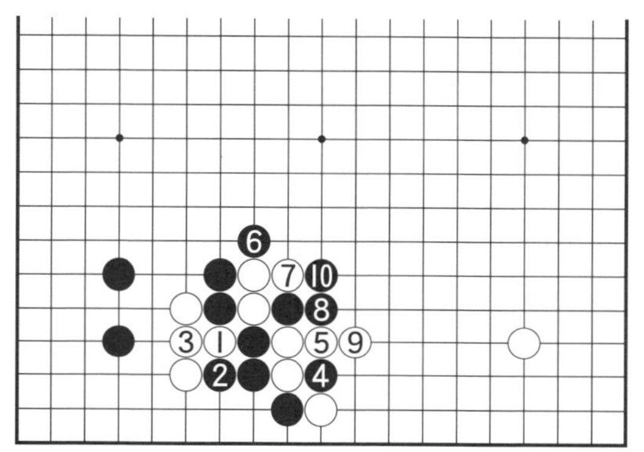

13도(흑, 대성공)

이다음 백1로 끊을 때 흑2를 선수해두고 4의 단수부터 10까지 일사천리로 단수쳐가면 백 요석이 잡혀 흑의 대성공이다.

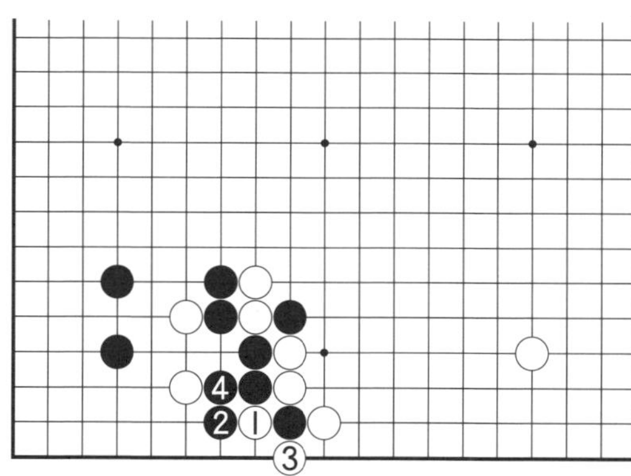

14도(노림수 방어)

12도 흑3 때 백이 1, 3으로 한점을 잡으면 흑의 노림수를 간단히 방어할 수 있다. 흑4로 이을 때~

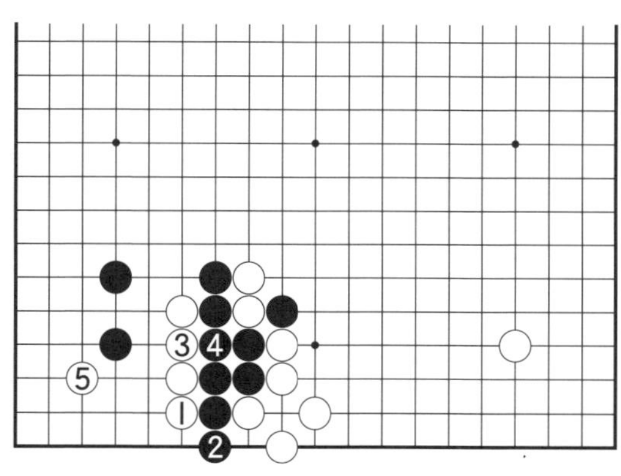

15도(백, 활발)

백1, 3을 활용한 후 5로 침입하면 이후 변화가 어렵지만, AI 안목에서 백이 활발한 흐름으로 본다.

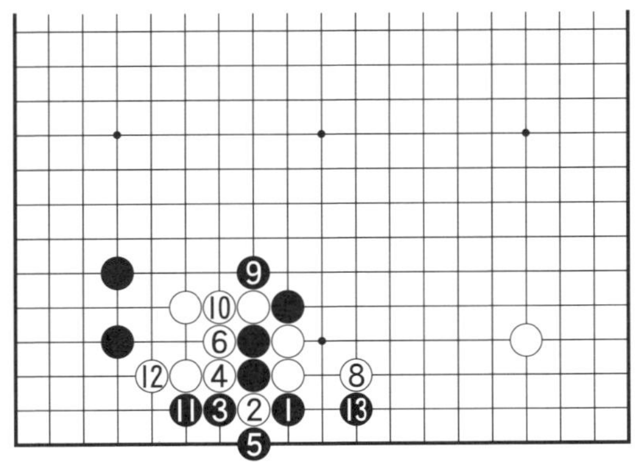

16도(백, 위험한 발상)

애초 흑1 때 백2의 끊음
은 예전 방식이지만 위
험한 발상이다. 이하 8
까지 되고 나서 흑9의
단수가 기분 좋고 11 다
음 13으로 붙이면 백이
골치 아프다.　　❼‥②

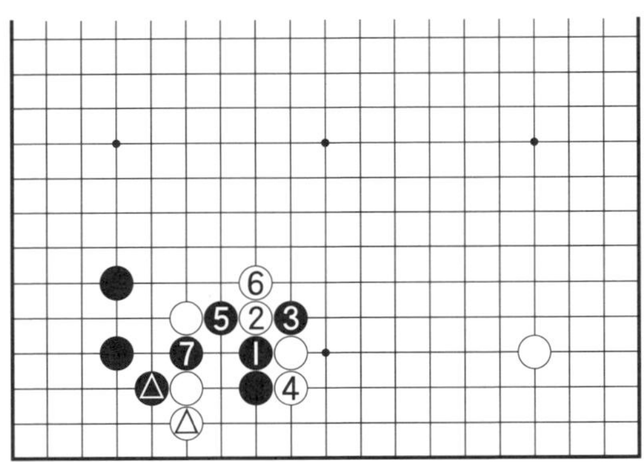

17도(활용된 경우)

흑❹와 백△로 활용된
경우 흑1, 3으로 끊을
때 백4로 막으면 흑5,
7로 연결하는 것이 제
격이다.

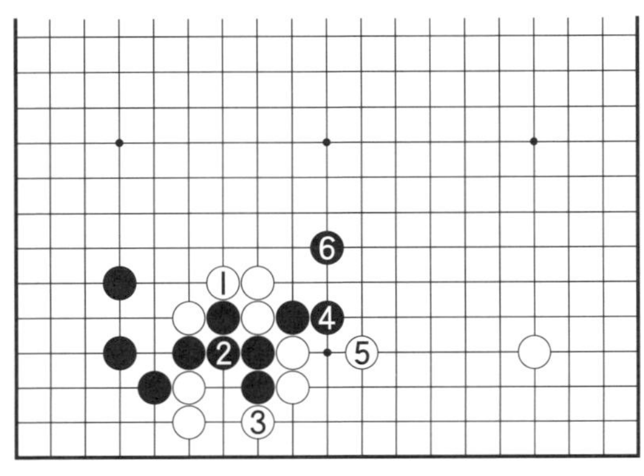

18도(흑, 활발)

이다음 백1, 3으로 넘
을 때 흑이 중앙 4, 6으
로 움직이면, AI 안목
에서 흑이 활발한 흐름
으로 본다.

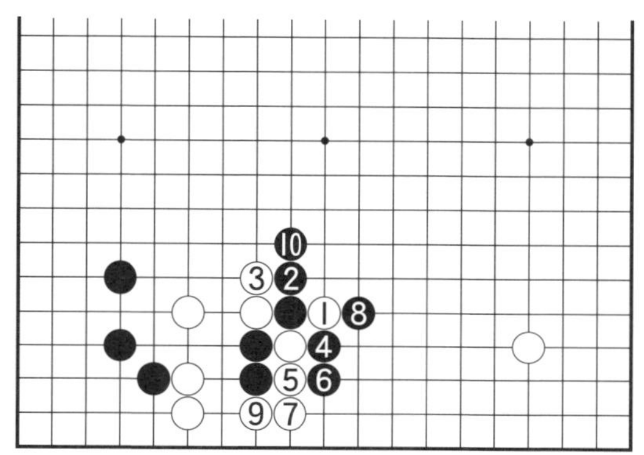

19도(유효한 수순)

17도 흑3 때 백은 중앙 1, 3으로 모는 것이 유효하다. 흑4, 6 다음 8로 단수치면 백9에 흑 10으로 정리된다. 중앙 흑이 두텁지만 백이 선수여서 호각이다.

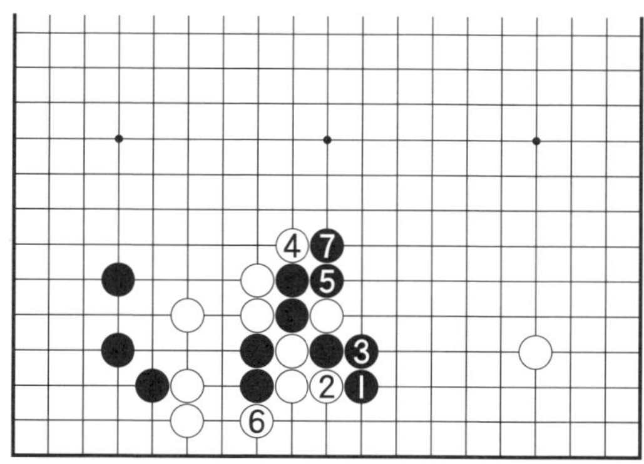

20도(흑, 마늘모 행마)

앞 그림 백5 때 흑1의 마늘모 행마도 일책이다. 백2, 4로 단수치고 6으로 두점을 잡으면 흑7로 밀어 중앙이 정리된다. 앞 그림과는 일장일단.

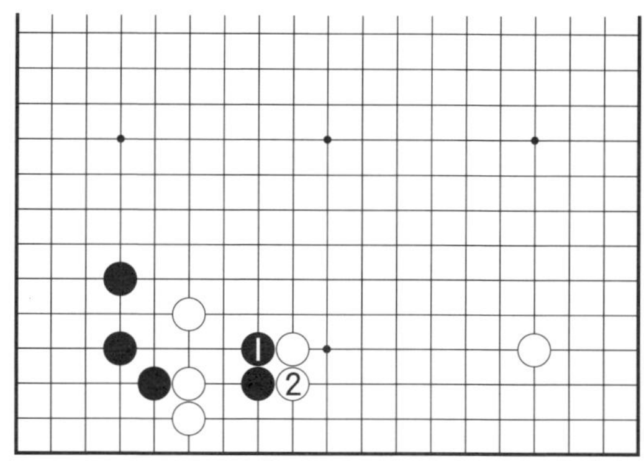

21도(원천 방어)

이 형태에서는 흑1에 백2로 눌러 막으면 흑의 나와 끊는 시도를 원천 방어할 수 있다.

이 정석은 앞에서 배웠으므로 생략한다.

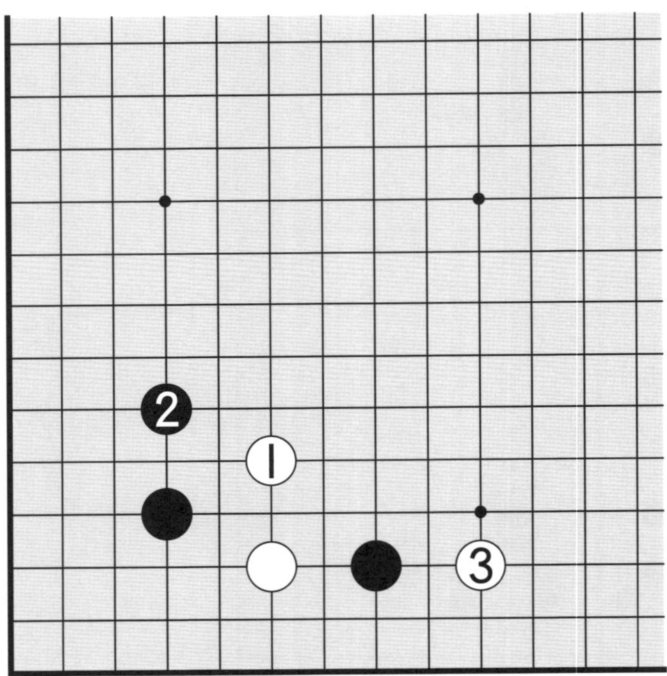

　흑의 한칸협공에 대해 백1로 뛰어나간 후 3으로 되협공하는 것은 주로 주변에 응원군이 있을 때 시도하는 공격적인 수단이다.

　예전에는 무모한 강수라 여겼지만 AI시대에는 이런 협공이 자주 등장한다. 이후 운영하는 데는 전국을 바라보는 싸움의 기술이 필요하다.

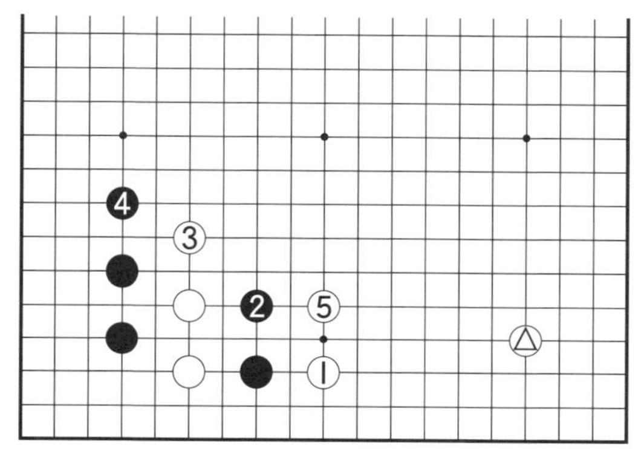

1도(상식적인 행마)

보통 백△로 배후에 응원군이 있을 때 1의 협공을 구사하는 경우가 많다. 우선 흑2부터 백5까지의 뜀뛰기는 상식적인 행마이다.

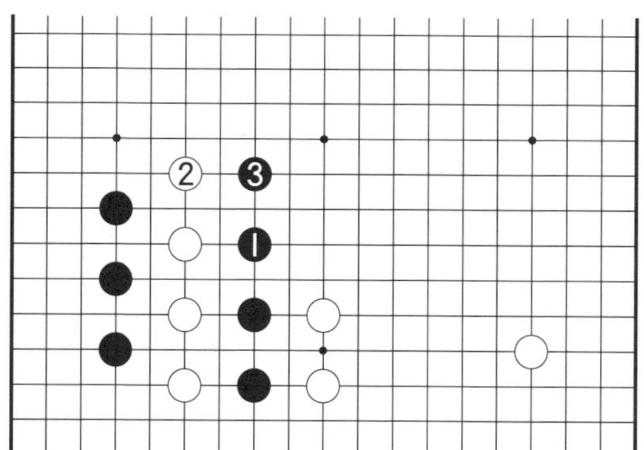

2도(의도에 말릴 염려)

이다음 흑1에도 백이 2로 같이 뛰기만 하면 흑3으로 추격해서, 백은 실속 없이 흑의 의도에 말릴 염려가 있다.

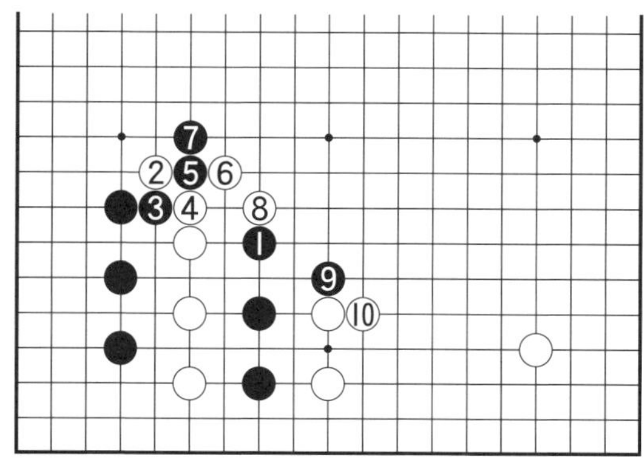

3도(백, 유연한 날일자)

흑1에 백2의 날일자는 AI가 알려주는 유연한 대응법이다. 흑3, 5로 끊으면 백은 6, 8로 본진이 두텁게 정리되며 흑9에 백10으로 받으며 국면을 주도한다.

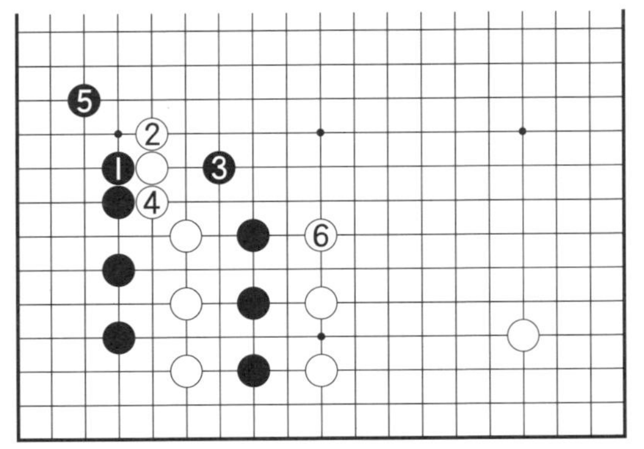

4도(서로 공격하며 맞섬)

앞 그림 백2 때 흑1로 밀고 5까지는 백 전체를 공격하며 주도권을 잡겠다는 뜻이다.

　백도 6으로 흑의 배후를 공격하며 맞서면 대등한 국면이다.

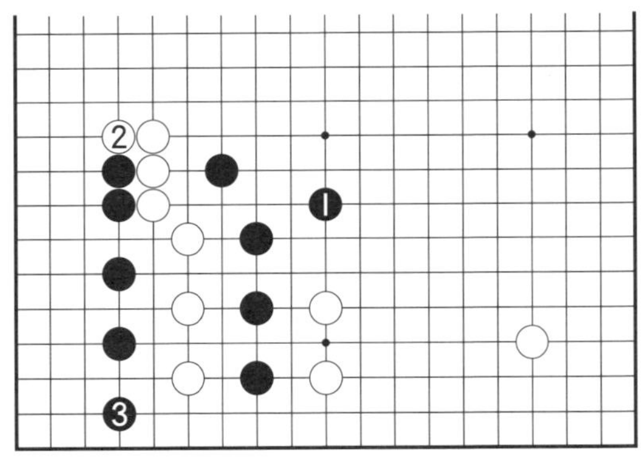

5도(서로 안정)

앞 그림 백4 때 흑1로 중앙을 보강하면 백2가 두터운 막음이다.

　흑3으로 귀를 지키면 서로 안정하는 진행으로 무난하다.

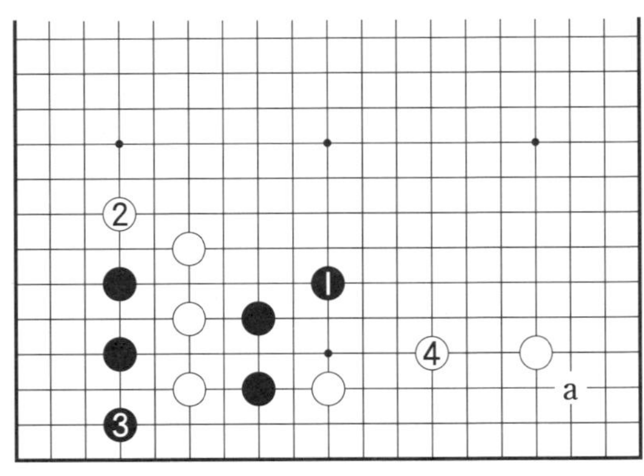

6도(흑, 하변부터 견제)

1도 백3 때 흑1로 하변부터 견제하는 것도 AI가 알려주는 일책이다. 백2에 흑3의 지킴은 필수. 백도 4로 지키지만 a의 침입이 남아있다.

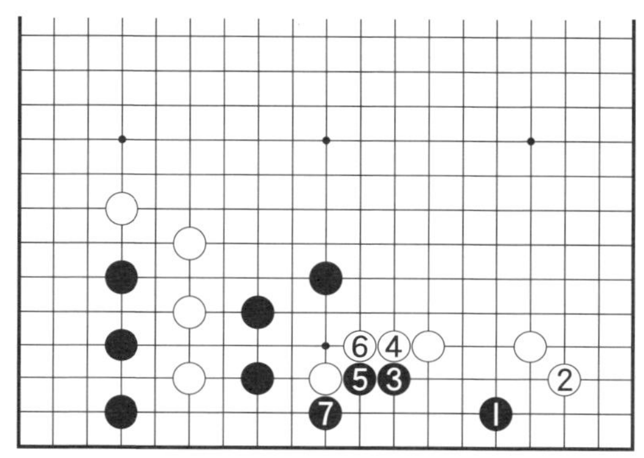

7도(하변 파괴)

나중에 하변은 흑1로 침투하는 수단도 있다.

귀가 파이면 크므로 백2에 지키면 흑3에서 7까지 가볍게 하변을 부수며 넘어갈 수 있다.

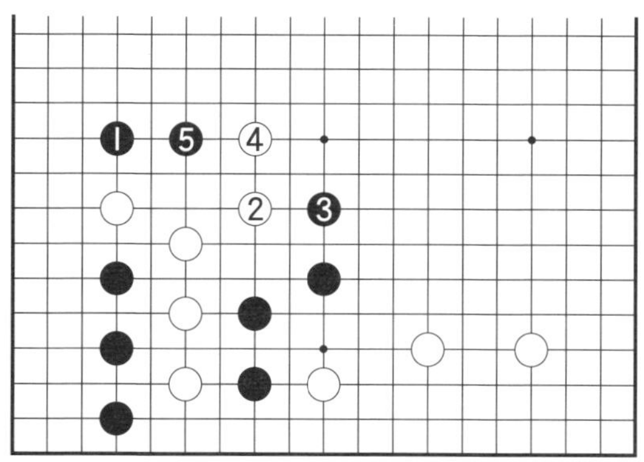

8도(흑, 좌변 압박)

당장은 흑1로 좌변에서 압박하는 것이 좋은 발상이다. 백2로 좌우를 맞보며 움직이면 흑3, 5로 백을 몰며 흑이 주도하는 흐름이다.

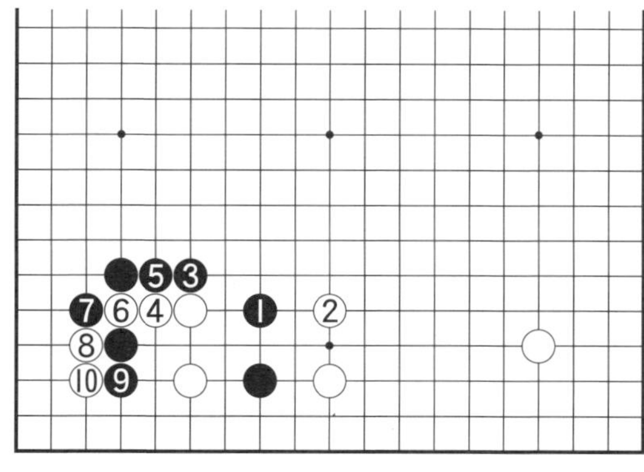

9도(백, 하변부터 뜀)

처음으로 돌아가서, 흑1에 AI는 백2로 하변부터의 뜀도 가능하다고 본다. 이때 흑3으로 봉쇄하면 백은 4, 6으로 나와 8로 끊고 흑9에 백10으로 견딜 수 있다.

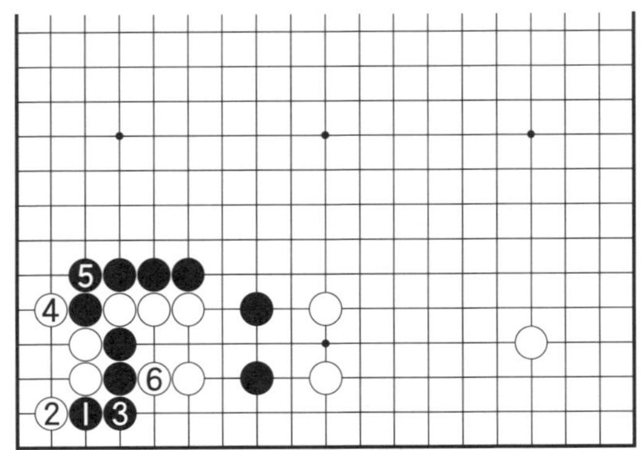

10도(백승)

이다음 흑1로 젖혀 수상전을 시도해도 이하 6까지 되면 흑이 어떻게 해도 백승이다.

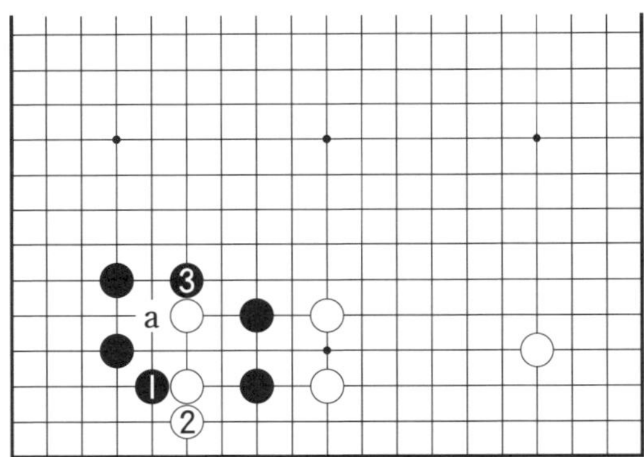

11도(귀를 활용한 경우)

9도 백2 때, 흑1에 백2로 흑이 귀를 활용한 후라면 3으로 붙일 수 있다. 이제 백도 a로 나갈 수는 없다.

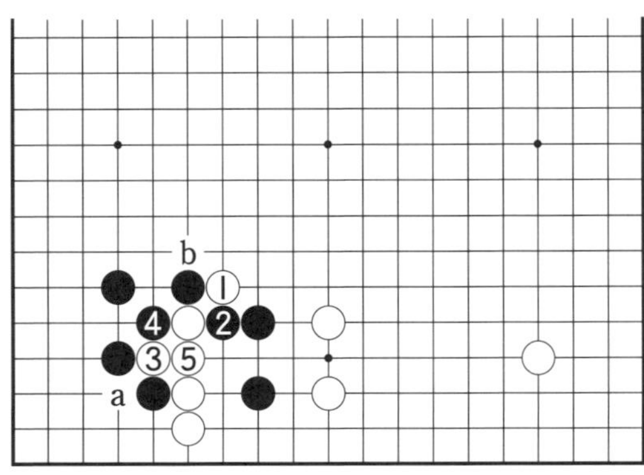

12도(흑진 교란)

백은 축이 유리하면 1, 3으로 흑진을 교란할 수 있다.

흑은 4 다음 a와 b의 선택이 초점이다.

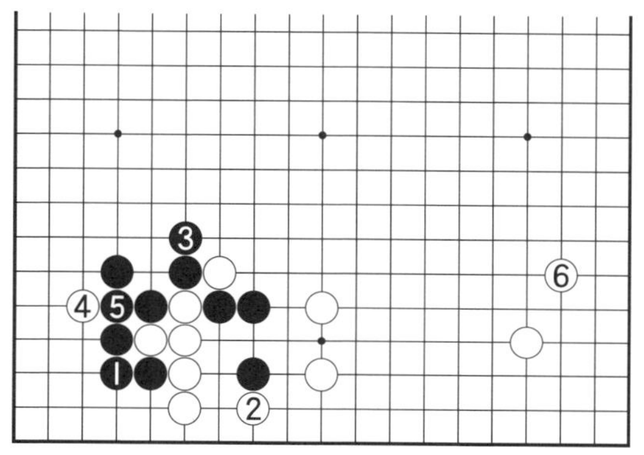

13도(흑, 귀부터 지킴)

흑1로 귀를 지키면 백도 두 가지 선택이 유효하다. 백2로 변에 넘으면 간명하다. 중앙 흑3에 보강할 때 백이 4를 활용하고 6의 큰 자리로 향하면 충분하다.

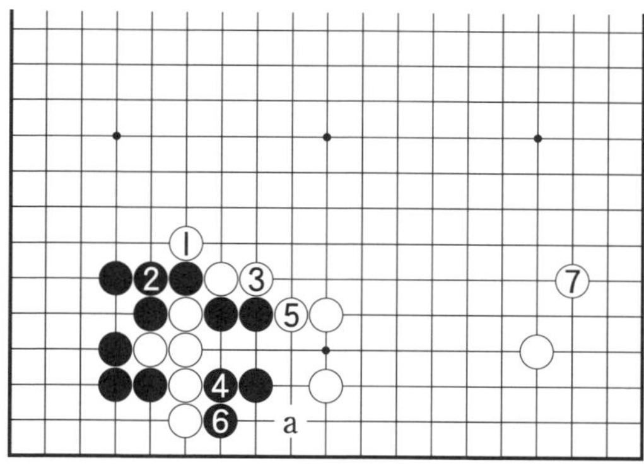

14도(백, 중앙 중시)

백1 이하 5까지 틀어막는 것은 중앙을 중시하는 선택이다. 귀쪽 백 5점이 잡히지만, 백은 a의 활용이 남아있고 역시 7의 큰 자리로 향하면 충분하다.

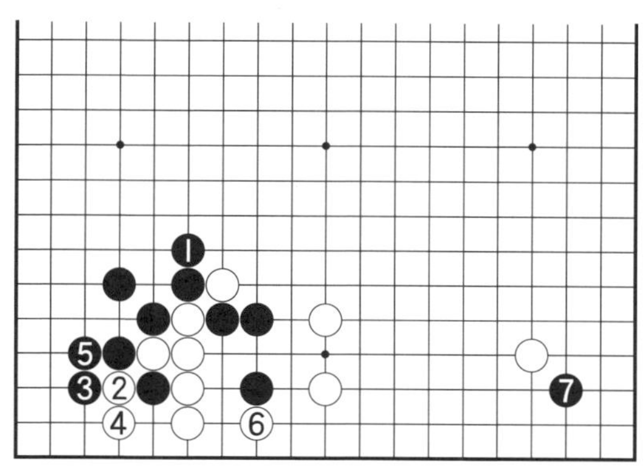

15도(흑, 중앙부터 보강)

12도 다음 흑도 1로 중앙부터 보강할 수 있다.

백2 이하 6까지 넘으며 귀는 침식되지만, 흑은 선수가 장점이며 7의 큰 자리로 향하면 AI 안목에서 호각이다.

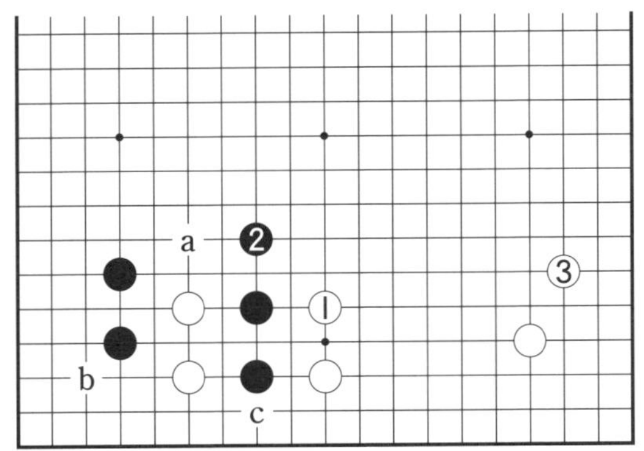

16도(백의 복안)

백1에는 흑2로 뛰는 것도 무난하다. 백은 손을 빼고 3으로 모양부터의 구축도 AI가 알려주는 복안이다.

귀쪽은 상황에 따라 a~c 등 선택지가 많다.

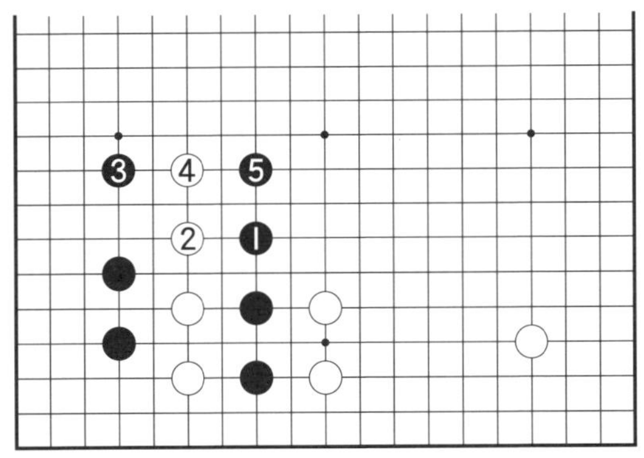

17도(두칸벌림의 의도)

흑1에 백2로 뛰는 경우 흑3의 두칸벌림은 백4의 뜀을 유도해서 흑5로 자연스럽게 몰아가며 싸움을 주도하겠다는 의도이다.

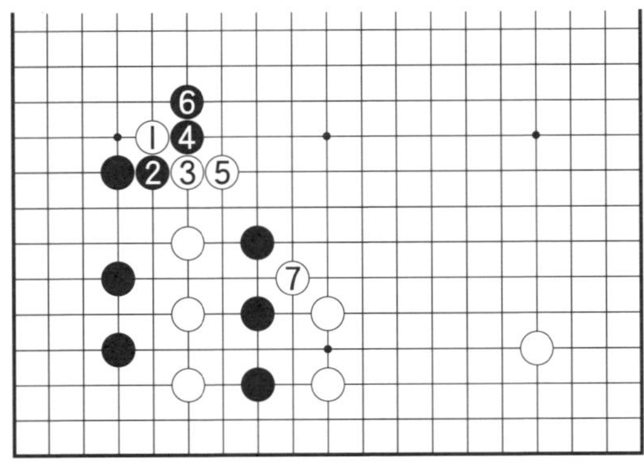

18도(유연한 발상)

흑의 두칸에는 백1로 어깨 짚는 수가 유연한 발상이다. 흑2, 4로 끊으면 백은 5 다음 7의 공격이 실전적이며 국면을 주도할 수 있다.

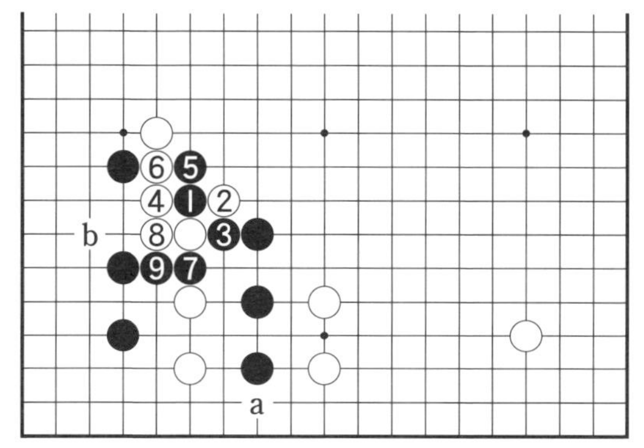

19도(허리 돌파)

백이 어깨 짚을 때 흑1
로 반격하면 이하 9까
지 허리를 돌파할 수 있
다. 백은 본진이 차단됐
지만 a로 건널 수 있고,
b로 좌변을 운영해도
충분하다.

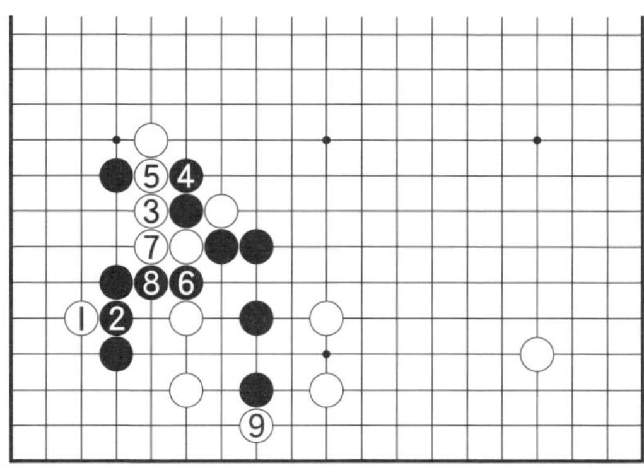

20도(교묘한 응수타진)

앞 그림 흑3 때 백1은
교묘한 응수타진이다.
흑2로 꽉 이으면 이하
8까지 돌파해도 1이 활
용된 만큼 모양이 좋지
않다. 백은 9로 넘어가
는 정도로 만족이다.

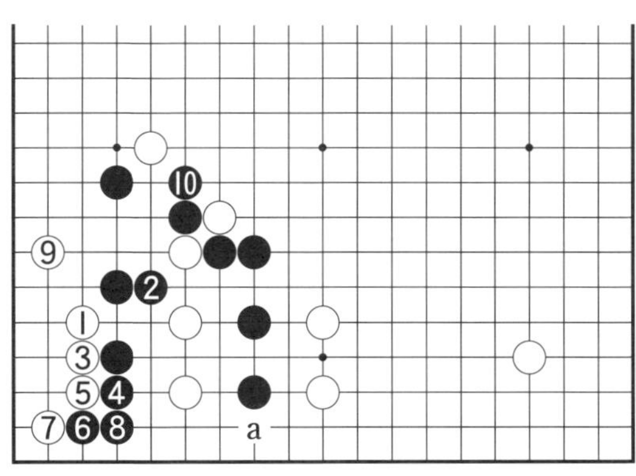

21도(귀에 근거 확보)

백1에는 흑2가 효율적
인 대응인데, 이번에는
백이 9까지 귀에 근거
를 확보한다. 흑10의 중
앙 보강이 요소인데, 백
은 당장 a의 건넘도 남
아 불만 없다.

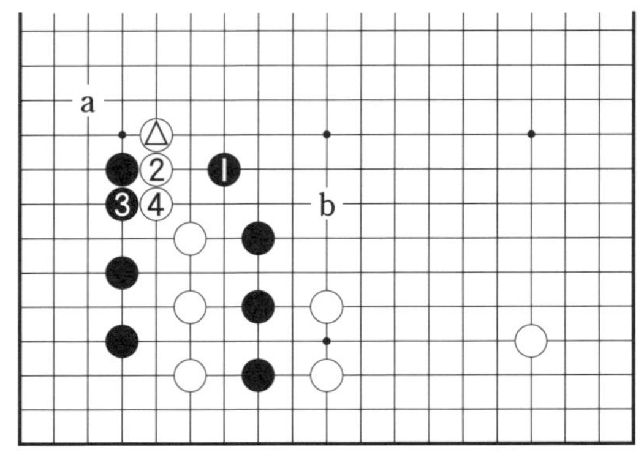

22도(환원)

백△ 때 흑1로 중앙에서 살포시 동태를 보는 것은 백2, 4의 연결을 유도한 다음 흑a든 b든 상황에 맞게 선택하려는 뜻이다. 그러면 4도나 5도로 환원된다.

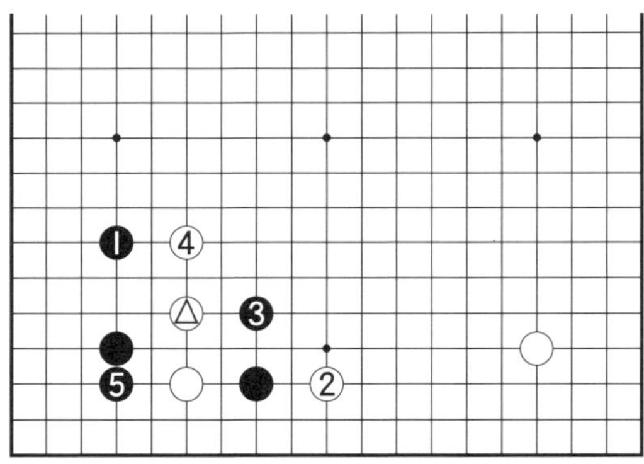

23도(두칸뜀의 의도)

애초 백△ 때 흑1의 두칸뜀도 AI의 복안에 들어있다. 백2로 협공하고 4로 뛰면 흑은 5로 귀를 지켜서 효율적 모양이다. 흑이 의도한 진행으로 봐도 된다.

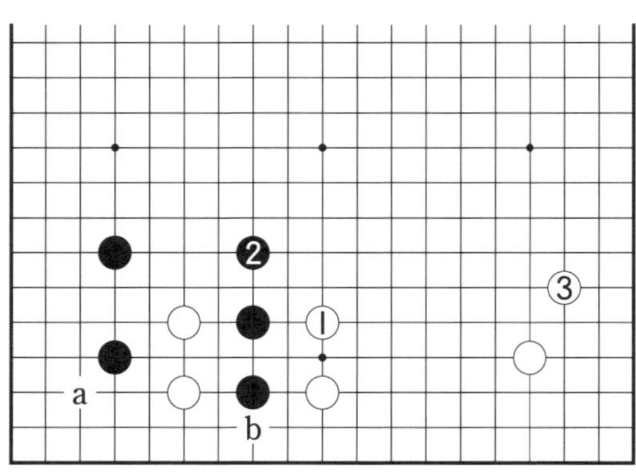

24도(백, 가능한 작전)

AI가 보건대, 백이 직접 싸우기 거북하다면 1로 먼저 뛰고 흑2에 백3으로 굳힌 다음 흑진도 허술하므로 백a의 침입과 b의 건넘을 노리는 작전도 가능하다.

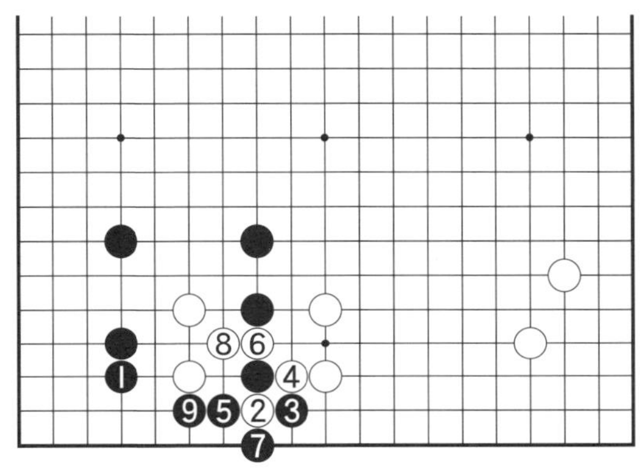

25도(무난한 타협)

가령 흑1로 귀를 지키
면 백2로 붙인 후 9까
지 AI가 제시하는 변화
인데, 백이 변으로 건너
가서 무난한 타협이다.

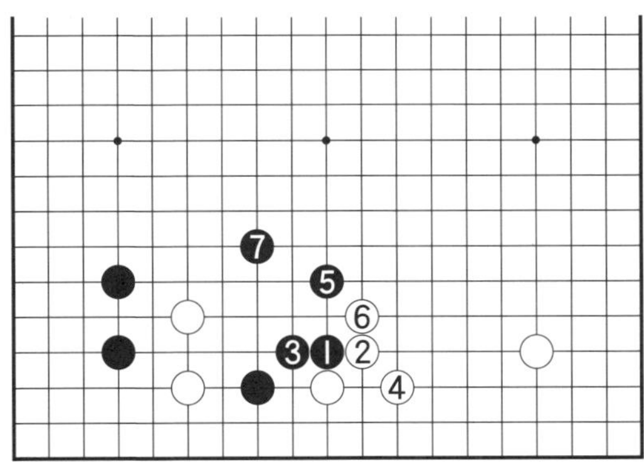

26도(흑, 붙여끌기)

처음으로 돌아가서 흑
1, 3의 붙여끌기도 시
도할 수 있다. 백4에 지
키면 흑5, 7로 모양을
정비하고 백을 포위 공
격하면서 국면을 주도
하려는 의도이다.

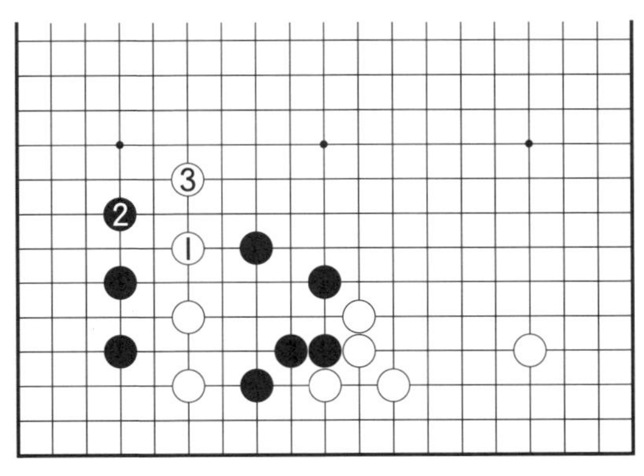

27도(백, 열세)

이다음 백1, 3으로 일
방적 달아나는 모습이
면 아무래도 백이 열세
에 놓일 공산이 크다.

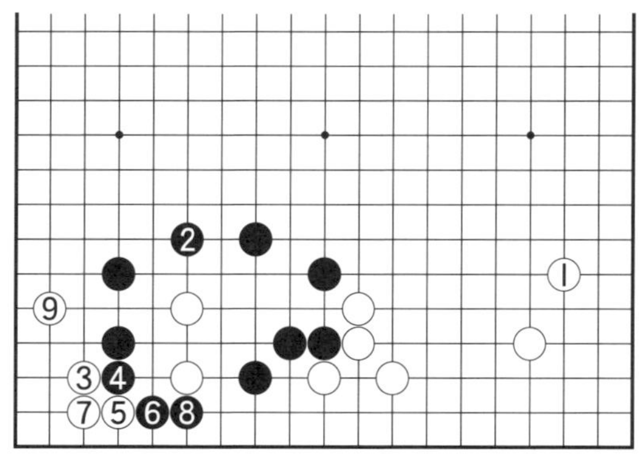

28도(백, 유력한 발상)

차라리 백은 손을 빼고 1로 모양을 굳히는 발상이 유력하다. 흑2로 봉쇄하면 백3 이하 9까지 귀를 차지해서 충분하다. 흑은 투자에 비해 쌓은 집이 좀 빈약하다.

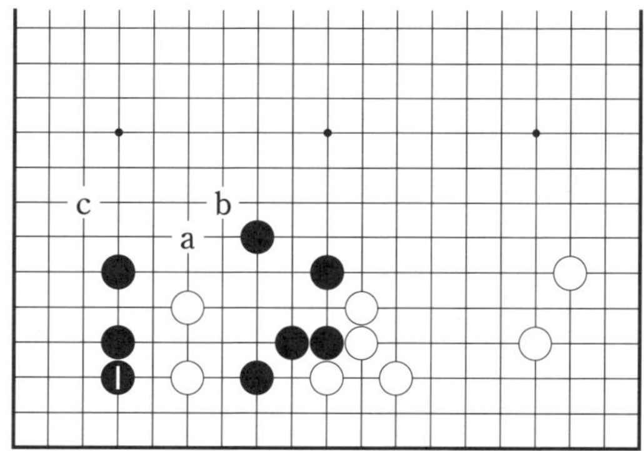

29도(귀의 지킴이 우선)

흑은 중앙 봉쇄보다 1로 귀의 지킴이 우선이다. 백은 상황에 따라 a~c 등을 선택할 수 있다. 서로 모양으로 경쟁하는 타협이다.

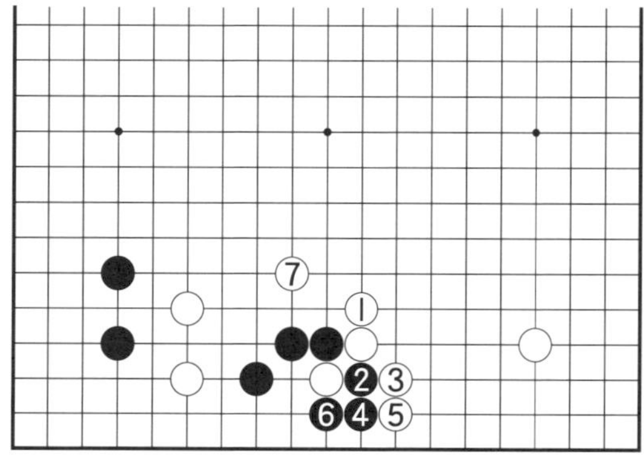

30도(백, 중앙 중시)

26도 흑3 때 백1로 올라선 후 흑2로 끊으면 백3 이하 7까지도 AI가 추천하는 유력한 변화이다.

　백이 중앙을 중시하는 경우에 사용한다.

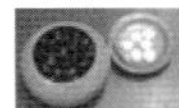

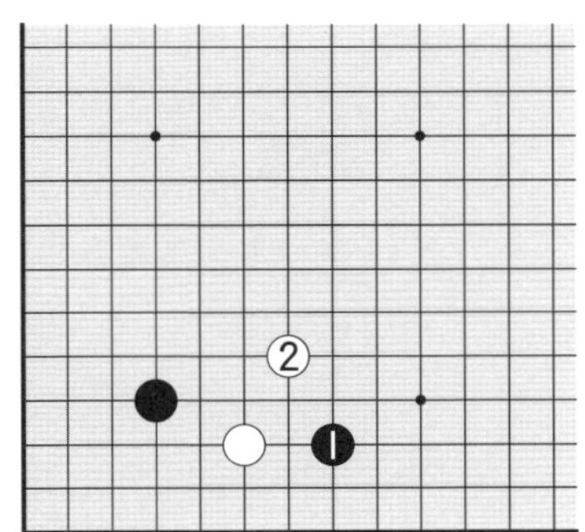

▦ 장면

흑1의 한칸협공에서 백2의 날일자 진출은 묘한 행마인데, 백의 의도는 무엇이고 흑은 어떻게 대처할지 생각해보자.

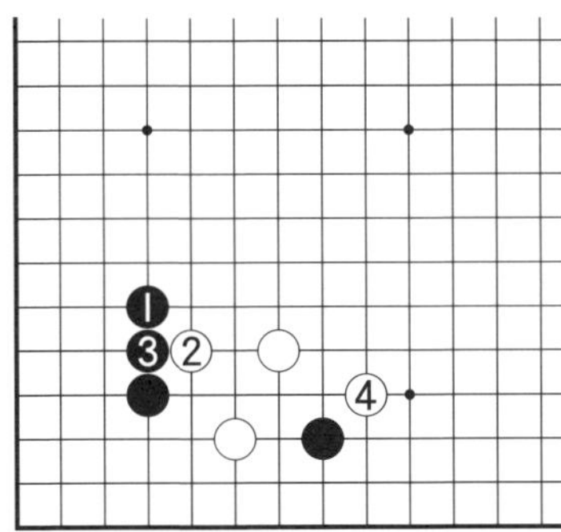

1도(백의 의도)

보통대로 흑1의 한칸받음이면 백2로 들여다보고 4의 씌움이 견실해서 백이 의도한 진행이다.

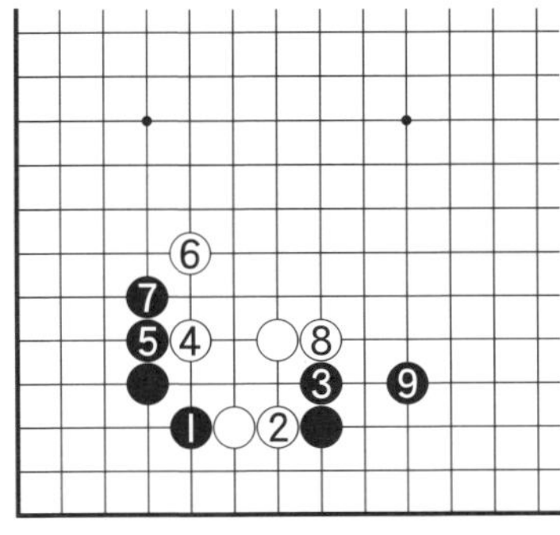

2도(현명한 대처)

흑1의 붙임을 활용해서 날일자의 허술함을 추궁하는 것이 현명한 대처이다. 이하 9까지 진행은 AI가 제시하는 변화인데, 흑이 양쪽에서 모양을 갖춰 불만 없다.

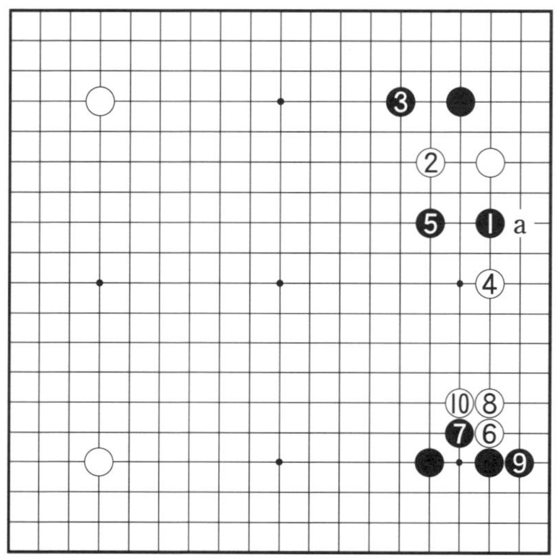

실전 1

우하귀 소목 한칸굳힘을 배경으로 흑1로 협공했다. 백은 2, 4로 되협공했는데, 흑5에 백6 이하 10까지 상대 진영에 기대어 우변부터 개척한다는 구상이다.

수순 중 백6으로는 a의 붙임도 AI가 추천하는 수단이다.

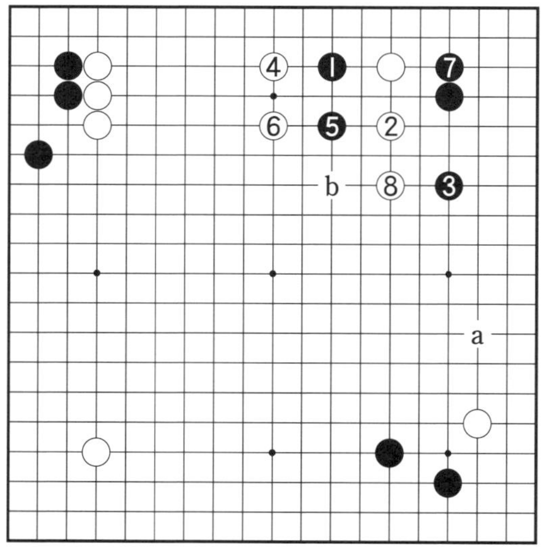

실전 2

흑1 협공에 좌상 두터움을 배경으로 백2, 4로 되협공했다. 흑5에 백6은 상변을 중시한 공격이다. 흑은 두칸으로 넓게 받은 후 7로 귀부터 지키고 백8로 나간 장면이다. AI는 흑의 다음 수로 a쪽 협공이나 b의 뜀 등을 추천한다.

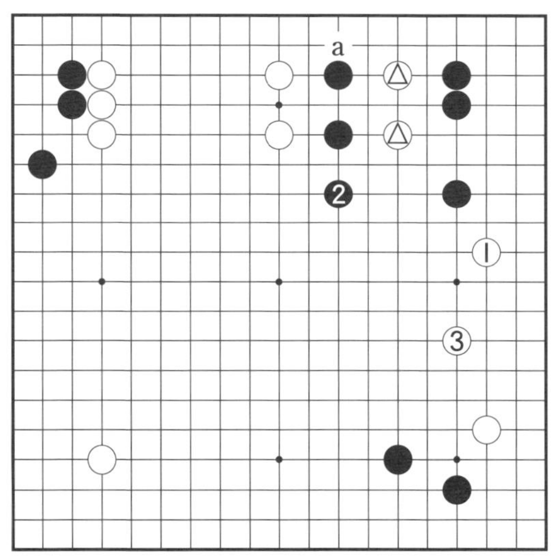

참고도(AI 추천)

실전 흑7 때 백이 우변에서 1로 걸쳐놓고 흑2로 뛰면 백3으로 우변을 구축하는 것도 AI가 알려주는 백의 능동적 작전이다.

백△들은 사석으로 활용하거나, 상황에 따라 a로 넘어갈 수도 있다는 구상이다.

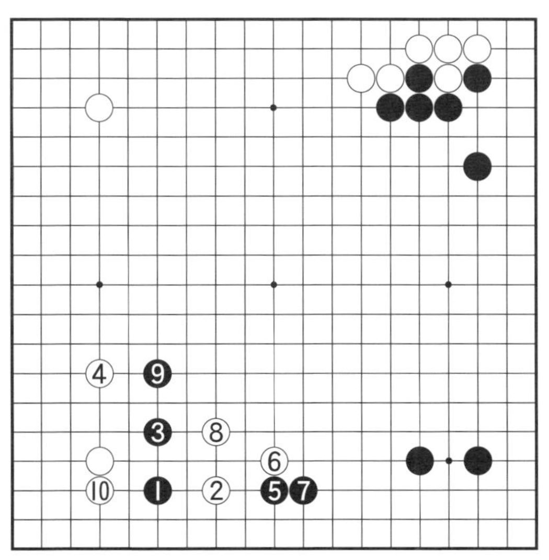

실전 3

이 포석에서도 흑1에 백2로 협공하고 4의 두칸으로 받았다.

흑5의 되협공에, 이번에는 하변 흑진이 강하므로 백6, 8로 탄력을 주고 흑9에 백10으로 귀부터 지키는 백의 행마가 순조롭다.

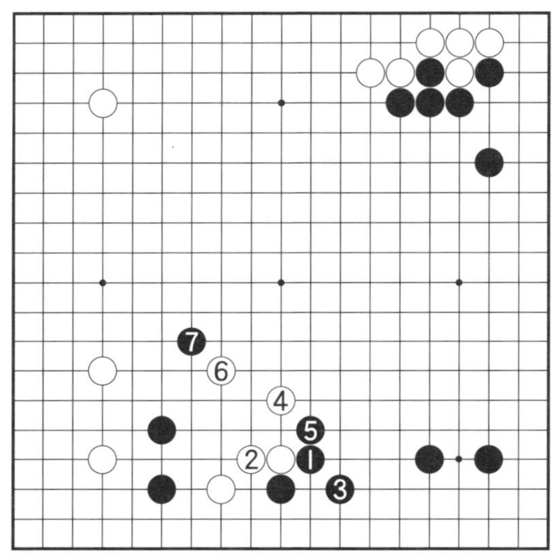

참고도(AI 추천)

실전 백6 때 AI는 흑1, 3으로 변의 지킴을 추천한다.

　백4, 6으로 보강하며 귀의 흑을 노리면, 흑7의 눈목자 행마가 타개의 요점이라는 것도 눈여겨볼 만한 대목이다.

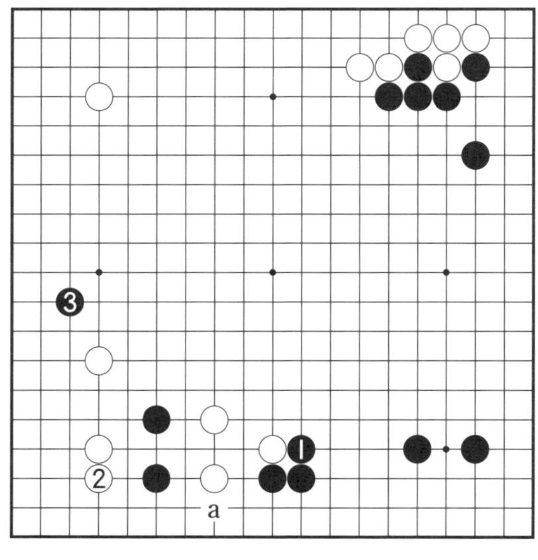

참고도(AI 변화)

실전 백8 때도 AI는 흑1로 꼬부려 하변을 두텁게 해놓는 것이 편하다는 의견을 제시한다.

　백2로 지킨 이후 좌하 흑은 가볍게 처리하라는 뜻이기도 한데, 흑3의 요소로 전환해도 a의 붙임은 언제든 안전의 담보로 작용한다.

3부

양결침과 높은 협공

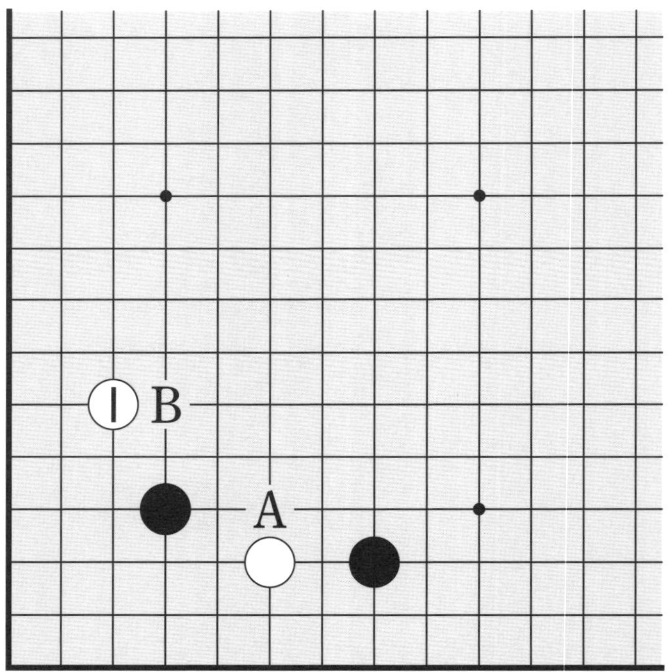

한칸협공에 양걸침은 싸움을 주도하려는 능동적 발상인데, 우선 백1의 날일자 낮은 양걸침에 대해 알아본다.

흑은 A 또는 B의 붙임으로 대응하는 것이 상식인데, 하변 A의 붙임은 그동안 많이 두던 수단이고 좌변 B의 붙임은 AI시대 유행하는 발상이다. 흑이 강한 쪽인 A의 붙임부터 출발해본다.

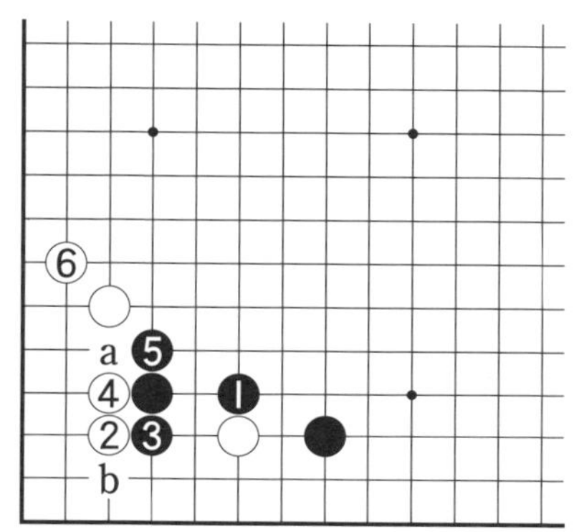

1도(백, 간명한 침입)

흑1로 하변에서 붙이면 백2의 3
三침입이 일단 간명하다. 흑3, 5
로 한점을 제압하면 백6의 마늘
모는 AI가 추천하는 지킴으로 a
와 b보다 효율적이라 본다.

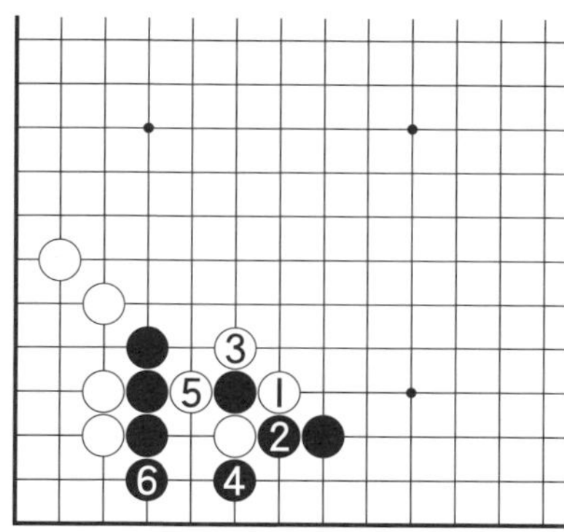

2도(백의 활용 1)

하변 흑진에서는 차후 백이 1, 3
의 단수로 활용하는 맛이 있다.
흑은 4, 6으로 정돈하는 것이 무
난하다.

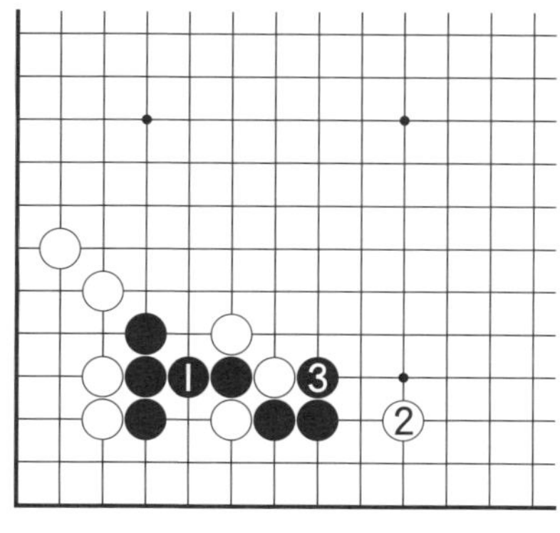

3도(백의 활용 2)

앞 그림 백3 때 흑은 1로 이을 수
도 있지만, 하변 백2의 활용을 염
두에 두어야 한다.

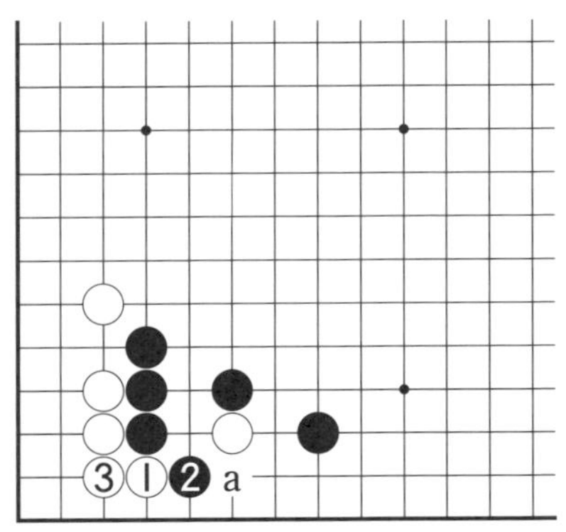

4도(백의 의도)

1도 흑5 때 백1의 젖힘은 흑2로 받으면 백3에 이어 좋다는 뜻이다. 다음 흑a로 지키면 중복 모양이므로 흑도 여기서 손을 빼는 것이 낫지만, 어쨌든 백의 의도가 통했다.

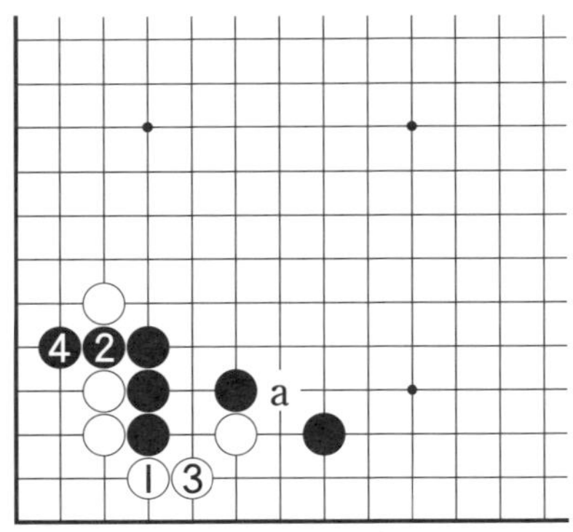

5도(서로 기세)

백1 젖힘에는 흑2로 뚫는 것이 효율적이다.

백3과 흑4는 서로 기세. 여기서 백이 손을 빼도 사는 데는 문제없지만, 흑a가 너무 두터운 자리이다.

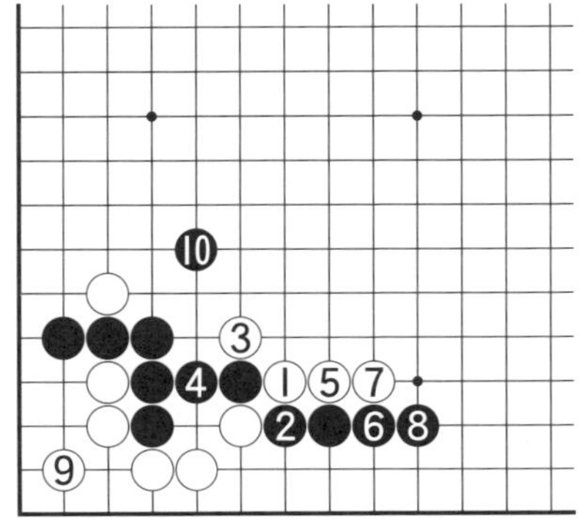

6도(주도적인 태도)

이다음 백도 1로 젖혀 나가는 것이 주도적인 태도이다.

흑2로 끊은 후 10까지 AI가 추천하는 변화이며, 앞으로의 판세는 중앙 운영에 달려있다.

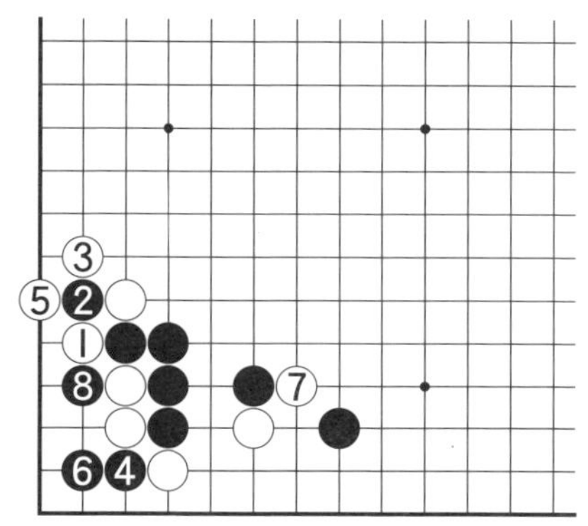

7도(효과적 수순)

5도 흑2 때 백1로 막으면 흑2로 변쪽을 끊은 후 4, 6으로 귀에 진입하는 것이 효과적 수순이다.

　　백7로 젖히면 흑8로 두점을 잡아서 흑이 기분 좋은 흐름이다.

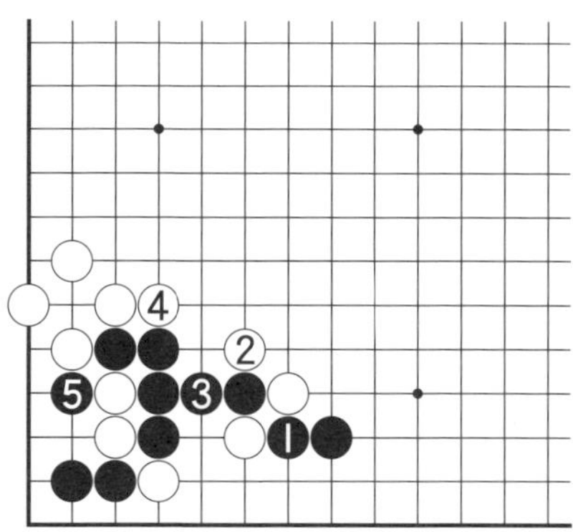

8도(중앙 조임)

앞 그림 백7 때 흑1로 끊으면 백2, 4로 중앙을 조이는 흐름이 되어, 흑이 5로 두점을 잡더라도 불만이다.

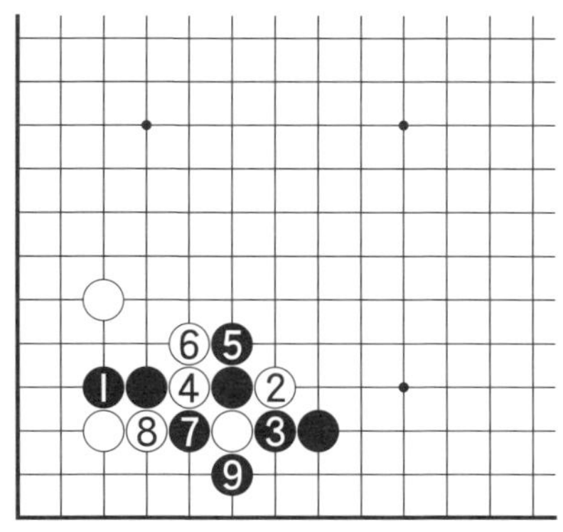

9도(백의 도발)

1도 백2 때 흑1쪽에서 막으면 약간 수순이 어려워진다.

　　이때 백2, 4의 단수로 도발하며 백6으로 나가면 흑7, 9로 일단 한점을 잡는 것이 두텁다.

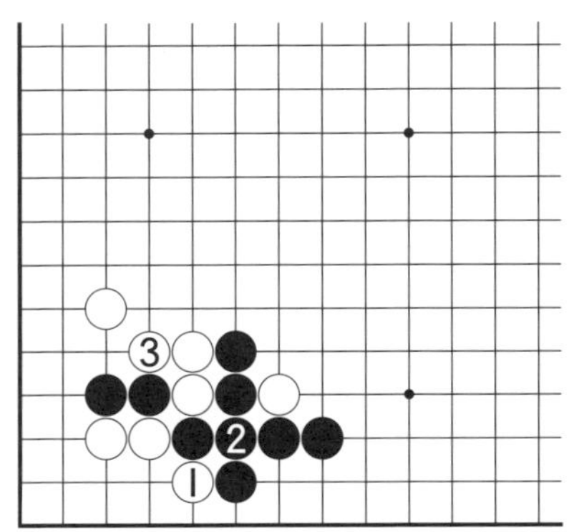

10도(두터움이 실리를 압도)

이다음 백1로 단수친 후 3으로 잡으면 귀를 최대한 지킬 수 있지만, AI 안목에서는 흑의 두터움이 백 실리를 압도한다.

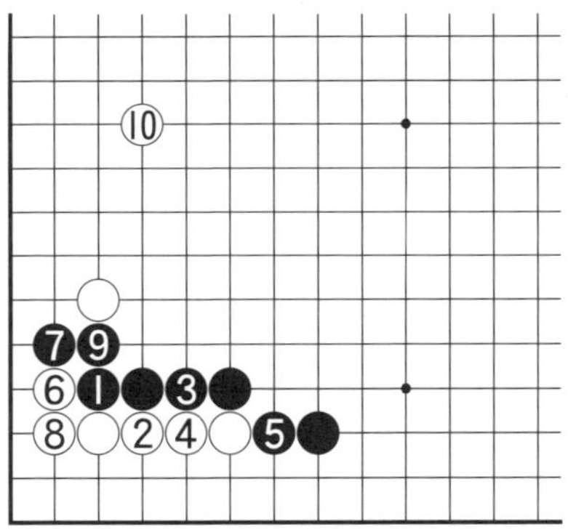

11도(정석의 과제)

그렇다면 흑1에는 백2가 무난하다. 흑3에 백4로 이으면 흑5로 막는 것도 두터운데 백은 6, 8의 젖혀이음을 선수한 후 10으로 흑진을 견제해서 충분하다.

흑은 두터움 활용이 이 정석의 과제이다.

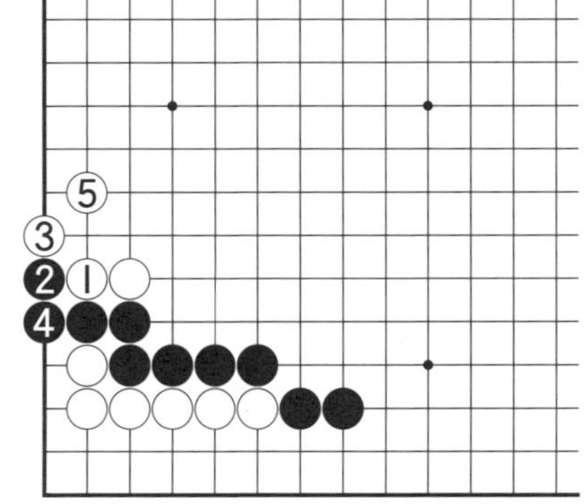

12도(백의 일책)

앞 그림 백10 대신 1로 눌러 결정해가는 것도 일책이다. 흑2로 젖히면 백3, 5로 자세를 잡아서 충분하다.

넓은 안목에서는 백1에 흑이 손을 빼는 것도 유력하다.

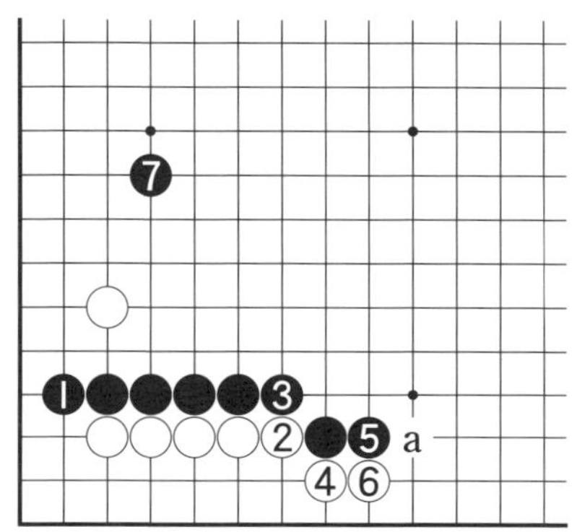

13도(진보된 발상)

11도 백4 때 흑1로 귀를 엿보는 것이 진보된 발상이다.

백2 이하 6으로 밀 때 흑a로 늘지 않고 좌변 7로 협공하면, AI 안목에서 흑이 불만 없는 흐름으로 본다.

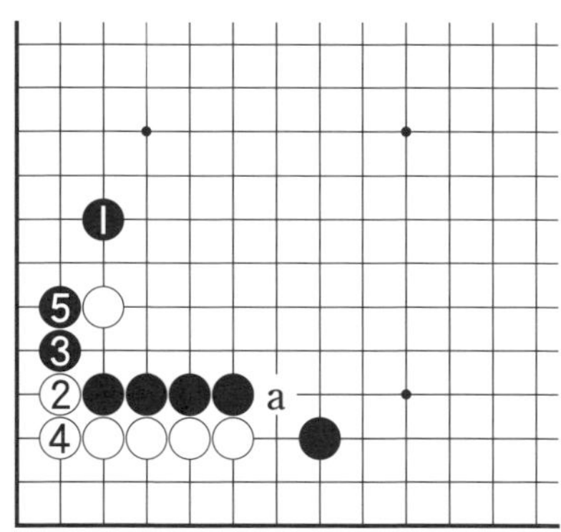

14도(주도적 착상)

이 시점에서 흑1의 협공도 주도적 착상이다.

백도 여기서 싸우려면 2, 4로 귀를 확실하게 돌본 뒤 a의 젖힘을 노리는 것이 효율적이다.

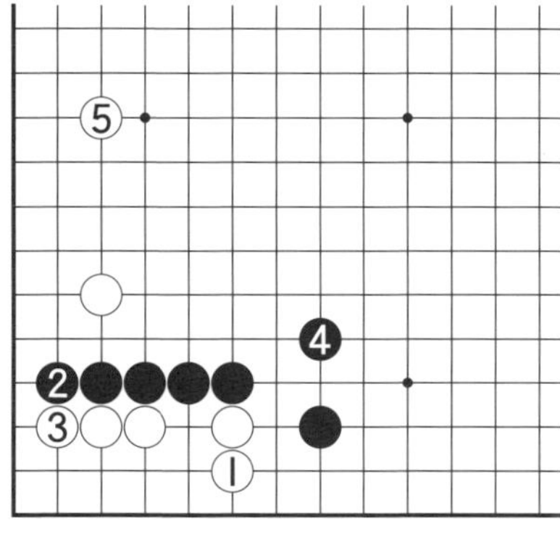

15도(용의주도한 선수)

11도 백4 대신 1의 차렷 자세로 지키면 흑2를 선수하는 것이 용의주도하다. 다음 흑은 수비와 공격을 선택할 수 있는데, 수비라면 4의 뜀이 탄력적 지킴이며, 백도 두터운 흑진을 의식해서 5의 세 칸벌림이 적절한 간격이다.

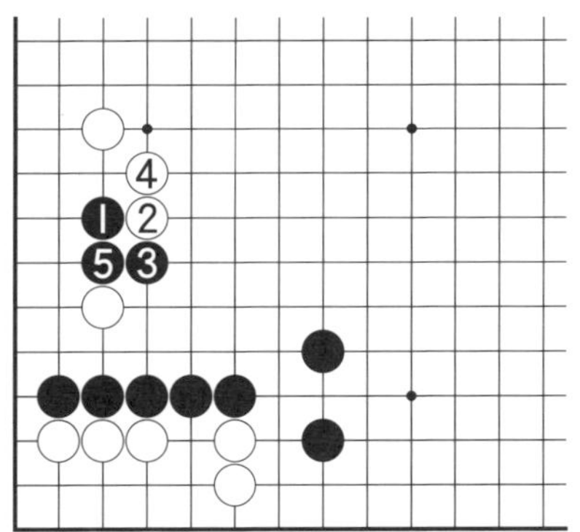

16도(옹졸한 침입)

이다음 흑1은 좀 옹졸한 침입이
다. 백2로 붙여 5까지 되면 흑이
한점을 잡았지만 실리에 연연한
모습이다.

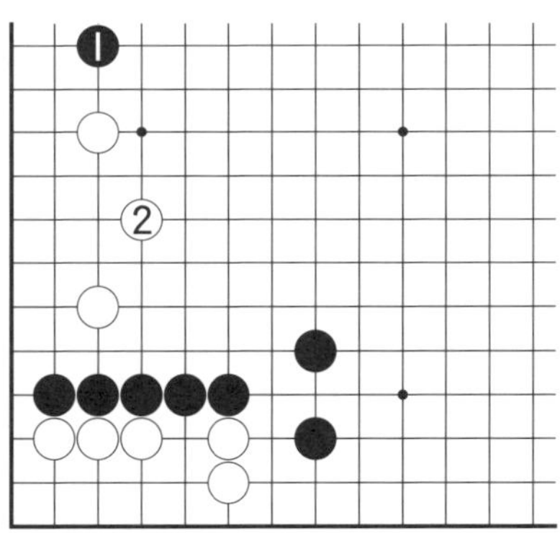

17도(자연스런 행마)

좌변은 흑이 둔다면 1로 다가서
고 백2로 지키는 것이 자연스런
행마이다.

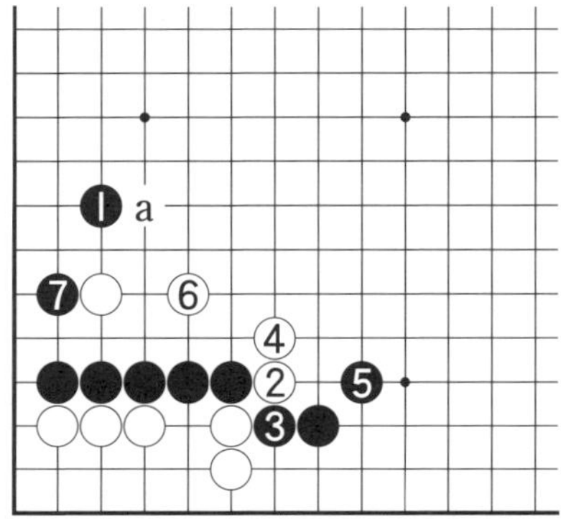

18도(주도적 협공)

15도 백3 때 흑이 공격을 선택한
다면 1의 협공이 주도적 착상이
라 했다. 백2로 약점을 젖혀 나가
면 흑이 5까지 싸울 수 있다는
계산이다. 백6으로 위협하면 흑7
로 견딜 수 있다. 백도 6 대신 a
로 붙여 싸우면 충분하다.

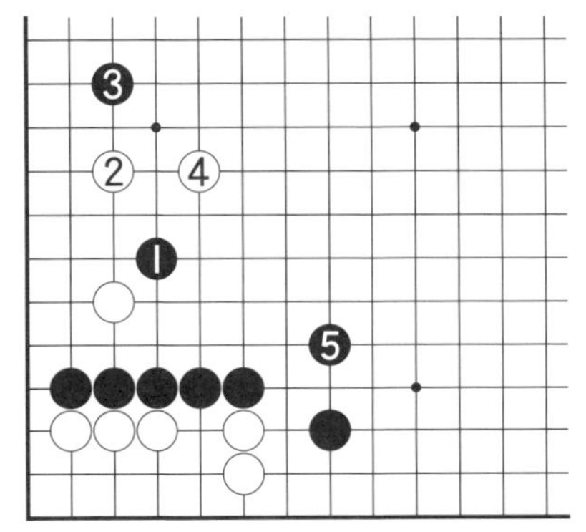

19도(흑, 어깨짚음)

흑이 협공 대신 중앙을 중시하면 1로 어깨 짚을 수도 있다.

백2로 다가설 때 흑3에 협공한 후 중앙 5로 지키는 일련의 수순은 AI의 추천 변화인데, 서로 유연한 행마로 균형을 잡고 있다.

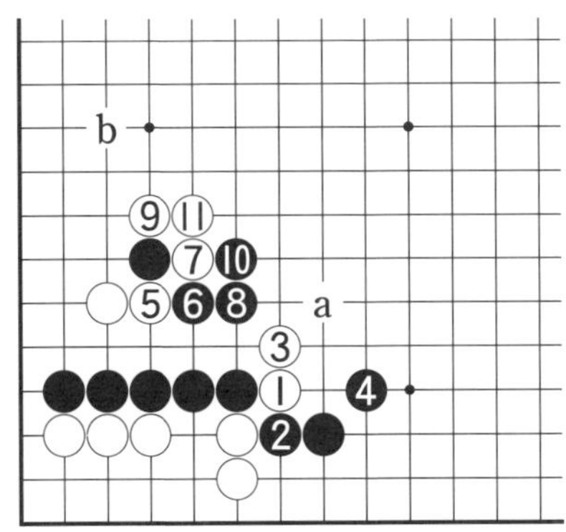

20도(백이 한점을 잡는 경우)

백은 1, 3으로 중앙에 나가고 나서 5, 7로 끊으면 이하 11까지 좌변 한점을 잡을 수 있다.

흑도 a로 두점을 잡거나 b의 접근, 어느 쪽을 선택하든, AI는 흑이 불만 없는 결과로 본다.

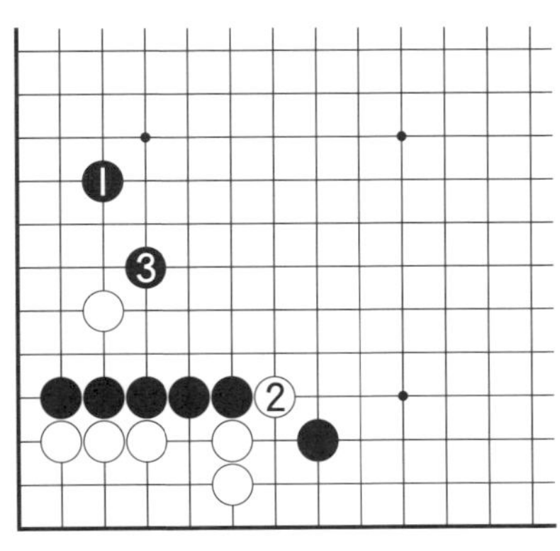

21도(독특한 발상)

흑1의 두칸협공은 백2로 젖히면 흑3으로 한점을 보기 좋게 제압하려는 AI의 독특한 발상이다.

백도 끊기지 않고 중앙에 머리를 내밀었으니 서로 둘 수 있는 진행으로 본다.

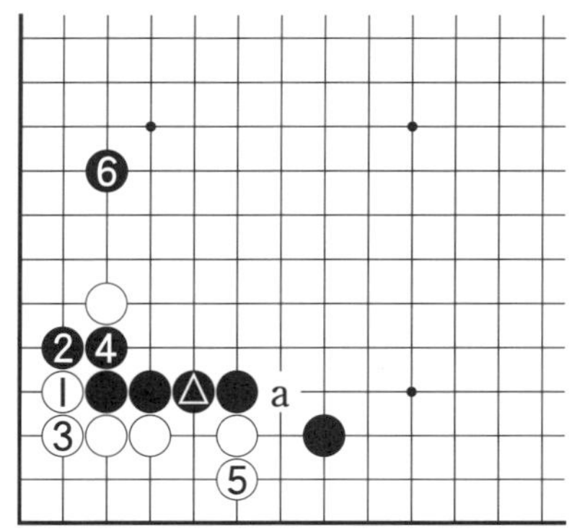

22도(노림을 품은 편법)

흑◆에 백이 잇지 않고 1로 젖힘은 노림을 품은 편법이다.

흑2, 4로 이을 때 백5로 지키면 귀를 최대한 키우지만, 흑도 6으로 협공해서 균형이 잡힌 진행이다. 이때 백a면 흑도 끊지 않고 두는 것이 유연한 발상이다.

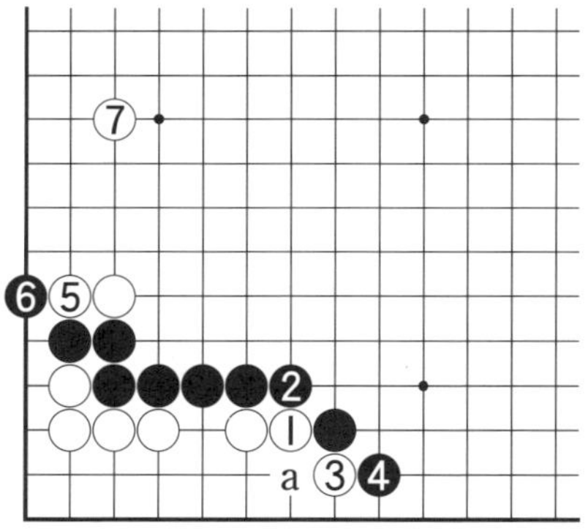

23도(능동적 행마법)

앞 그림 흑4 때 백1, 3으로 치받으면서 선수한 후 5, 7로 좌변을 움직이는 것이 AI의 능동적 행마법이다. 흑도 6은 a로 한점을 잡거나 손을 뺄 수 있다.

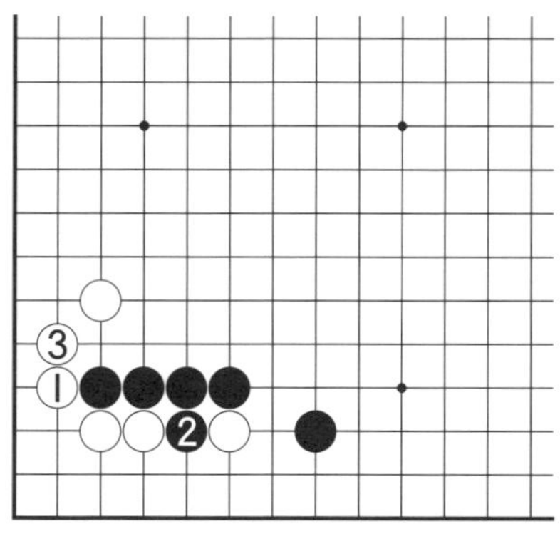

24도(흑의 반격)

백1의 젖힘에는 흑2로 뚫는 것이 상대 의도를 거스르는 반격이다. 백3으로 넘어가지만 흑도 하변이 두터워져 충분하다.

AI는 흑이 기분 좋은 흐름으로 본다.

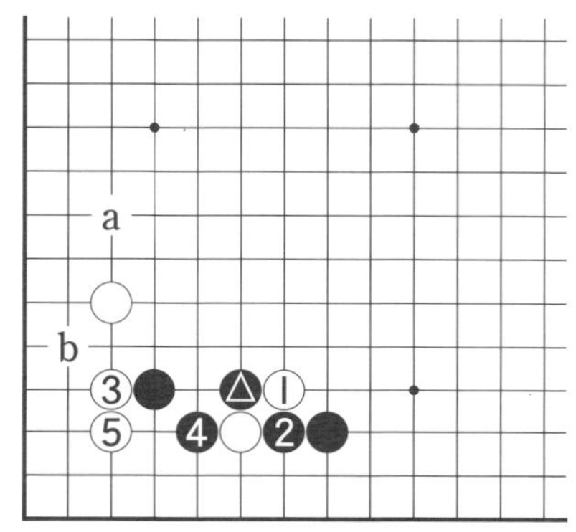

25도(백의 의도)

되돌아가서, 흑▲에 백1로 젖힌 후 3의 붙임은 흑4로 후퇴하면 백5로 귀에 순조롭게 진입하려는 의도이다. 흑이 a로 압박해도 b의 치중이 성립하지 않는 만큼 백의 모양은 안정적이지만, 변의 흑도 두터워 불만 없다.

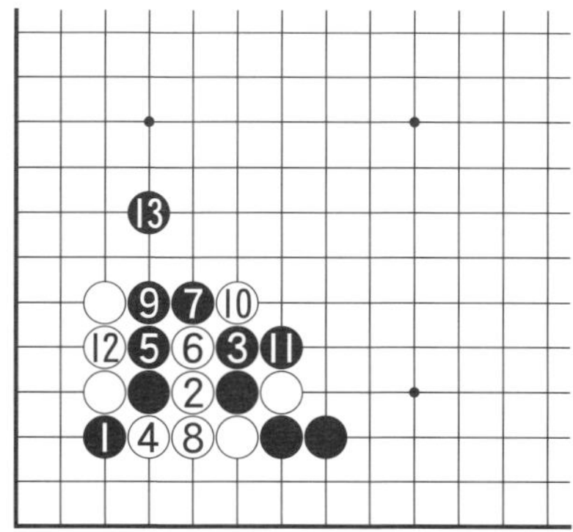

26도(기세의 진행)

앞 그림 백3 때 기세로 둔다면 흑1의 젖힘도 가능한 선택이다. 백2, 4로 치고 나간 후 13까지는 필연이다.

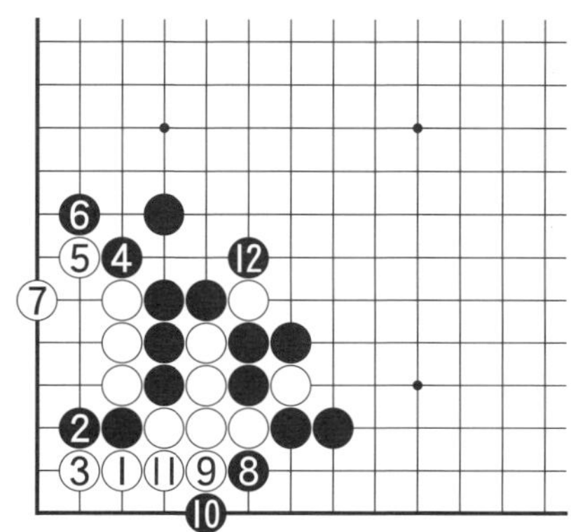

27도(중앙 두터움으로 대항)

이다음 백1, 3으로 잡으며 귀를 결정하면 흑은 4, 6과 8, 10으로 좌변과 하변을 선수 활용할 수 있다. 그리고 흑12로 지키면 중앙 두터움이 백의 실리에 충분히 대항할 수 있다.

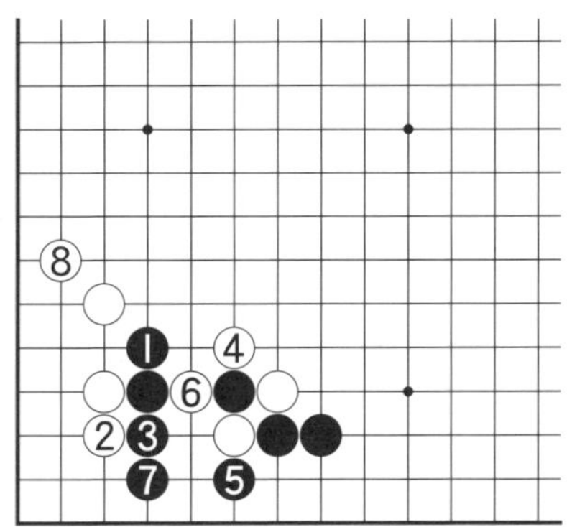

28도(느슨한 막음)

25도 백3 때 흑1도 복잡한 변화를 피하는 간명책인데, 백2에 흑3으로 막는 것은 AI 안목에서 약간 느슨하다.

백4로 활용한 후 8까지 되면 2도의 환원인데, 백이 약간 활발한 결과로 본다.

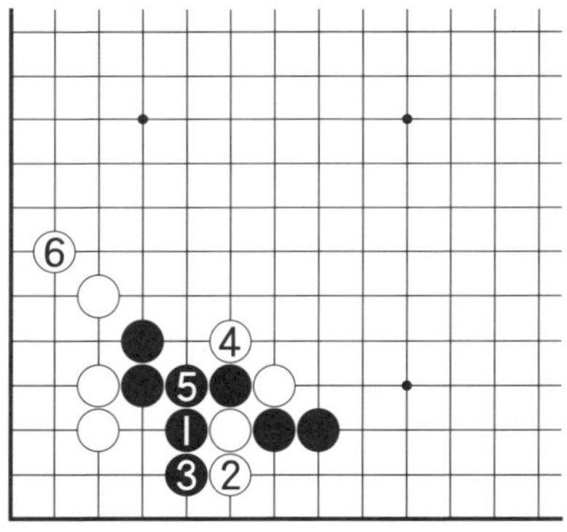

29도(효율적 단수)

앞 그림 백2 때, AI는 흑1의 단수가 효율적이라 본다.

백도 2, 4로 활용한 후 6으로 지키면 서로 타협된 결과이다.

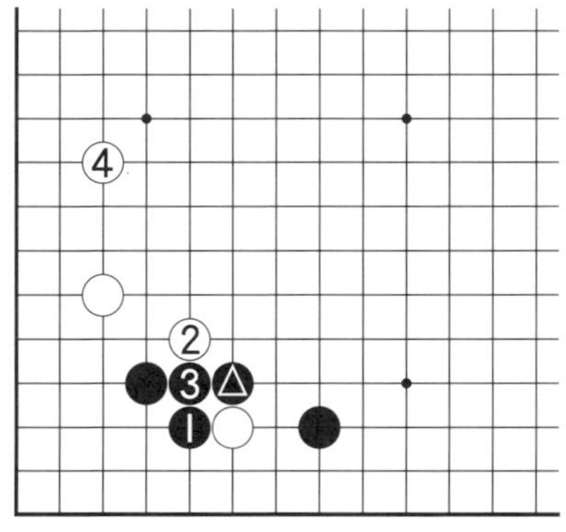

30도(백이 손을 빼는 경우)

AI시대에는 흑△로 붙일 때 백이 손을 빼는 경우도 많다.

이후 흑1로 한점을 제압하면 백은 2를 활용한 후 4로 벌린다. AI가 보여주는 변화이다.

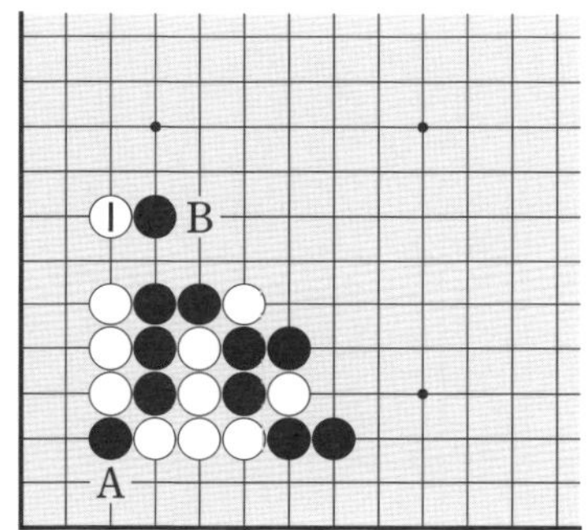

▦ 장면

이 장면에서 백1로 붙이면 최선의 변화는 무엇인지 핵심만 알아두자.

우선 흑은 A로 느긋하게 손을 돌릴 수 없는 것이 고민이다. 그러면 백B의 급소로 흑의 파탄이다.

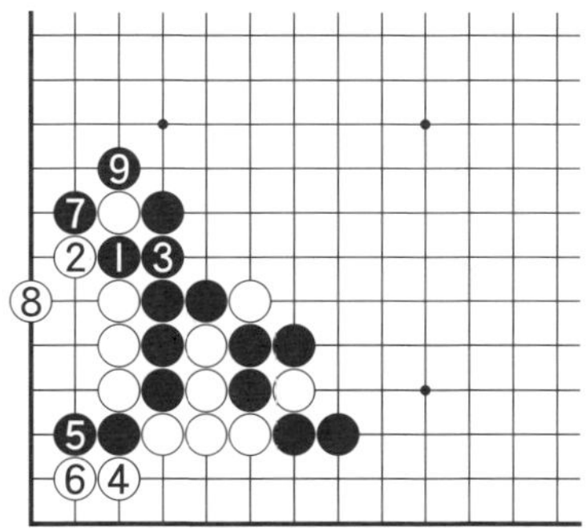

1도(알기 쉬운 보강)

흑1, 3으로 끼워 잇는 것이 알기 쉬운 보강이다.

백4, 6으로 귀를 제압하면 흑도 7, 9로 변의 한점을 잡는다.

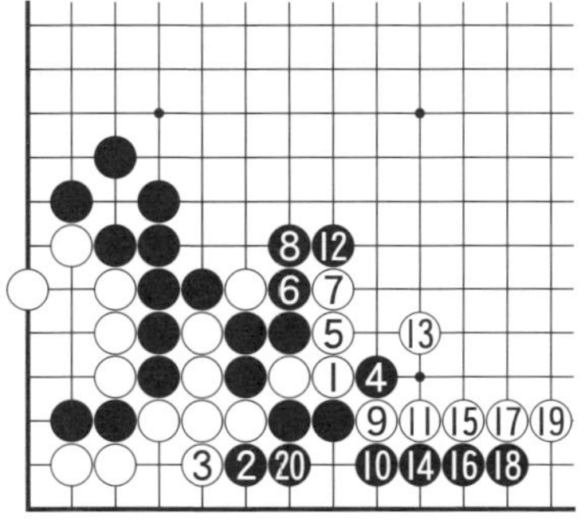

2도(흑, 유리)

이다음 중앙 백1로 나간 이후 9로 끊을 때가 문제이다. 흑10, 12를 선수한 후 14 이하 2선이지만 밀어놓고 20으로 이어 살아두면, AI는 흑이 유리한 흐름으로 본다.

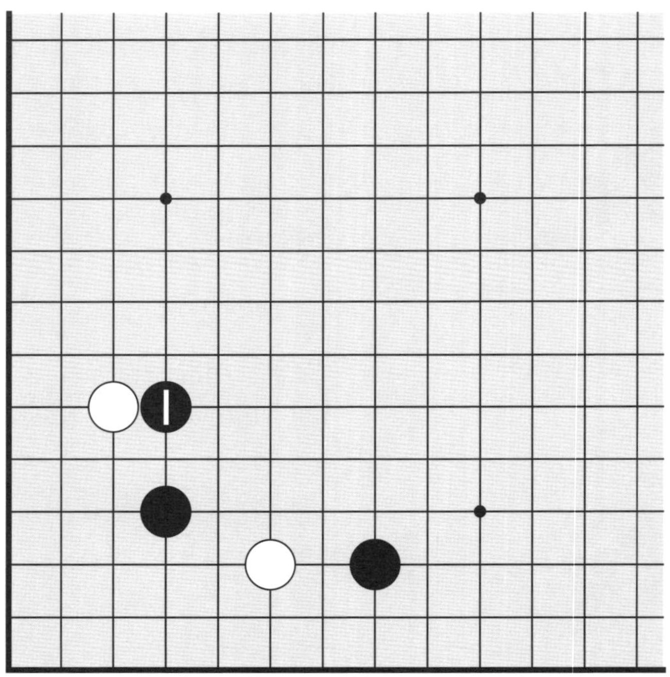

한칸협공의 낮은 양걸침 정석에서 AI시대에는 흑1로 상대편이 강한 쪽에 붙이는 경우도 많아졌다.

이전에는 거의 두지 않았던 수단인데 그만큼 국면을 바라보는 안목이 넓어졌음을 반증한다. 여기서는 AI가 알려주는 핵심 변화에 대해 알아본다.

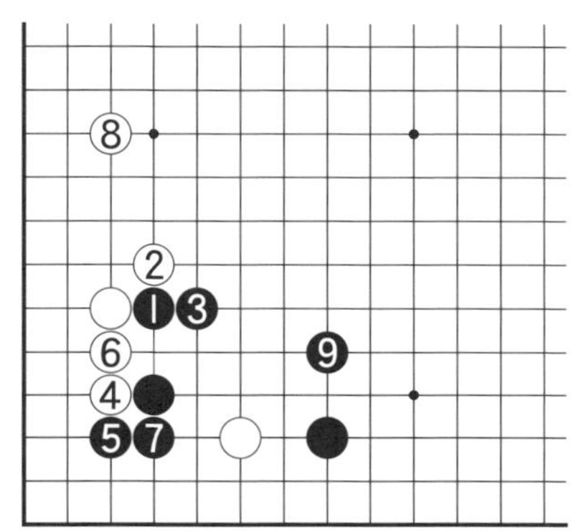

1도(흑이 기분 좋은 결과)

흑1에는 백2의 젖힘은 필연이고 4로 붙인 후 8까지 좌변에 안정하면 흑도 9로 한점을 제압해서 충분하다.

AI 인목에서는 흑이 기분 좋은 결과로 본다.

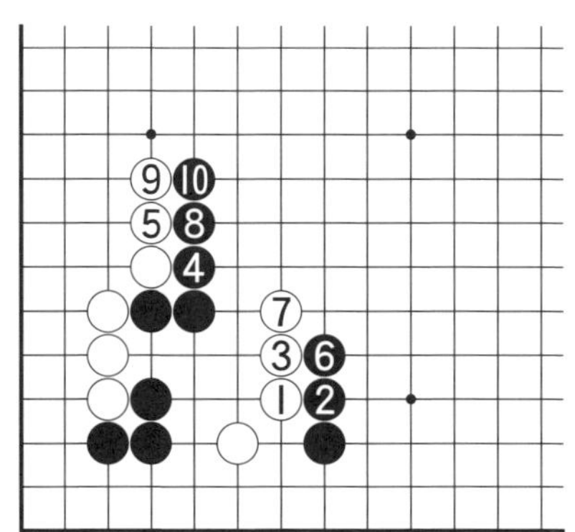

2도(백의 기세)

앞 그림 흑7 때, AI는 백이 좌변을 지키지 않고 1로 나가는 것을 기세로 본다. 흑이 2 이하 10까지 양쪽을 밀어가면~

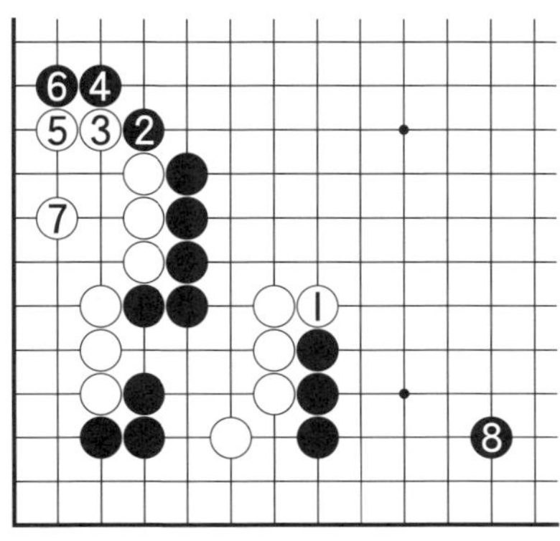

3도(흑이 불만 없는 타협)

하변 백1의 꼬부림이 시급한데 흑도 2, 4의 이단젖힘이 기분 좋다. 백5, 7로 지키고 흑8로 벌리면 AI는 흑이 불만 없는 타협으로 규정한다.

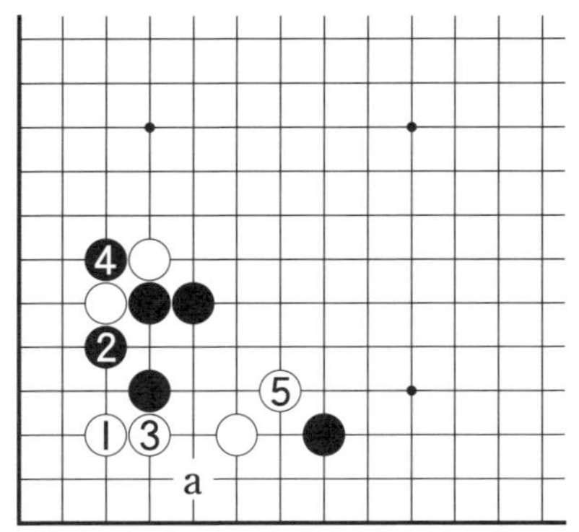

4도(백, 3三침입)

1도 흑3 때 백1의 3三침입도 유력하다. 흑2는 당연한 막음이고 백3으로 넘으면 간명하다.

흑4로 잡을 때 a의 약점이 남은 백은 5로 지키는 것이 무난하며, 흑도 양쪽을 다스려 불만 없는 타협이다.

5도(효율적 수순)

앞 그림 흑2 때 AI는 백1의 이음을 추천한다. 흑2로 막으면 백3, 5로 들어간 후 7로 미는 것이 효율적 수순이다.

흑8 다음 백은 좌변 두터움을 넓게 이용하는 것이 요점이다.

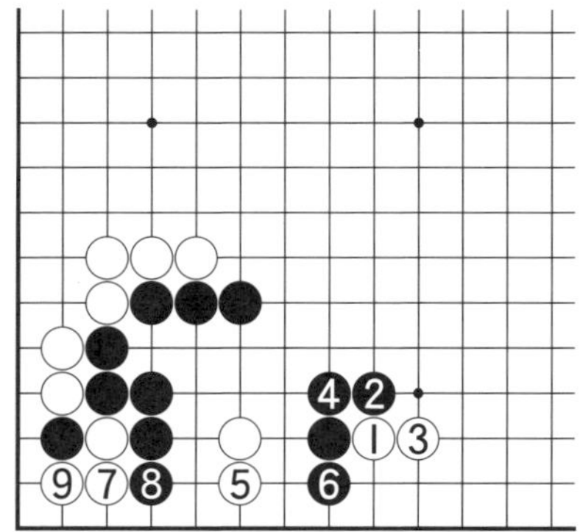

6도(백의 교란책)

이 정석에서는 흑진의 허술한 면도 보아야 한다. 백1의 붙임은 그 틈을 파고든 교란책이다. 보통은 흑2, 4로 지키지만 백5가 귀와 변을 맞본다. 흑6이면 백7, 9로 귀의 한점을 잡을 수 있다. 당장은 흑도 하변이 두터워 충분하다.

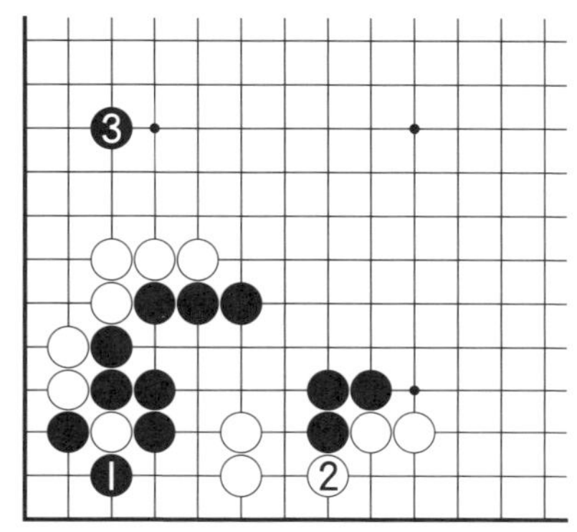

7도(변으로 넘어감)

앞 그림 백5 때 흑1로 귀를 살리면 이번에는 백2로 넘을 수 있다.

역시 당장은 흑도 3으로 좌변을 압박해서 충분하다.

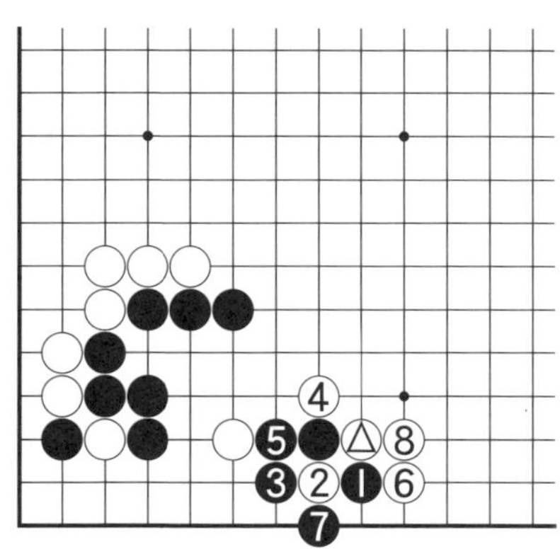

8도(효과적인 활용)

백△ 붙임에 흑1로 아래로 젖히면 백2로 맞끊은 후 8까지 효과적인 활용이다. 백8로는 좌변으로 향해도 충분하다.

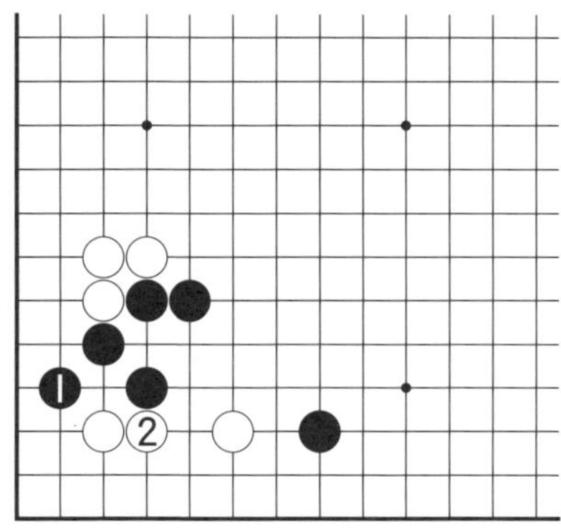

9도(좌변에서 차단)

5도 흑2로 막는 대신 좌변에서 1의 마늘모 차단은 싸우면서 모양을 정리하려는 뜻이다.

백2로 넘을 때 흑의 운영이 중요한데~

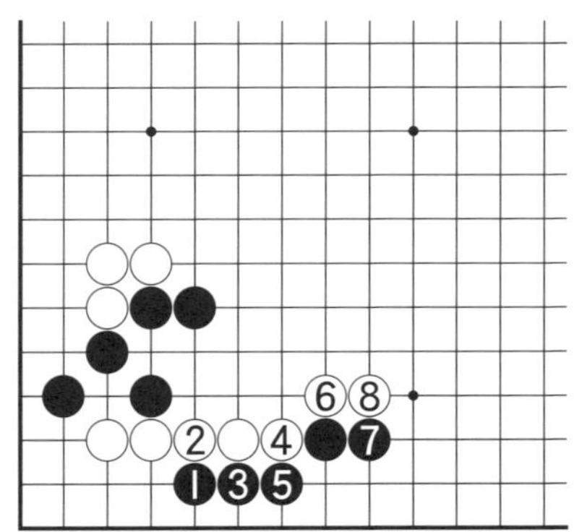

10도(흑, 성급한 치중)

당장 흑1로 치중해서 공격하는 것은 성급하다.

백은 2로 이은 후 8까지 자연스럽게 중앙을 강화하며 좌변 흑을 공격해서 활발하다.

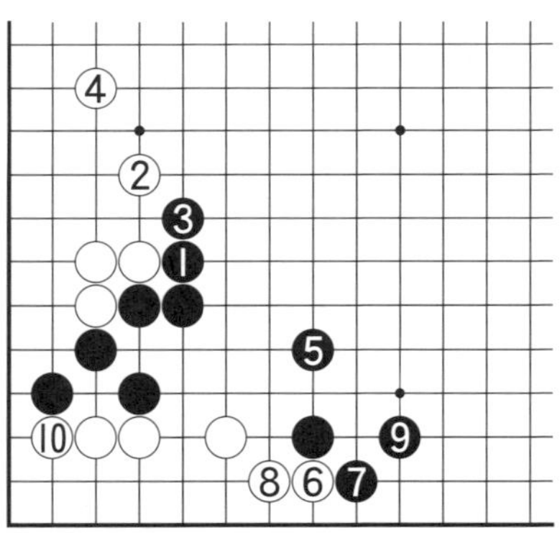

11도(실리와 세력 대결)

9도 다음 흑이 두텁게 두자면 1, 3을 선수한 후 5로 포위한다. 백은 6으로 붙인 후 10까지 재빨리 살아두는 진행이 간명하다.

서로 실리와 세력으로 나뉘며 타협된 모습이다.

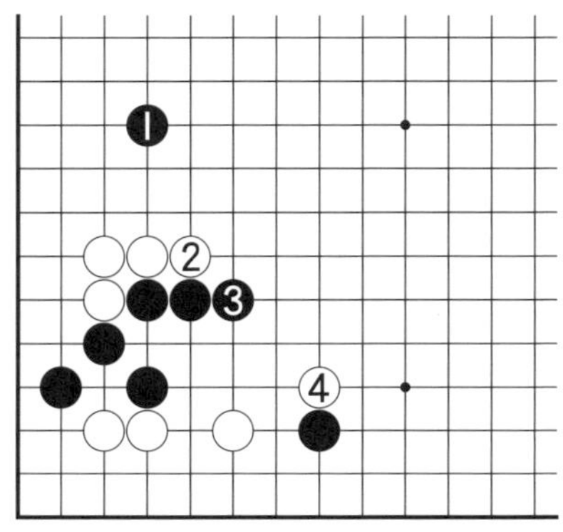

12도(협공 이후)

9도 다음 흑이 실리를 허용하기 싫다면 1로 협공해서 싸운다.

백도 2, 4로 나가 충분한데, 이후의 싸움 방법은 주변 상황에 달려있다.

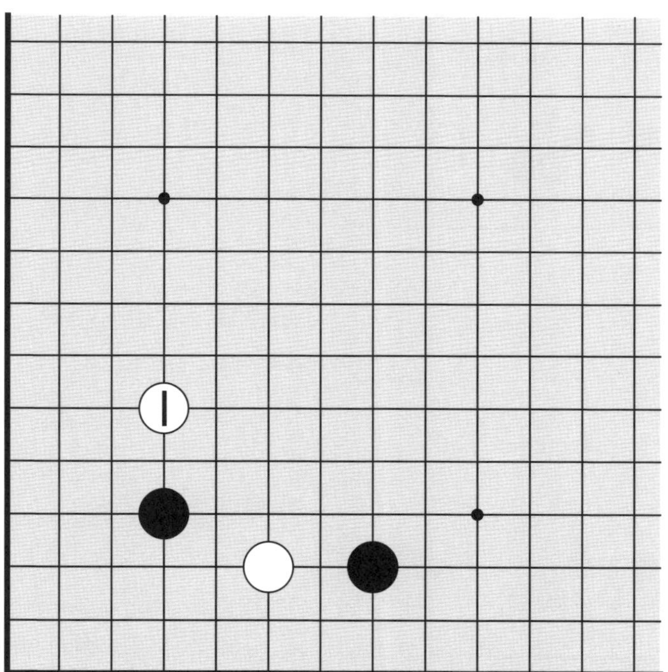

이번에는 양걸침의 마지막 관문인 백1의 한칸 높은
양걸침에 대해 알아본다.

이렇게 높게 걸치면 낮은 양걸침에 비해 변화가 극히
제한된다. 그만큼 백도 꼭 필요한 경우에 시도하는 것이
바람직하다.

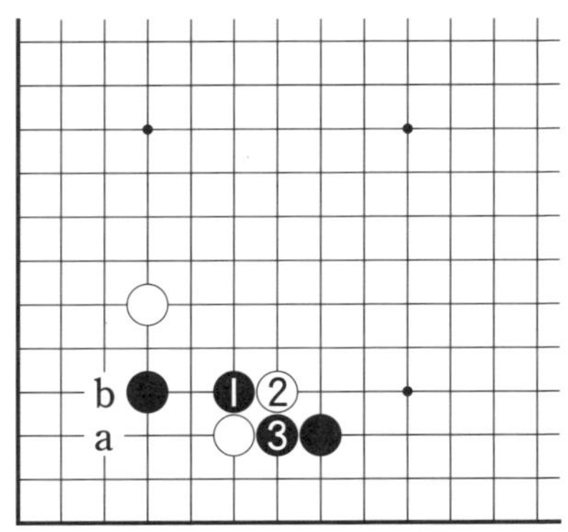

1도(백의 선택이 중요)

흑1로 붙일 때 백2로 젖히면 흑3
의 끊음은 필연이다.

여기서 백의 선택이 중요한데,
a의 3三침입과 b의 붙임을 생각
할 수 있다.

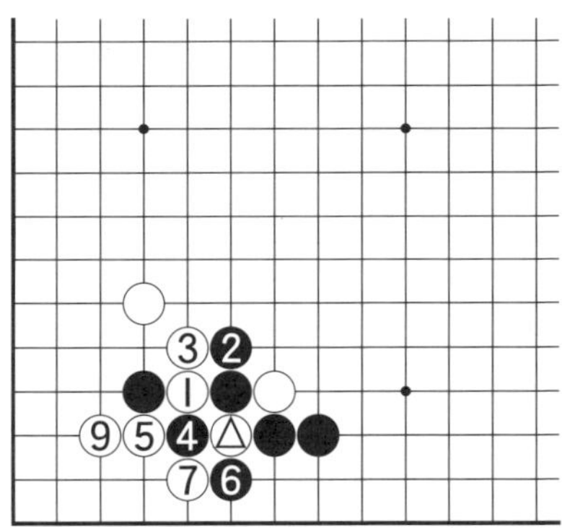

2도(치고 나가는 경우)

우선 백1, 3으로 치고 나가면 흑
은 4, 6으로 두텁게 한점을 잡고
백은 7, 9로 귀를 차지하는 흐름
이 된다.

이 진행은 흑의 두터움이 백
실리를 압도해서, AI는 백이 거
의 망한 수준으로 본다. ❽··△

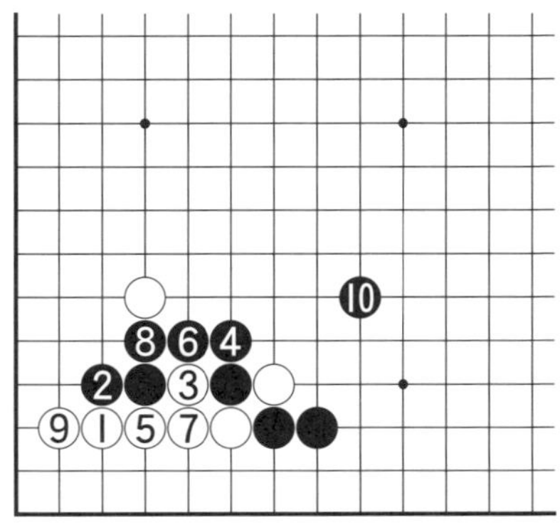

3도(백, 3三침입)

1도 다음 백1로 3三에 들어가면
흑2의 차단이 효과적이다.

백이 앞 그림을 피하려면 3의
단수 후 5로 물러서야 하며 흑6,
8에 백9는 AI가 알려주는 귀의
요소로 변에도 영향을 준다. 흑이
10으로 지키면 만족으로 본다.

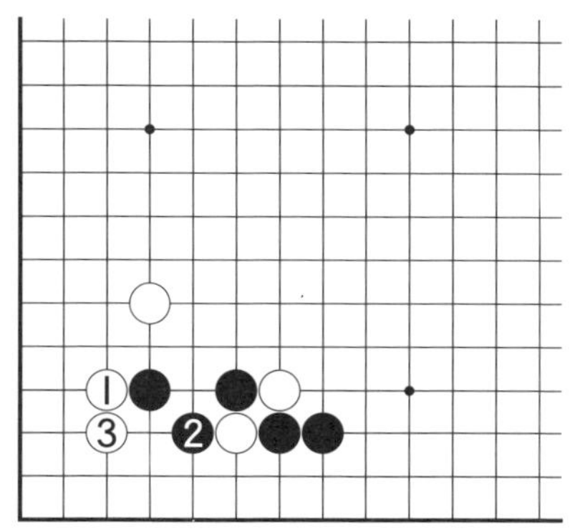

4도(핵심 수순)

1도 다음 백1의 붙임이 이 모양에서의 핵심이며, 흑은 2로 한점을 잡고 백은 3으로 귀에 진입하는 수순이 자연스럽다. 서로 귀와 변을 차지해서 타협인데, AI는 흑이 활발한 결과로 본다.

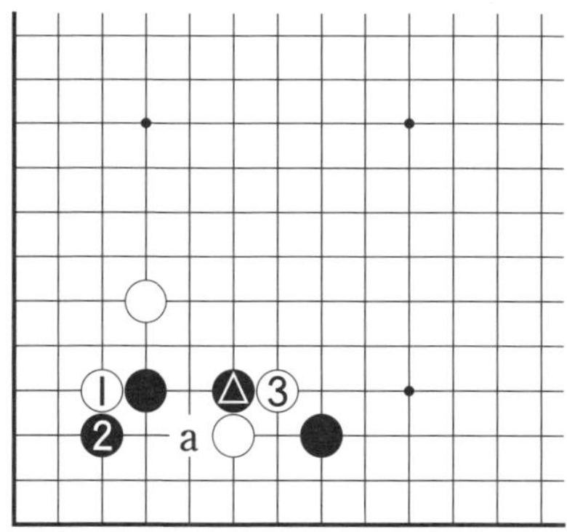

5도(노림수)

되돌아가서, 흑▲에 백1로 먼저 붙이는 것은 노림수에 가깝다.

이때 흑이 a로 물러서면 굴복이므로 당연히 2로 젖혀야 한다. 백3으로 젖힐 때가 흑의 두 번째 관문이다.

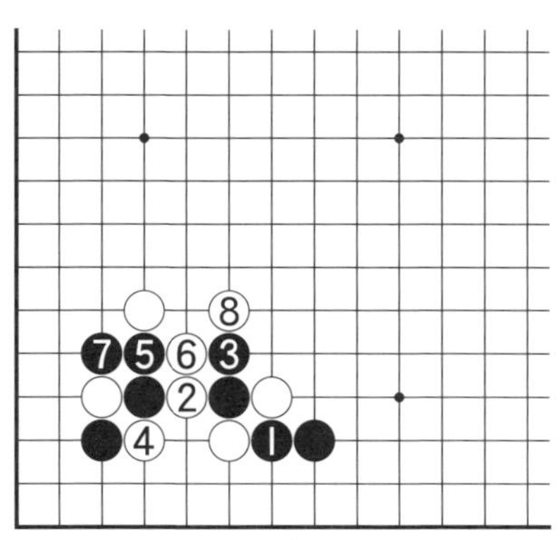

6도(관통)

이다음 흑1로 끊으면 백의 노림에 걸려든다. 백2, 4로 단수치고 나가서 8까지 관통하면 흑이 망가진 모습이다.

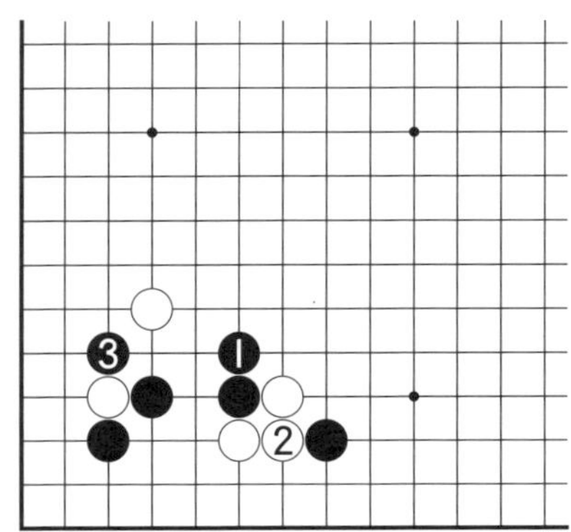

7도(흑, 만족)

5도 다음 흑1로 느는 것이 유연한 대응책이다. 백2로 이을 때 흑3으로 한점을 잡으면, AI는 흑의 만족으로 본다.

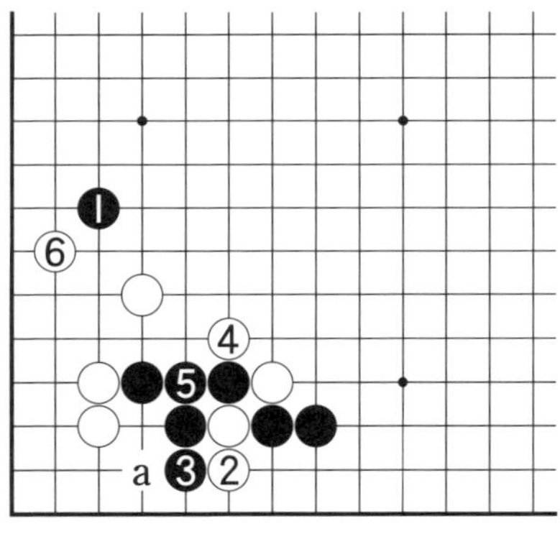

8도(서로 활용)

4도로 돌아가서, 흑은 백이 좌변에 벌리기 전에 1로 다가서면 활용이 된다. 백도 2로 키운 후 4의 단수를 활용하고 a의 권리를 남기는 것이 이곳을 정리하는 요령이며, 6의 날일자가 AI가 추천하는 지킴이다.

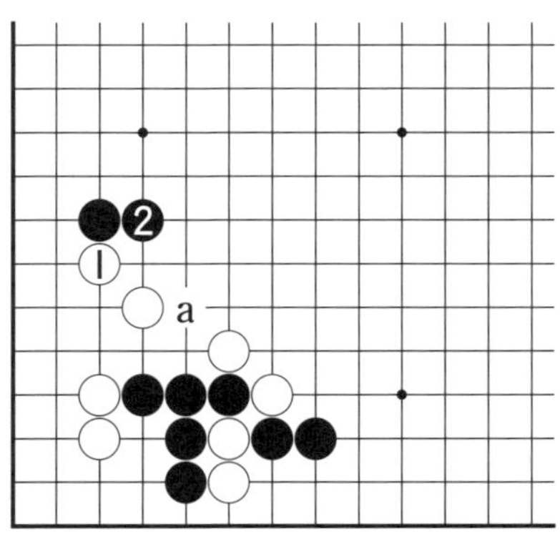

9도(봉쇄하는 맛)

백1의 붙임을 선수하고 손을 빼겠다는 발상은 시급한 상황이 아니라면 찬성할 수 없다.

흑2 다음 a의 봉쇄가 백의 부담으로 남는다.

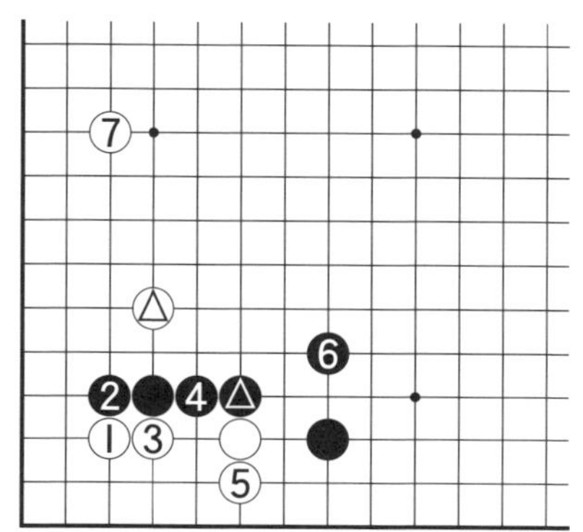

10도(처음부터 3三침입이 유력)

애초 흑⬤ 때 백1의 3三침입이 가장 유력하다.

　이하 7까지, 백은 ⬭가 높은 것이 약간 부담이지만 AI가 추천하는 무난한 변화이다.

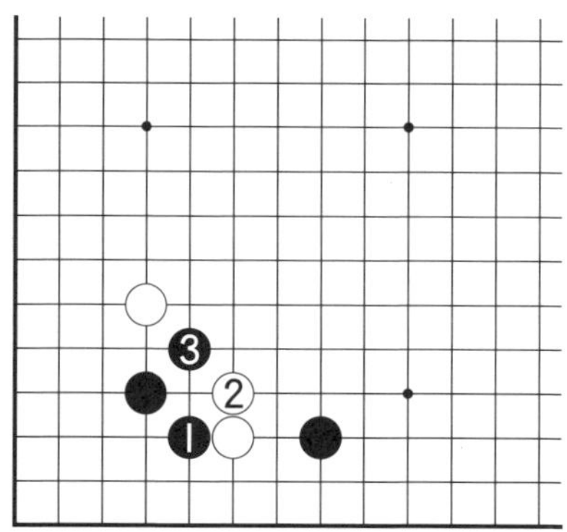

11도(흑의 강수)

처음으로 돌아가서, 흑이 1, 3으로 가르고 나와 싸우는 것은 강수이다.

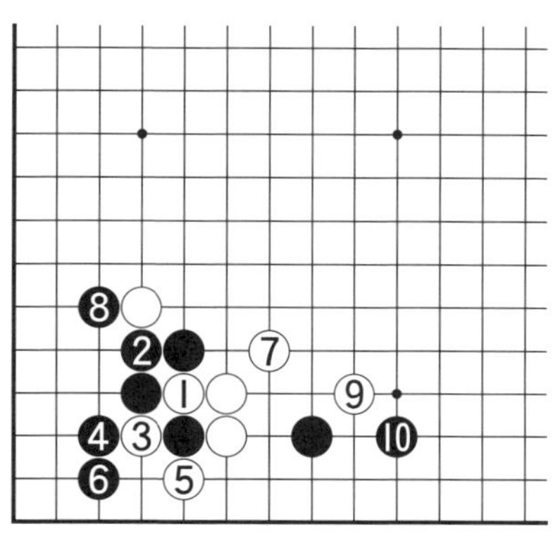

12도(무난한 수비)

이다음 백1, 3으로 한점을 잡으면 흑4, 6이 무난한 수비이며, 이하 10까지 양쪽을 정리하면 흑도 충분하다.

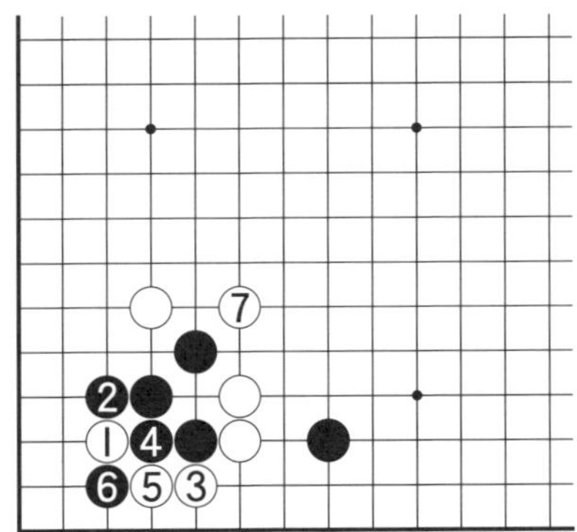

13도(백의 일책)

11도 다음 백은 1로 침입하고 흑 2로 막으면 백3, 5로 진입한 후 7로 씌우는 것도 일책이다.

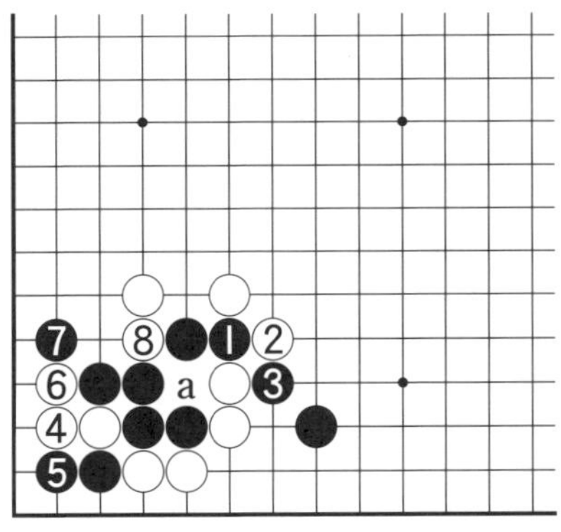

14도(매서운 반격)

이때 흑1, 3으로 무작정 끊는 것은 백4, 6으로 키워 나오는 반격이 매섭다.

흑7에 백8로 찌르면 흑a로 이을 수 없으므로 중앙 요석 두점을 잡은 백의 성공이다.

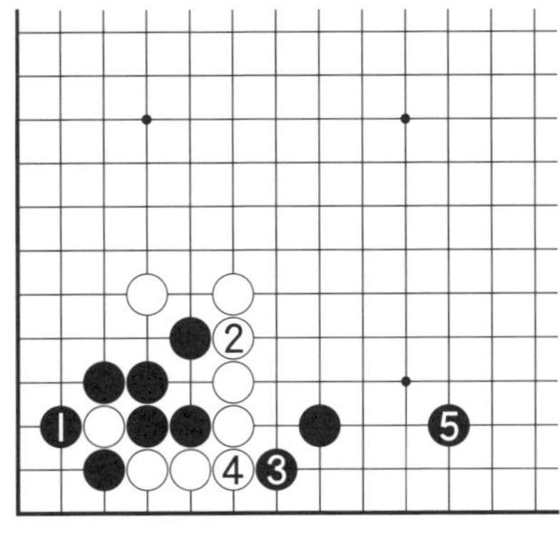

15도(잡는 것이 우선)

13도 다음 흑은 중앙을 내버려두고 1로 귀의 한점을 잡는 것이 우선이다.

백2로 이으면 흑3, 5로 하변도 안정한다. 백도 두터우므로 타협된 결과이다.

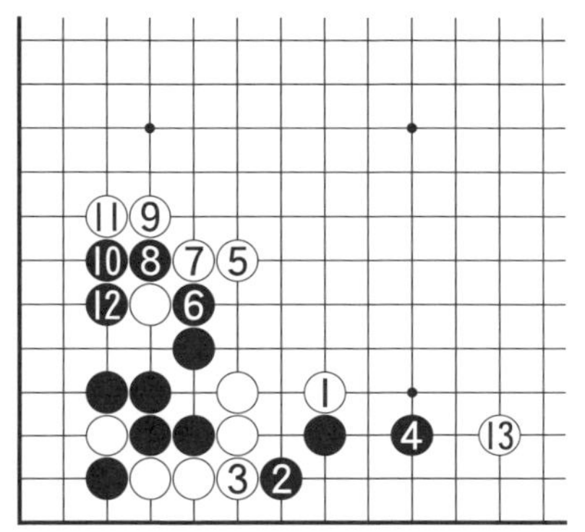

16도(붙인 후 날일자씌움)

13도 흑6 때, 백은 1로 붙이고 흑2, 4로 받으면 백5의 날일자씌움도 일책이다.

흑6, 8로 한점을 잡으면 백9, 11로 틀어막은 후 13으로 공격하는 흐름이 자연스럽다.

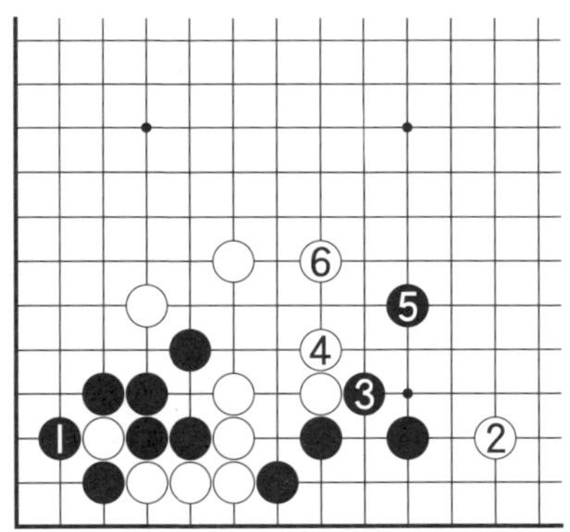

17도(귀를 잡는 것이 간명)

앞 그림 백5 때, 흑이 좌변의 가치를 생각하면 1로 귀를 잡는 것이 간명하다.

백2로 공격한 후 6까지 AI가 추천하는 무난한 변화이다.

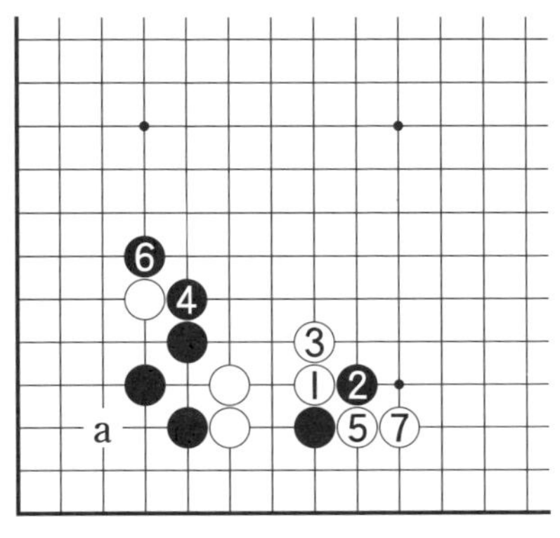

18도(바꿔치기 양상)

11도 시점에서 백1 붙임부터 두는 것도 유력하다. 흑2, 4에 백5로 끊고 흑6으로 한점을 제압할 때 백도 7로 두터운 자리를 두면 충분하며, 바꿔치기 양상이다.

참고로 귀에는 백이 a로 침입하는 맛이 남아있다.

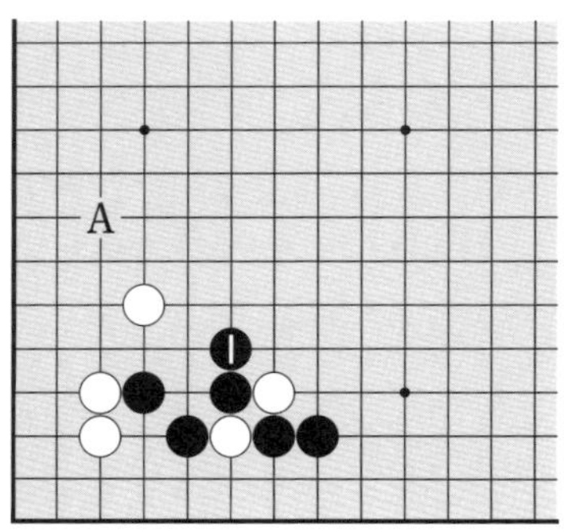

▦ 장면

이 정석에서 흑1은 상대의 활용을 피해 두텁게 두려는 뜻이다.

그러면 백A로 지키는 것이 견실한데, 만일 손을 빼면 흑의 효과적인 노림은 무엇인지 생각해보자.

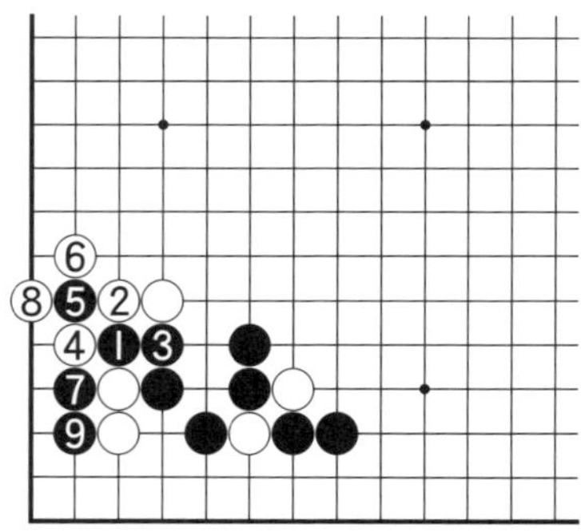

1도(흑, 불만)

흑1의 젖힘이 강하지만 백2, 4로 넘어가는 유연한 수비가 기다린다.

흑5로 끊으면 9까지 귀의 두점을 잡을 수 있지만 후수이고 백도 두텁게 정비되어 흑이 불만이다.

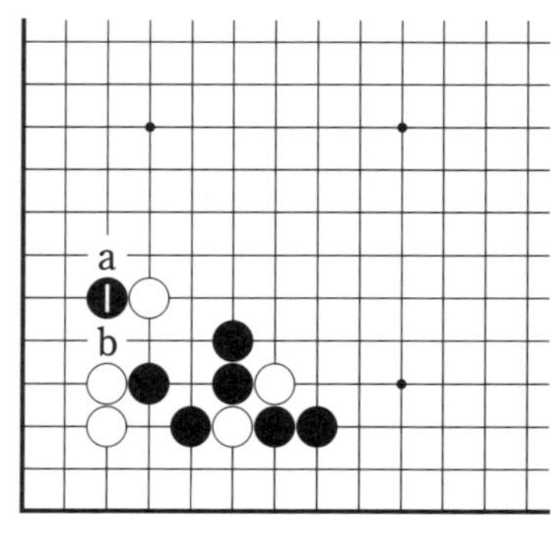

2도(효과적 공략법)

흑1의 붙임이 상대의 허를 찌르는 효과적 공략법이다.

백이 a로 젖혀 싸우는 것은 부담이 되므로 b로 물러나는 것이 무난한데, 그러면 흑이 좌변에서 국면을 주도하는 흐름이다.

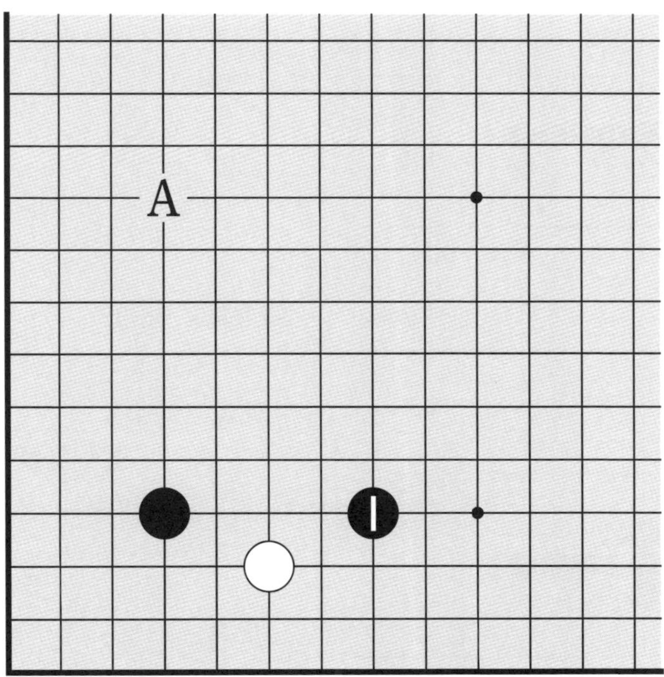

　　화점 걸침에 흑1의 한칸높은협공은 낮은 협공에 비해 중앙 두터움을 중시한다. 더불어 상대의 어려운 대응을 사전에 제한하고 정해진 길로 몰아가려는 뜻도 있다.

　　실리에는 취약해서 많이 두지는 않지만 위협적인 노림도 숨어있어 백도 방심은 금물이며, 여기서는 핵심 변화와 A쪽 기착점이 있을 경우에 대해서도 알아본다.

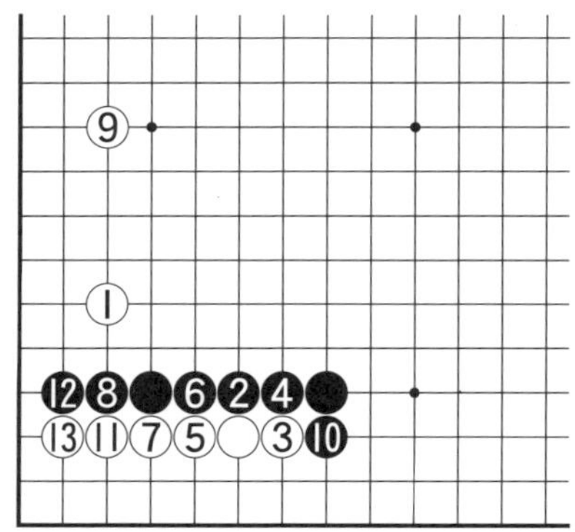

1도(철벽)

한칸높은협공에서는 우선 백1과 같은 양걸침은 시도하기 어렵다.

흑2로 막는 자세가 단단한데 만일 백이 3, 5로 움직여 13까지 귀를 점령하고 좌변까지 보강해도 흑의 철벽이 돋보인다.

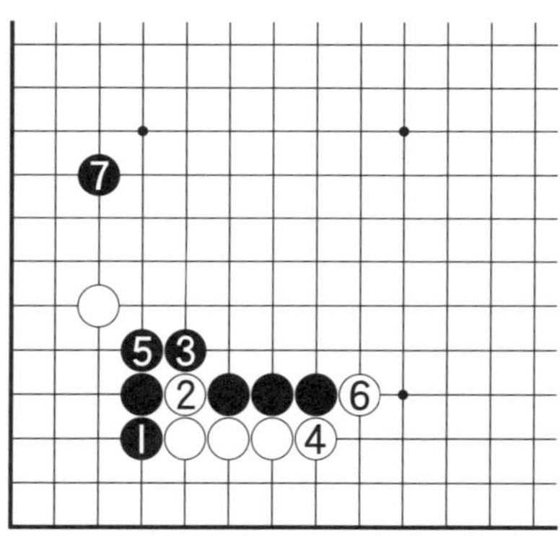

2도(효과적 막음)

앞 그림 백5 때 흑1로 귀를 막으면 더 효과적이다.

백2, 4에 흑5로 잇고 백6이 요소이지만, 좌변 흑7로 공격하면 흑이 앞서는 국면이다.

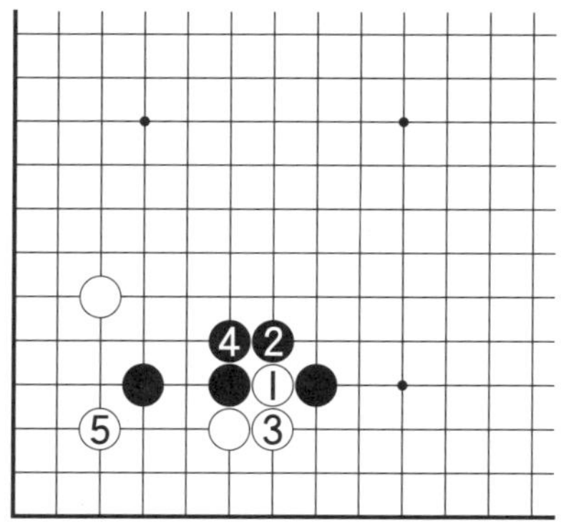

3도(흠집을 내는 급소)

이제라도 백은 1의 끼움이 모양에 흠집을 내는 급소이다. 흑2, 4로 위를 정돈하면 백5로 3三에 침입하는 것이 자연스럽다.

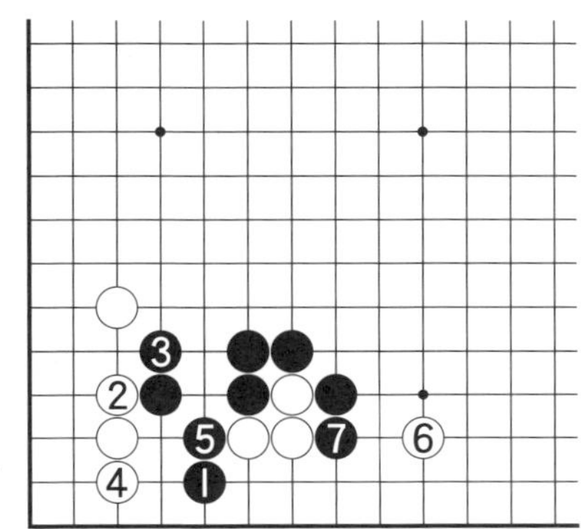

4도(변에서 활용)

이다음 흑1로 차단하면 백2, 4로 귀를 정돈한 후 변에서 6으로 다가서는 것이 AI가 추천하는 활용이며, 흑7로 잡으면 백 선수로 균형이 잡혔다.

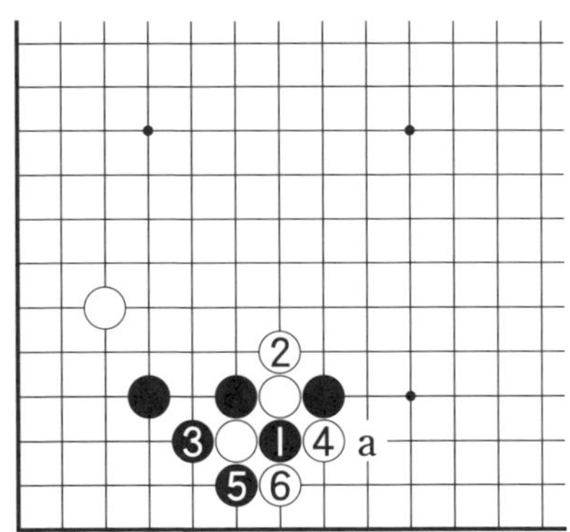

5도(패를 노리며 국면 운영)

백이 끼울 때 흑은 1, 3으로 한점을 잡는 것이 유력하다.

백은 4, 6으로 버티는 것이 기세인데, 흑도 a의 패를 노리며 국면을 운영하면 충분하다.

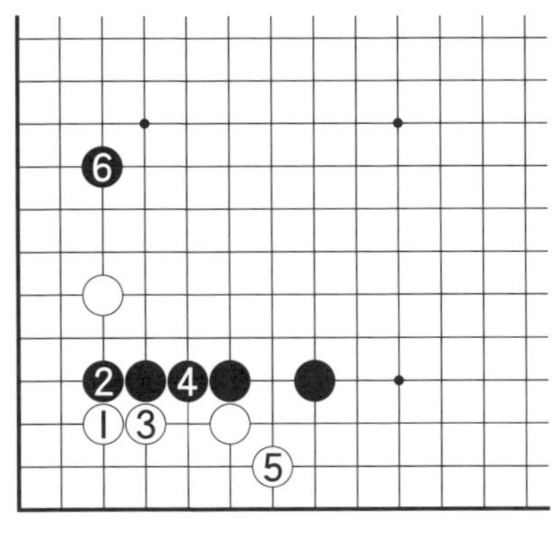

6도(백, 3三침입)

1도 흑2 때 백1의 3三침입도 간명하다. 흑도 2, 4로 귀를 내주고 6으로 협공하면 충분하다.

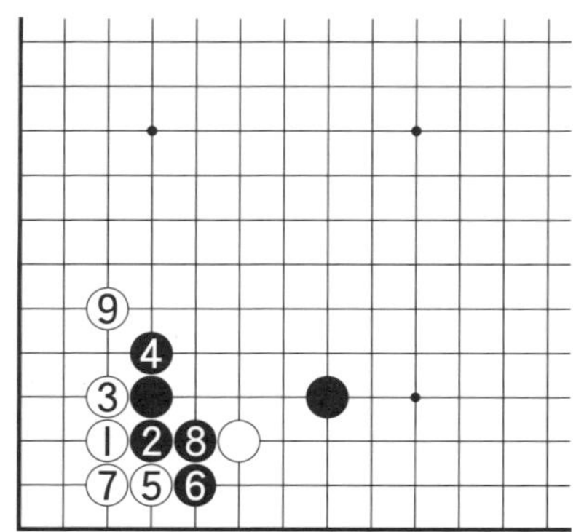

7도(처음부터 침입)

처음부터 백1의 3三침입이면 간명하다. 흑2로 막은 후 9까지는 필연이다. 백은 귀의 실리를 차지하고, 흑은 두텁게 정비해서 타협한 모습이다.

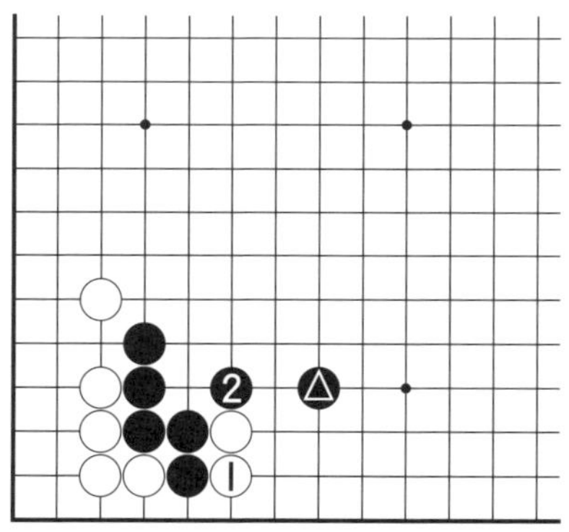

8도(흑의 장점)

이 정석에서 흑은 실리가 취약해도 백1로 움직일 때 흑2로 막는 힘이 강한 것은 장점이다.

　　이때 흑▲가 2와 합동으로 역할을 톡톡히 한다.

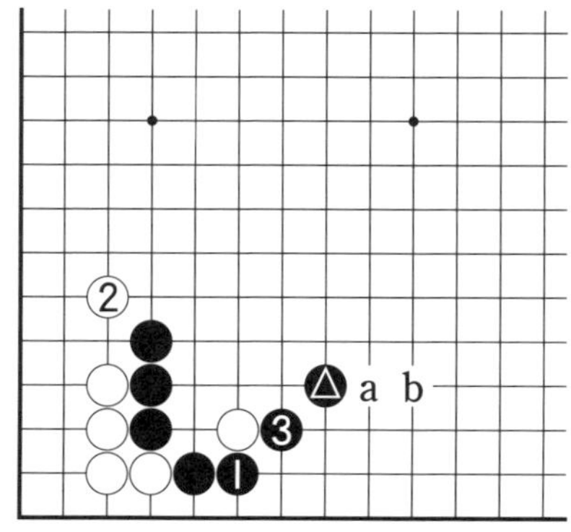

9도(흑, 중복)

이 정석의 과정에서 요즘 AI가 권하는 흑1, 3의 보강은 중복에 가까워 적용되기 어렵다. 이 수순은 흑▲가 a나 b에 있을 때 효과적이다. 다만 흑3을 손빼고 두는 것은 AI가 추구하는 방법인데~

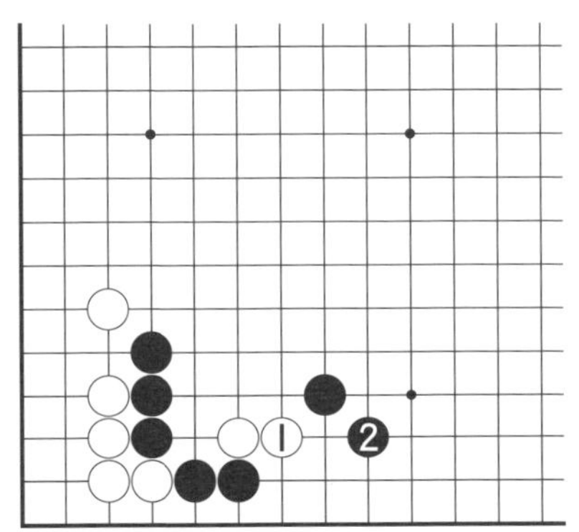

10도(유연한 대처)

그런 경우 백1로 추궁하면 흑은 2로 물러서서 유연하게 대처할 수 있다.

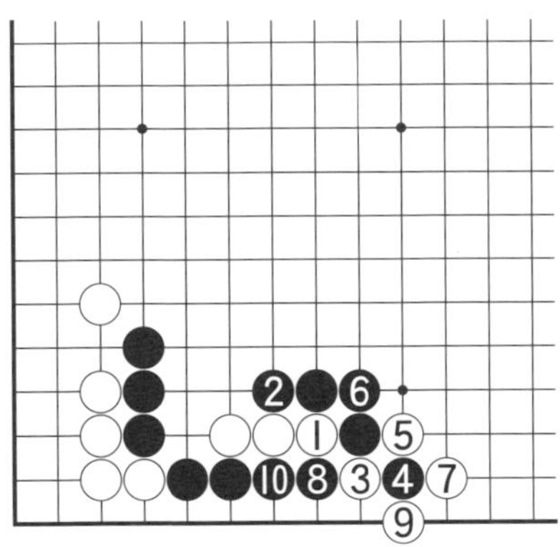

11도(바꿔치기로 타협)

이다음 백1로 차단을 노리면 흑2로 막은 후 10까지 AI가 추천하는 바꿔치기로 타협할 수 있다.

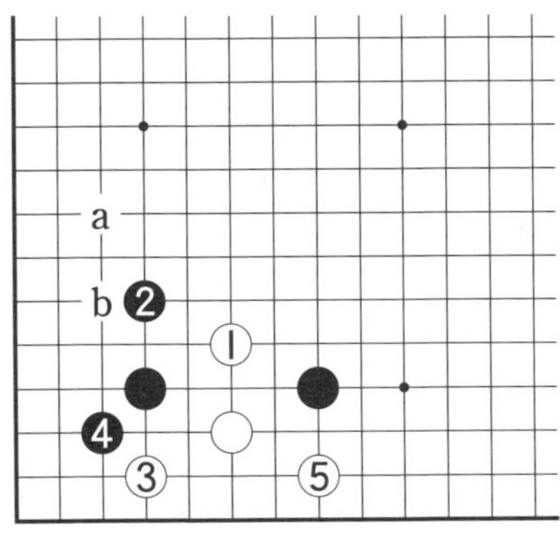

12도(중앙으로 뛰는 경우)

처음으로 돌아가서, 백1의 뜀은 귀의 실리보다 중앙 진출을 원하는 발걸음이다. 흑2로 받고 나서 5까지는 기본 정석이다.

이 정석에서는 백a의 다가섬이 노출되며, 그게 싫으면 흑2로 b의 날일자가 안정적이다.

13도(온건하게 활용)

흑▲의 한칸 모양에서는 하변에 흑의 위협적인 노림이 숨어있다.

흑1로 붙이면 백2로 늘게 되고 이때 흑이 온건하게 활용한다면 3 다음 5, 7로 껴붙임을 이용해 한점을 잡는다. 백도 두터워 타협된 결과이다.

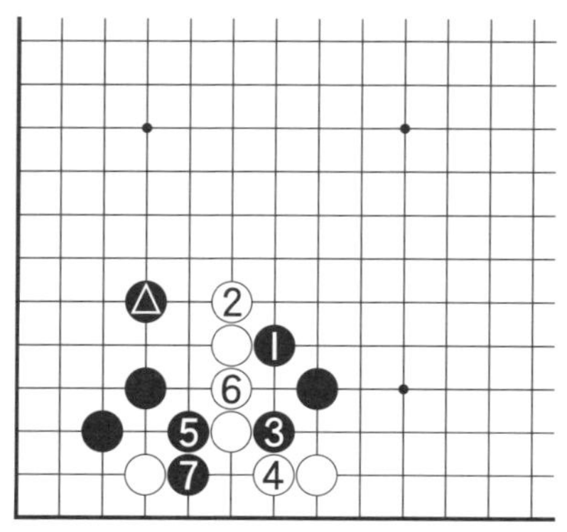

14도(위협적인 패)

실은 앞 그림 백4 때 흑1, 3으로 패를 거는 수단이 위협적이다.

만일 이 패를 흑이 이겨서 a로 아래 한점을 따내게 되면~

15도(흑승인 패의 결과)

이런 모양이 된다. 보다시피 백의 진영이 초토화되고 대규모 흑집과 세력이 형성된다. 물론 백이 패를 이겨도 상당한 성과를 얻게 되므로 흑도 함부로 이 패를 걸 수 없다. 흑이 시도할 수 있는 패이므로 백도 조심해야 한다.

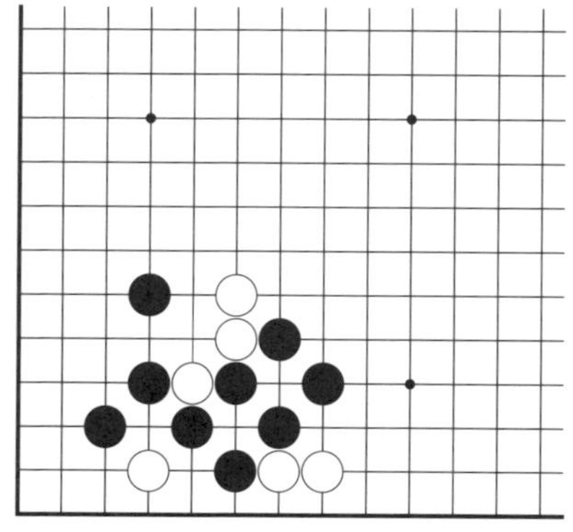

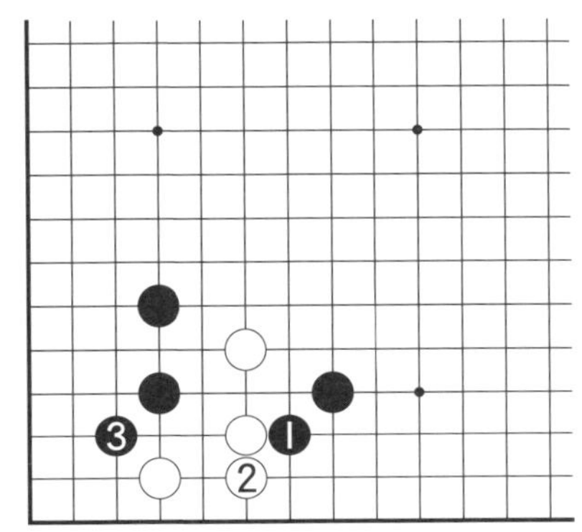

16도(하변 활용의 경우)

12도 백3 때 흑1의 붙임은 하변을 중시한 활용이다.

백2로 받으면 흑3으로 귀를 지켜 일단 흑의 의도대로 된 모습인데~

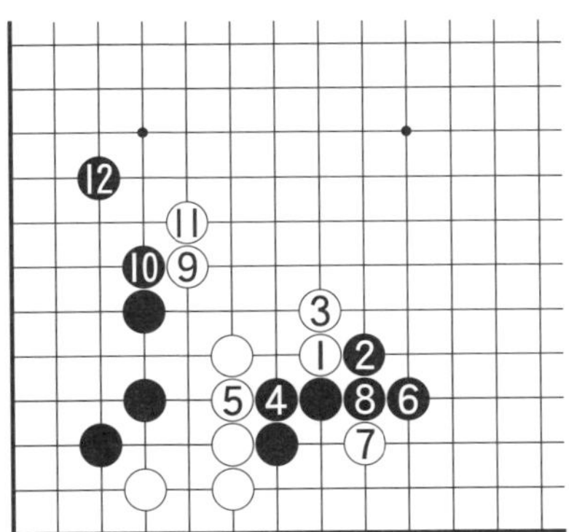

17도(균형이 잡힌 국면)

이다음 백도 1의 붙임으로 출발해서 11까지 중앙을 정돈한 후 하변 흑을 노리면서 두면 균형이 잡힌 국면이다.

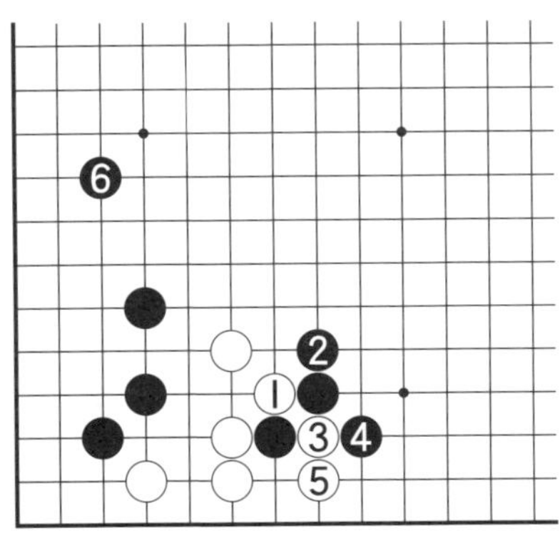

18도(올라서는 것이 요소)

16도 다음 백1의 호구는 흑이 잇지 않고 2로 올라서는 것이 요소이다.

백3으로 한점을 잡고 근거를 갖추면 흑4 다음 6으로 좌변을 지켜, 흑이 기분 좋은 흐름이다.

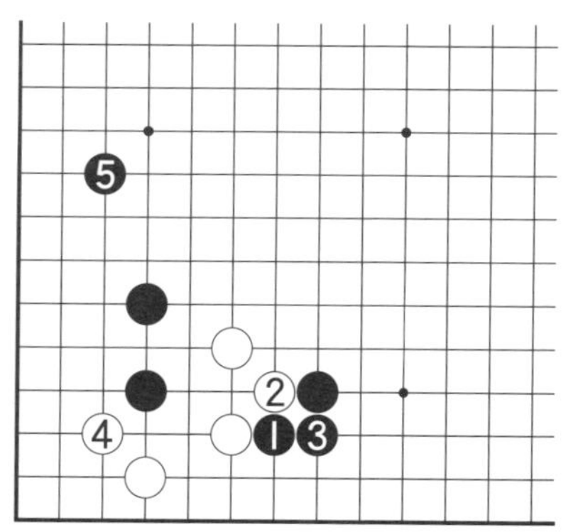

19도(놔두고 벌리는 것이 무난)

백이 상대 의도대로 두기 싫다면, 흑1에 백2를 선수한 후 4로 귀에 들어간다.

흑도 여기를 놔두고 좌변 5로 벌리는 것이 무난하며, AI는 타협된 결과로 본다.

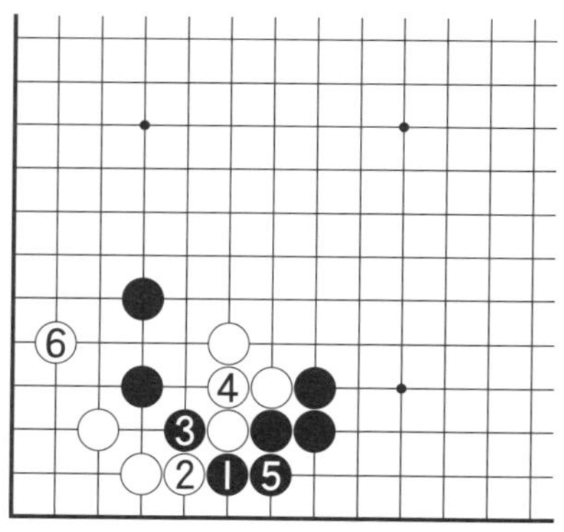

20도(막는 것이 힘차다)

앞 그림 백4 때 흑1로 젖히면 백은 늦추지 말고 2로 막는 것이 힘차다.

흑3, 5면 중앙이 분단되지만 백6으로 달리면, 흑도 근거가 없어 불리한 진행이다.

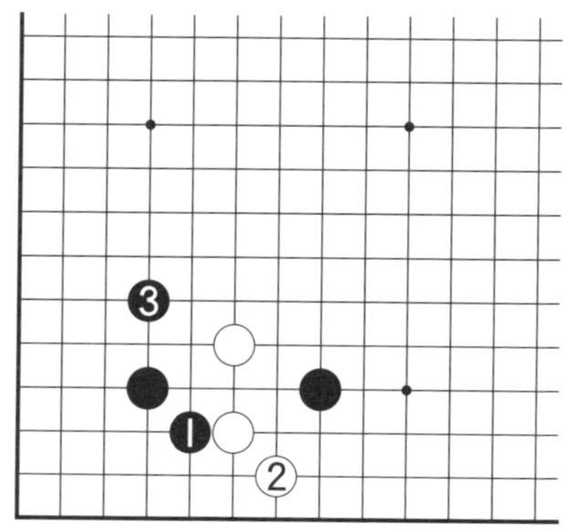

21도(묘미가 있는 행마)

백이 중앙으로 뛸 때 흑1로 귀부터 붙이고 3으로 받는 수순도 일책이다.

백도 탄력을 주려면 2의 마늘모가 묘미가 있는 행마이다.

22도(백, 날일자 진출)

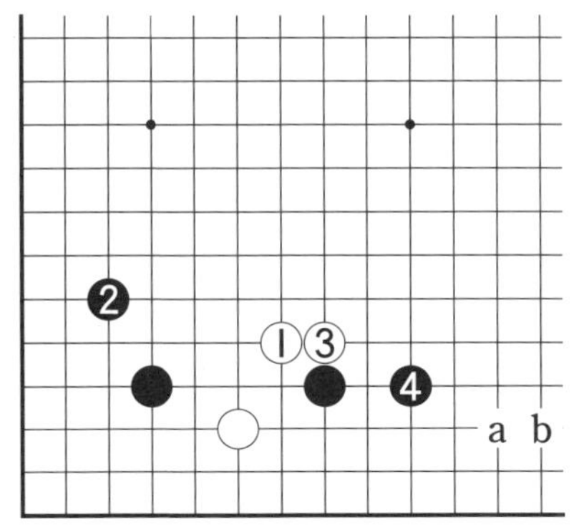

처음으로 돌아가서, 백1의 날일
자 진출도 AI가 추천하는 행마이
다. 흑2로 지키면 백이 손을 빼든
가 3으로 눌러 흑4로 받으면 하
변에서 a나 b로 접근하는 것도
일책이다.

23도(기착점이 있는 경우)

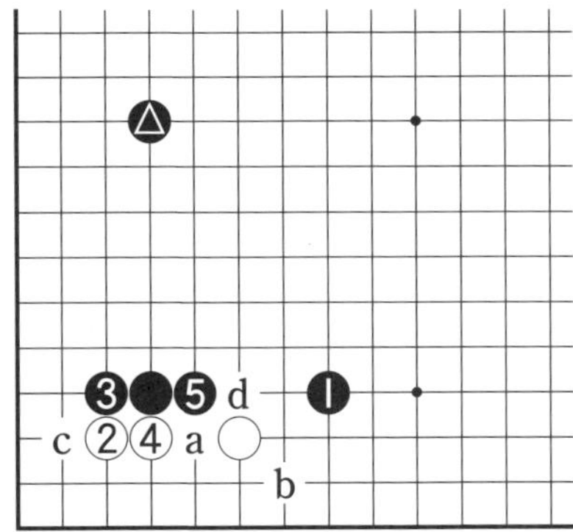

흑❸의 기착점이 있는 경우, 흑1
의 한칸높은협공에 백2로 침입하
면 흑은 3쪽에서 막는 것이 보통
이다. 다음 흑5 때 백은 a보다 b
또는 c가 효율적이며, d도 선택
할 수 있다.

24도(세력을 살리는 길)

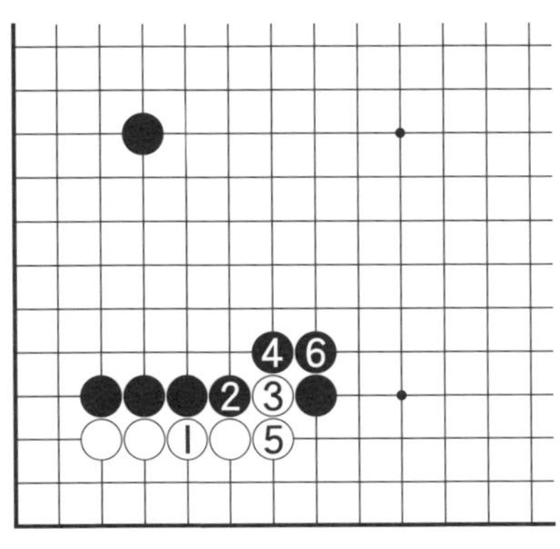

앞 그림에 이어서, 백1로 이으면
흑2로 막고 백3의 끼움에는 흑4,
6으로 위에서 단수치고 잇는 것
이 세력을 살리는 길이다.

백 실리에 대해 흑도 두터워서
불만 없다.

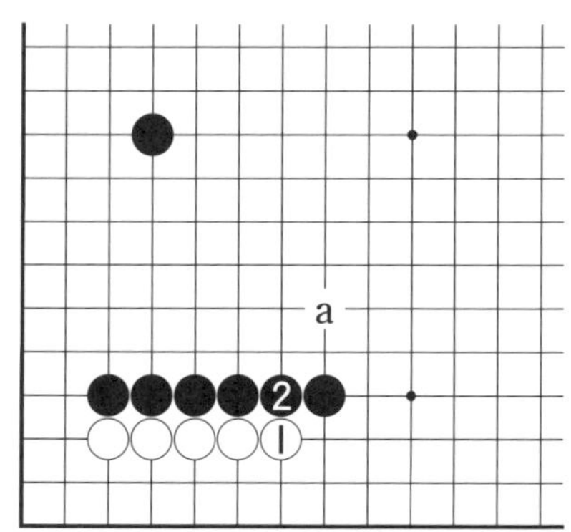

25도(가만히 나가는 행마)

AI는 백1로 가만히 나가는 행마를 추천하며 흑2로 막으면, 앞 그림보다 백이 약간 효율적으로 본다. 흑도 2의 이음보다 a가 활동적이라 본다.

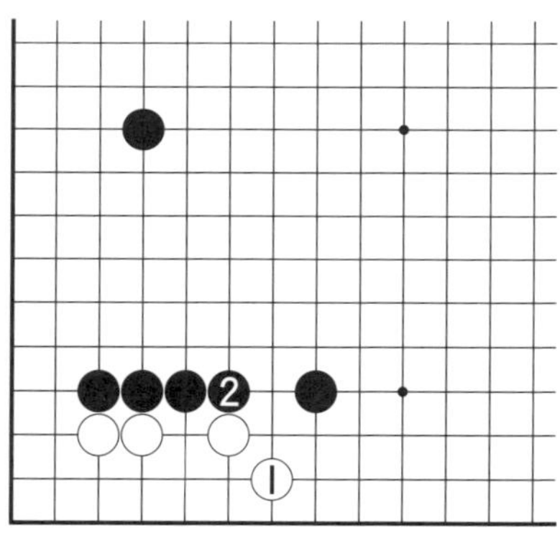

26도(탄력적 행마)

23도 흑5 때 백1의 마늘모 지킴이 변으로 향하는 데 탄력적이며, 흑2로 막으면 서로 정리된 모습이다.

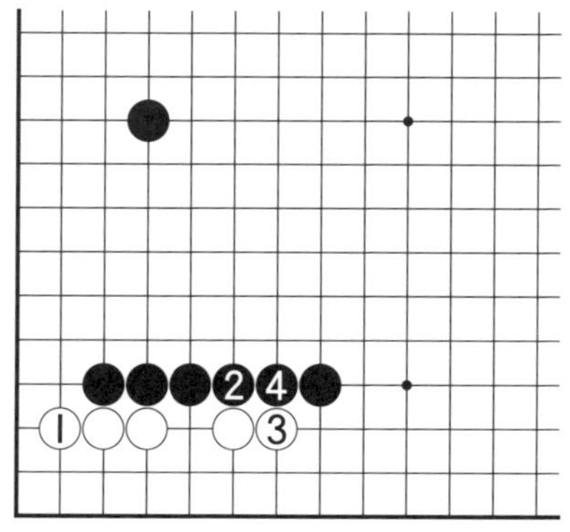

27도(귀로 느는 것이 효과적)

AI는 백1로 늘어서 흑2, 4로 막으면 백이 가장 효과적으로 본다.

　흑도 2로는 큰 자리로 향하는 것이 바람직하다고 본다.

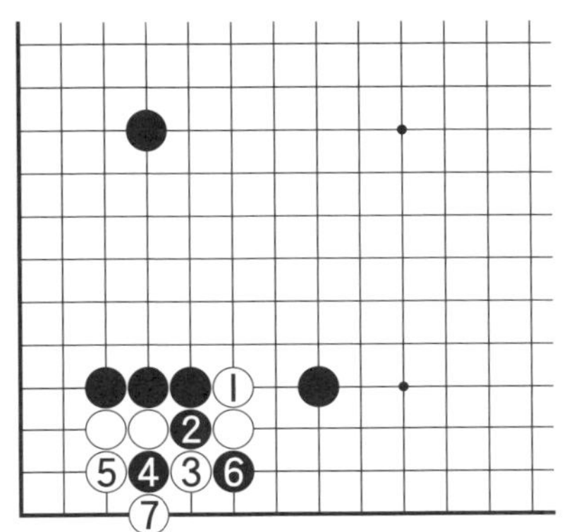

28도(올라서는 경우)

이번에는 백1로 올라서는 수단이다. 흑은 2, 4로 나가 끊는 것이 상용 수단이며 7까지 필연이다.

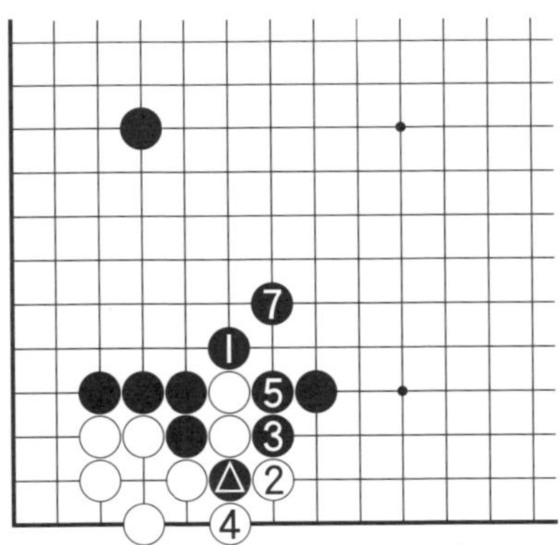

29도(흑, 중앙 중시)

이다음 흑이 중앙 세력을 중시하면 1로 젖힌 후 7까지 정리한다.

⑥‥▲

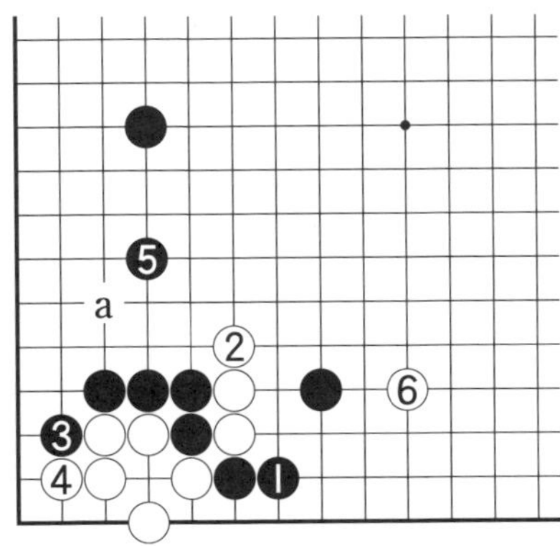

30도(서로 어려운 길)

28도 다음 흑은 1로 늘어 차단하며 싸울 수도 있다.

백2에 흑3, 5의 수순으로 지키는 것이 a의 약점을 방어하는 요령이며, 백도 6으로 협공하면 서로 어려운 길이다.

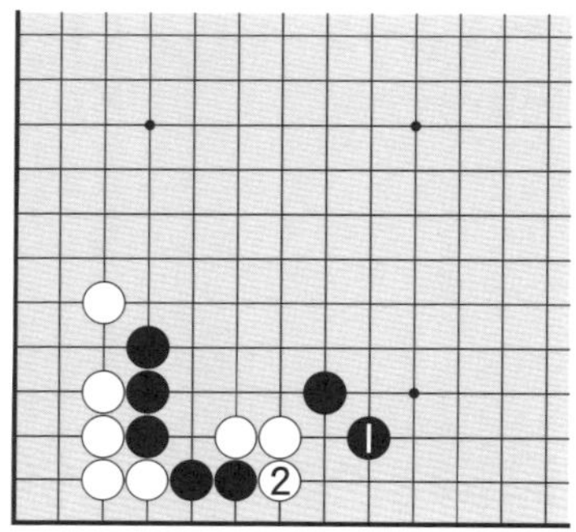

장면

이 장면에서 흑1에 백2로 막으면 흑은 어떻게 대응할지 생각해보자.

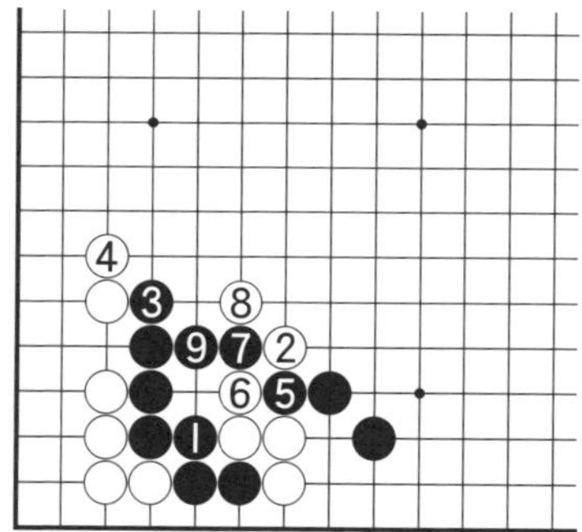

1도(백, 불만)

흑1 이음은 필연이다. 백2로 오른쪽에 치우쳐 나가면 흑3을 선수한 후 5, 7로 끊어 넉점을 잡는다.

백도 8로 활용해 놓고 선수를 잡지만 약간 불만이다.

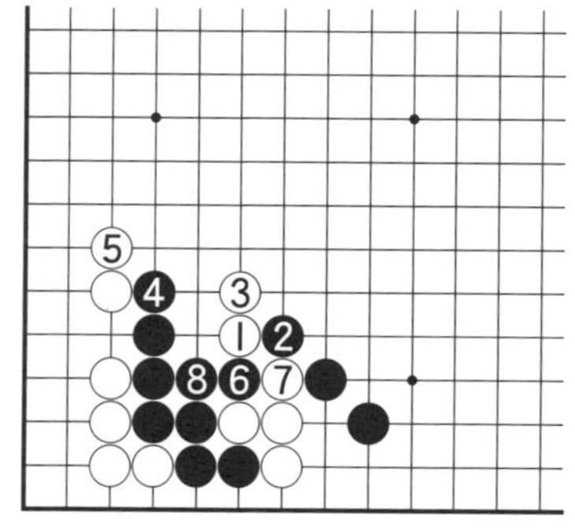

2도(타협된 결과)

백도 1로 뛰는 것이 낫고, 흑은 2의 붙임이 맥이다. 백3에 흑4, 6의 수순으로 끊는 것이 효과적이다. 백도 7로 끊어서 넉점으로 키워 죽이며 활용하는 맛을 남기는 것이 요령이며, AI는 서로 타협권 결과로 본다.

실전 정석활용

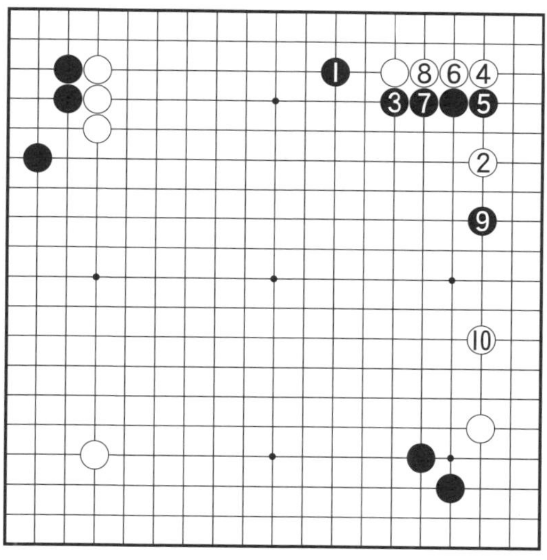

실전 1

초점은 우상귀 흑1의 한칸협공에 백2로 양걸침한 장면이다. 흑3에 백4로 침입한 후 9까지 AI도 부분적으로 인정하는 변화인데, 백도 10의 벌림이 좋은 자리이다. 이 국면에서 AI는 흑9로는 10의 협공도 능동적 행마로 권한다.

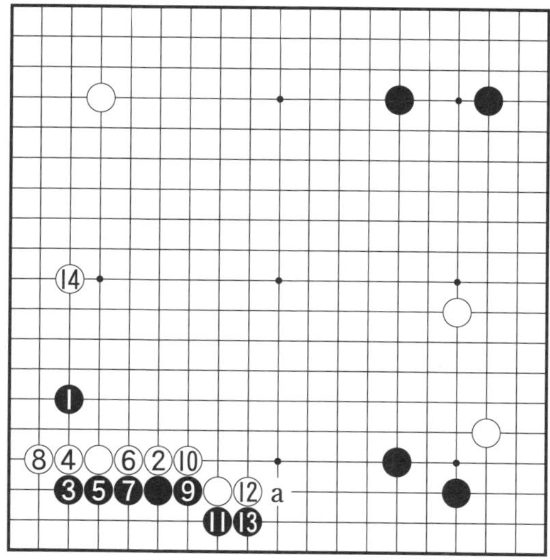

실전 2

초점은 좌하귀인데, 이 포석에서도 흑1로 양걸침한 후 7까지는 앞 실전과 같은 흐름이다.

　이번에는 백8로 귀를 위협하고 흑9 이하 13 때 백이 a로 늘지 않고 14의 세칸협공은 좌상귀에도 영향을 주려는 주도적 구상이다.

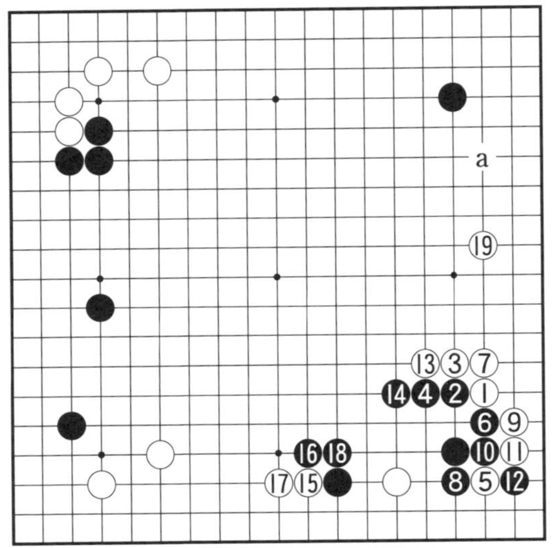

실전 3

초점은 우하귀. 백1의 양걸침에 이번에는 흑2로 붙인 후 14까지 AI가 알려주는 정석 수순이다. 하변 백15, 17로 활용한 후 19로 무난하게 벌렸는데, AI는 a로 걸쳐 우변을 넓게 사용하는 것도 주도적 행마로 권한다.

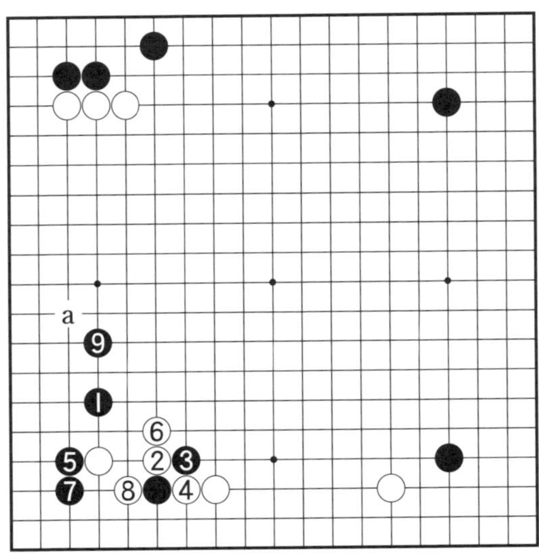

실전 4

전형적인 화점 포석이다. 좌하귀 한칸협공에서 흑1은 높은 양걸침인데 백2 이하 8까지 서로 중앙을 중시하는 정석이다. 흑9의 한칸 지킴은 백6의 노림을 방어하기 위한 대처인데, AI는 좌상귀 배석을 고려하면 a의 눈목자 지킴을 권한다.

진격의 중반전

352쪽 | 목진석 감수 · 이하림 편저

바둑의 드라마틱한 중반전에 프로 일류는 어떻게 판세를 읽어가는가? 프로 고수의 실전보에서 재료를 발췌해 중반의 긴 과정을 따라가면서, 형세판단을 곁들여 나타날 수 있는 다양한 장면들을 보여준다.

01 기본정석으로 강자가 되어라

272쪽 | 목진석 감수 · 백재욱 지음

귀의 화점과 소목에서 기본적이고 중요한 변화를 익힌다면 정석을 거의 마스터했다고 봐도 좋다. 그러므로 바둑에 강해지려면 화점과 소목의 기본정석을 마스터하라!

02 기본포석으로 승자가 되어라

276쪽 | 목진석 감수 · 백재욱 지음

최근의 포석은 처음부터 공간 전체를 활용하는 발상이 트렌드다. 그 과정에서 치열한 전투가 일어나기도 한다. 그럴수록 기본에 바탕을 둔 포석 감각을 익혀라. 그것이 안전하게 이기는 길이다.

03 기본행마로 감각을 키워라

276쪽 | 목진석 감수 · 이하림 지음

바둑은 효율이다. 효율적인 바둑을 두려면 부분적인 모양에서의 행마의 길과 쓰임새, 전체적인 안목에서의 급소와 행마법을 익혀야 한다. 이런 행마의 감각을 키워 실전에서 적절히 구사해보자.

04 기본전략으로 판을 지배하라

268쪽 | 목진석 감수 · 이하림 지음

정석은 주로 귀의 변화, 포석은 귀를 토대로 한 변의 변화가 핵심이라면, 전략은 중앙까지 염두에 둔 입체적 실전적 개념이다. 그야말로 야전(野戰)이다. 이제 야전의 세계로 들어가 보자.

05 기본사활로 수읽기에 강해져라

272쪽 | 목진석 감수 · 이하림 지음

전체 판을 주도하려면 부분전투에 능해야 하고 그런 능력을 키우려면 수읽기에 강해져야 한다. 사활은 그 첩경이다.

06 기본맥점으로 수보기에 강해져라

272쪽 | 목진석 감수 · 이하림 지음

바둑 한 판의 과정에는 다양한 맥이 숨어있다. 이런 맥을 찾는 학습으로 수를 빨리 보는 힘을 기르면 판의 급소를 읽으며 각종 전투에서 승리할 수 있다.

07 기본변칙수로 위기를 돌파하라

272쪽 | 목진석 감수 · 이하림 지음

바둑은 정석대로만 두어서는 이길 수 없다. 그 과정에는 온갖 변칙적인 수법이 도사리고 있다. 이런 위기를 극복하고 살아남으려면 불의의 변칙수를 응징하고 때로는 상황에 맞는 정의의 변칙수를 구사해 어려운 판세를 돌파해야 한다.

08 기본끝내기로 판을 뒤집어라

272쪽 | 목진석 감수 · 이하림 지음

바둑은 마라톤과 같아서 단번에 승부가 나지 않는다. 종반 역전의 짜릿함을 맛보려면 불리한 국면이라도 무모한 행동을 삼가며 때를 기다리는 인내심이 필요하다. 그런 절대 기회가 생겼을 때 끝내기의 묘미로 판을 뒤집어보자.